高职高专市场营销类专业系列教材

市场调查与预测

第2版

赵 轶 主编

机械工业出版社

本书是国家示范性高等职业院校质量工程项目建设成果，全书的编写贯彻了教育部《高等职业教育创新发展行动计划（2015—2018年）》《国家职业教育改革实施方案》和教育部有关职业教育专业教学资源库建设等文件的精神，与校外实训基地企业进一步合作，以市场调查职业工作活动顺序为线索进行设计，借鉴德国职业教育课程理念，搭建起"理实一体化"的教学素材框架，为高职高专经管类专业课程的"工学结合"做出了示范与引领。

本书设计了10项概括性学习任务，包括市场调查活动认知、市场调查活动准备、市场调查方案设计、市场调查方法选择、市场调查抽样设计、市场调查问卷设计、市场调查活动组织、市场调查资料整理与分析、市场发展趋势预测和市场调查报告编写。

本书完整介绍了市场调查职业的一般工作活动，适合应用型本科、高职高专经济管理类专业以及中职相关专业的教学使用，也可作为在职人员参加职业培训、工作实践的指导用书。

为方便教学，本书配备了电子课件等教师用教学资源。凡使用本书的教师均可登录机械工业出版社教育服务网www.cmpedu.com下载。咨询电话：010-88379375；服务QQ：945379158。

图书在版编目（CIP）数据

市场调查与预测/赵轶主编．—2版．—北京：机械工业出版社，2020.2（2024.8重印）
高职高专市场营销类专业系列教材
ISBN 978-7-111-64549-8

Ⅰ．①市… Ⅱ．①赵… Ⅲ．①市场调查—高等职业教育—教材 ②市场预测—高等职业教育—教材 Ⅳ．①F713.5

中国版本图书馆CIP数据核字（2020）第011110号

机械工业出版社（北京市百万庄大街22号　邮政编码100037）
策划编辑：孔文梅　　责任编辑：孔文梅　於　薇　张美杰
责任校对：王　欣　　封面设计：鞠　杨
责任印制：单爱军
北京虎彩文化传播有限公司印刷
2024年8月第2版第6次印刷
184mm×260mm·14.25印张·353千字
标准书号：ISBN 978-7-111-64549-8
定价：45.00元

电话服务　　　　　　　　　网络服务
客服电话：010-88361006　　机　工　官　网：www.cmpbook.com
　　　　　010-88379833　　机　工　官　博：weibo.com/cmp1952
　　　　　010-68326294　　金　书　网：www.golden-book.com
封底无防伪标均为盗版　　机工教育服务网：www.cmpedu.com

写给老师的信

尊敬的老师:

感谢您选用本书!

一位好老师,胜过万卷书。

在这个复杂问题用简单办法解决往往更容易被人们接受的时代,欢迎您和我们一起踏上一段市场调查职业教育的旅程!一个市场调查项目的开展,首先建立在对市场调查活动认知和准备的基础上,接下来就是制订市场调查方案、选择市场调查方法、抽取样本、设计问卷、实施调查、整理信息资料、展望市场发展、编写调查报告。

市场调查职业的概括性工作任务及逻辑顺序如下:

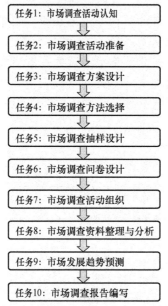

任务1:市场调查活动认知
任务2:市场调查活动准备
任务3:市场调查方案设计
任务4:市场调查方法选择
任务5:市场调查抽样设计
任务6:市场调查问卷设计
任务7:市场调查活动组织
任务8:市场调查资料整理与分析
任务9:市场发展趋势预测
任务10:市场调查报告编写

基于此,我们确立了一个抽象的市场调查职业活动过程(顺序),归纳出10项职业学习任务。本书的框架便以此搭建。本书各章以"任务"命名,试图先入为主,解释市场调查职业活动内容,即一个抽象的市场调查活动实际工作任务的归纳,为高职学生建立起"学习就是完成任务"的概念。

1. 本书基本栏目说明

学习目标 说明完成这一任务要求达成的目标,包括知识目标和能力目标,也为工作任务完成后的评价与检测提供依据。

任务描述 说明在职业活动中这项工作任务的主要内容是什么。

任务解析 根据职业教育原理,依照"能力分担原则",将任务做进一步的细分,确立了"完成分解的任务就完成了整项工作"的目标,也为整个任务提供了较为精准而不致太泛泛的知识承载与逻辑线索。

调查故事 为刚进大学、尚未确立清晰职业目标的高职学生而准备,目的是既能避免

"科技的疏远和生硬",又有益于学生人文素质和职业倾向的培养。

2. 任务中相关模块的说明

重要概念 说明这项任务中涉及的重要名词;体现对理论知识的重组,对应课后"教学做一体化训练"中的"重要概念"。

拓展阅读 说明这项任务中涉及的相关知识或操作的技巧与要领,主要体现对理论知识的重组,使其出现在最该出现的地方。拓展阅读属于教材的正文部分,对应课后自测中的练习题。

案例 列举一些古今中外的管理业务活动实例或故事。通过分析,使学生从中汲取一些经验和教训,为课后案例分析提供借鉴。

3. 本书使用建议

首先,教师应对任务描述及任务解析做解释;其次,归纳并精讲每一个任务完成的过程、方法和应用;最后,依据任务要求,结合当地实际,开展实训活动。"同步实训1"可以是认知性的简单活动,如问题讨论,目的是使学生充分动起来;"同步实训2"和"同步实训 3"可以是依据任务内容设计的单向职业活动或实训基地企业项目,通过引领学生完成活动,使其获得进一步的职业认知。

各任务中,任务内容的学习是为了完成课后的一系列实训活动。完成任务时,教师应该较为精准地提供完成任务所需的资源条件。学习完毕,学生应利用课堂自我测评与自我总结进行自评与互评。本书的建议参考学时为54学时,学时分配建议见下表。

市场调查预测 学时分配表

任务序	课程内容	学时分配(54)	
		讲授	实训
任务1	市场调查活动认知	3	2
任务2	市场调查活动准备	3	3
任务3	市场调查方案设计	2	2
任务4	市场调查方法选择	4	3
任务5	市场调查抽样设计	4	3
任务6	市场调查问卷设计	3	3
任务7	市场调查活动组织	3	2
任务8	市场调查资料整理与分析	3	2
任务9	市场发展趋势预测	3	2
任务10	市场调查报告编写	2	2
	学时小计	30	24

本书作为一种探索,希望能够从尊重职业教育规律,尊重课程观的角度,彻底打破学科桎梏进行教材编写;还希望能够建立起一种"产学融合"的氛围,在课程实施中,凸显"同步实训、协同育人"的作用。在课程实施中,教师应积极创造条件,鼓励学生高效地参与学习与工作活动,以便更好地帮助学生实现学习目标。

编 者

前言

　　高等职业教育不是简单的"传授书本上学习内容"的过程，而是发展设计能力和职业行动能力的过程。职业发展的过程既是能力发展的过程，又是职业认同感发展的过程。职业教育课程的开发起点只能是职业分析而非学科，课程观应该具有职业工作属性。课程内容的设计与编排应该建立起知识与职业任务的有机联系，能够适应"工学结合"的切入。作为课程构成核心要素的教材，在串联课程理念与教学行为的同时，也应该为接受职业教育学生的成才提供路径。

　　与传统学科教材相比，本书在整体定位与设计方面具有以下特点：

　　① **以职业活动过程为导向**。遵循职业教育规律，以市场调查职业活动过程为导向设计教材内容，建立起知识与职业工作之间的紧密联系，使职业工作"完整呈现"的同时，独立、离散的学科知识内容也得到有机连接，实现了学科教材向工作活动导向教材的跨越。

　　② **以职业工作任务为载体**。根据职业分析成果，校准教材内容参照，以高度概括的市场调查职业工作任务为载体，组织教材内容，形成以任务为中心、以操作为主线、以理论为背景的教材内容结构，实现了教材内容由学科结构向工作结构的转变。

　　③ **以职业工作内容为情境**。职业教育课程的生活化和情境化是职业教育技术的基本要求。只有这样，才能摆脱"教室里开商场"的窘境。为此，教材设计了一系列职业活动情境，将学生置于职场中，由传统意义上的教师讲、学生听的被动行为，逐步向学生的主动探索行为（完成某项活动）转变。

　　④ **以职业技能要求为参照**。由行业、企业的技术专家组成教材开发小组，科学概括职业典型工作任务，并根据职业成长规律，确立学习情境素材、进行教材设计，使学习目标具体、明确、系统，学习内容先进、取舍合理、结构清晰、层次分明，信息传递高效简洁。

　　与传统学科教材相比，本书在体例编排、内容策划与课程实施方面有以下特色：

　　① **结构定位指针：职业能力**。以职业活动顺序为线索，根据行业的实际需要，收集并归纳有关市场调查职业活动顺序及其典型工作任务，分析完成这些任务所应具备的社会能力、专业能力和方法能力，明确应该通过哪些实训环节来提高学生的综合能力和职业素养，并以此作为教材内容结构定位的指针。

　　② **体系构建思想：理实一体**。坚持知识的掌握，服务于能力的构建，围绕职业能力的形成组织教材内容，以任务为中心来整合相应的社会能力、专业能力和方法能力，不追求学科知识体系的完整。教材内容体系尽可能地反映市场调查与预测职业工作活动的全貌。

　　③ **教材演进形式：学练结合**。遵循"理实一体化"思想，按照工作过程的顺序为初学者设计学习活动，建立起工作任务与知识、技能的联系。设计了同步实训，增强了学生的直观体验，诱发了其学习的参与性和主动性。同时，在一些关键技能环节，有针对性地设置了一些练习，加大了技能培训的力度。

　　④ **体例设计目标：形意生趣**。遵循职业教育的教学规律，既吸纳国外教学参考书的优点，又考虑到高职学生的文化背景和吸纳知识习惯，在心理结构构建、兴趣动机发展等方

面做了有益尝试。形成了学习目标、任务描述、任务解析、调查故事,以及正文、服务于正文的重要概念、拓展阅读、案例、课堂讨论、课堂测评、小结、教学做一体化训练等完整的教材功能体系。

⑤ **课程实施要求:产教融合**。在做到学习情境、职业情境与生活情境紧密结合的同时,又注意了职业教育课程实施中的产教融合、协同育人的要求,从核心职业能力的落地到企业实训活动的设计与开展,都融汇了企业、行业人士的智慧。

本书由赵轶担任主编,企业实训基地专业人士韩建东参与了教材开发、教材框架研讨以及内容的确定。编写中,我们参阅了国内外一些专家学者的研究成果及相关文献,多家管理咨询公司为课程开发、横向课题的研发提供了实践的便利。在此表示衷心的感谢。

高职教育课程建设正如火如荼,机械工业出版社积极搭建平台,我国高职教育教材建设由此又向前迈出了新的步伐。作为一种探索,尽管我们力求完美,但由于对市场调查职业活动的认识、理解和分析方面难免存在偏差,敬请读者不吝赐教。

编　者

目录

写给老师的信
前言

任务 1　市场调查活动认知 1
1.1　市场调查认知 2
1.2　市场调查行业认知 7
1.3　市场调查工作认知 12
小结 19
教学做一体化训练 19
同步实训 21
学生自我学习总结 22

任务 2　市场调查活动准备 24
2.1　市场调查人员准备 25
2.2　市场调查项目准备 29
2.3　市场调查目标确立 33
小结 37
教学做一体化训练 37
同步实训 40
学生自我学习总结 41

任务 3　市场调查方案设计 42
3.1　市场调查方案认知 43
3.2　市场调查方案编写 46
3.3　市场调查方案评价 53
小结 56
教学做一体化训练 56
同步实训 61
学生自我学习总结 62

任务 4　市场调查方法选择 64
4.1　文案调查 65
4.2　定性调查 72

4.3　访问调查 75
4.4　观察与实验调查 81
4.5　网络调查与大数据分析 86
小结 90
教学做一体化训练 90
同步实训 93
学生自我学习总结 94

任务 5　市场调查抽样设计 96
5.1　抽样的准备 97
5.2　抽样的组织 101
5.3　抽样的实施 104
小结 111
教学做一体化训练 111
同步实训 114
学生自我学习总结 115

任务 6　市场调查问卷设计 116
6.1　市场调查问卷认知 117
6.2　问卷设计程序认知 122
6.3　问卷设计技术认知 125
小结 131
教学做一体化训练 131
同步实训 133
学生自我学习总结 134

任务 7　市场调查活动组织 136
7.1　市场调查人员的组成 137
7.2　市场调查人员的培训 140
7.3　市场调查活动的管理 146

小结 *150*
　　教学做一体化训练 *150*
　　同步实训 *152*
　　学生自我学习总结 *153*

任务 8　市场调查资料整理与分析 *155*

　　8.1　调查资料整理认知 *156*
　　8.2　市场调查资料整理 *159*
　　8.3　市场调查资料分析 *165*
　　小结 *172*
　　教学做一体化训练 *172*
　　同步实训 *175*
　　学生自我学习总结 *176*

任务 9　市场发展趋势预测 *177*

　　9.1　市场预测认知 *178*

　　9.2　定性市场预测 *183*
　　9.3　定量市场预测 *187*
　　小结 *193*
　　教学做一体化训练 *193*
　　同步实训 *195*
　　学生自我学习总结 *196*

任务 10　市场调查报告编写 *197*

　　10.1　市场调查报告认知 *198*
　　10.2　市场调查报告编写 *205*
　　10.3　市场调查报告跟进 *209*
　　小结 *214*
　　教学做一体化训练 *214*
　　同步实训 *218*
　　学生自我学习总结 *219*

参考文献 *220*

任务 1 市场调查活动认知

学习目标

知识目标

1. 理解市场调查的含义。
2. 了解市场调查的类型。
3. 了解市场调查的起源与发展。
4. 掌握市场调查的工作内容。

能力目标

1. 能体会市场调查的意义。
2. 能说明不同市场调查类型的差异。
3. 能结合实际认识市场调查工作。

任务描述

在职业学习中，作为市场调查初学者，首先要认识市场调查的含义、市场调查职业活动的起源。在此基础上，从经济意义的角度认识市场调查的作用及其特征，认识市场调查工作及职业活动，并初步理解市场调查活动过程。

任务解析

根据市场调查职业工作活动顺序和职业能力分担原则，"市场调查活动认知"学习活动可以分解为以下子任务：

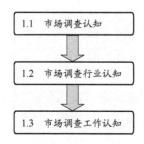

1.1 市场调查认知

1.2 市场调查行业认知

1.3 市场调查工作认知

> **调查故事**

日常生活中，人们自觉不自觉地都在进行着市场调查。作为一名在校大学生，想购买一台笔记本电脑，你会怎么做呢？先上网浏览相关电商网站的一些电子产品信息；也可能向同学、朋友或家人进行咨询，比较分析，以确定哪一款电脑最适合你；然后，你可能会到电脑城，经过现场试用，跟商家商定好价格，最终成交，心仪的笔记本电脑终于属于你了！毫无疑问，这一过程就是一项简单的市场调查活动。

互联网的发展使得市场调查活动有了新的空间。2016年的"双11"网购人群分析结果显示，"双11"当天，从大学生网购人群消费偏好前10名看，服饰鞋品、手机套/壳、充值卡以及膨化食品是大学生最偏好的品类；消费十大品牌则为优衣库、悦诗风吟、森马、良品铺子、伊蒂之屋、南极人、耐克、百草味、三只松鼠和美特斯邦威。从大学生人群手机应用软件安装偏好看，社交、网购、视频、金融和音乐等类型的应用软件的安装比例相对较高；从大学生人群应用软件活跃偏好看，游戏助手、健康美容、教育、音乐等类型的应用软件的活跃情况相对较好。

【启示】显然，在互联网时代，网民在网上的一举一动都会被商家通过数据分析技术收入囊中。对于商家而言，市场调查活动的开展更加便捷；对于市场调查行业来讲，这意味着更大、更新的发展空间。

1.1　市场调查认知

市场调查究竟是指什么？市场调查与市场、市场营销又是什么关系呢？

日常生活中，我们经常听说这样一句话："没有调查就没有发言权！"企业经营管理活动也是如此。市场调查是企业开展市场营销活动的第一步，只有通过市场调查，才能发现机会、探寻路径、规避风险，从而实现营销目标。因此，在认识市场调查之前，我们有必要回顾一下市场与市场营销的相关含义。

1.1.1　市场认知

根据已有的知识架构，我们很容易知道，人类社会发展过程中出现过三次大的社会分工，每一次分工都是社会生产力发展推动的结果，而市场的出现和社会分工有着密切的联系。人类商业活动的盛行加速了社会分工和商品生产的发展，从而出现了"哪里有商品生产和商品交换，哪里就有市场"的局面。

1. 一般意义的市场

市场，古代称作市井。随着时间的推移，"市井"又引申为街市、乡里、城邦、民众等意，而作为专门从事买卖活动的"市井"则被明确定义为"市场"。可见，从古代开始，市场就是进行商品交换的场所。

由此，我们可以这样理解：一般来讲，市场是指商品买卖的场所，如电子产品市场、图书文具市场、五金工具市场等。当然，生活中的这些市场已经为我们所熟知。

2. 经济学意义的市场

从经济学意义上来讲,"市场"一词不仅仅是场所,还包括了在此场所中进行交易的行为,主要包括买方和卖方之间的关系、交易活动以及交易方式,同时也包括由买卖关系引发出来的卖方与卖方之间的关系,以及买方与买方之间的关系等。

由此,人们也将市场看作是商品或服务的现实购买者与潜在购买者需求的总和,主要包括以下三个基本要素,即有某种需求的人、为满足这种需求所具有的购买能力和购买欲望,用公式表示为"市场=人口+购买力+购买欲望",如图1-1所示。

图1-1 市场构成要素图

(1) 人口 需求是人的本能,对物质生活资料及精神产品的需求是人类维持生命的基本条件。因此,哪里有人,哪里就有需求,就会形成市场。人口的多少决定着市场容量的大小,而人口的状况影响着市场需求的内容和结构。构成市场的人口因素包括总人口、性别和年龄结构、家庭户数和家庭人口数、民族与宗教信仰、职业和文化程度、地理分布等多种具体因素。

(2) 购买力 购买力是人们支付货币购买商品或服务的能力。人们的消费需求是通过利用手中的货币购买商品实现的。因此,在人口状况既定的条件下,购买力就成为决定市场容量的重要因素之一。市场的大小,直接取决于购买力的高低。一般情况下,购买力受到人均国民收入、个人收入、社会集团购买力、平均消费水平、消费结构等因素的影响。

(3) 购买欲望 购买欲望指消费者购买商品的愿望、要求和动机,它是把消费者的潜在购买力变为现实购买力的重要条件之一。倘若仅具备了一定的人口和购买力,而消费者缺乏强烈的购买欲望或动机,商品买卖仍然不能发生,市场也无法现实地存在。因此,购买欲望也是市场不可缺少的构成因素之一。

1.1.2 市场营销认知

市场营销并不神秘!在日常生活中,我们经常可以看到、听到并运用到各种各样的营销方式。例如,多种传媒广告充斥着我们的生活;我们通过与他人交流,或组织某一活动,来说服别人接受自己或自己的主张等。事实上,我们每天都自觉或不自觉地处在营销活动的氛围中。

1. 市场营销定义

市场营销是指企业在通过调查了解消费者需求的基础上,开发相应的产品或服务,以满足消费者的需求,并通过与消费者进行交换来实现企业经营目标的过程。这一过程包括市场调查、选择目标市场、产品开发、产品定价、渠道选择、产品促销、产品储存与运输、产品销售、提供服务等一系列经营活动。

2. 市场营销工作

从企业的角度出发,我们可以把市场营销职业活动看成是一个抽象的活动过程。这一过程包括分析市场机会、选择目标市场、确定市场营销策略以及市场营销活动策划与管理。

(1) 分析市场机会 企业营销人员通过发现消费者现实的和潜在的需求,寻找各种"环境机会",即市场机会。

(2) 选择目标市场 对市场机会进行评估后,企业对进入的市场进行细分,分析每个细分市场的特点、需求趋势和竞争状况,并根据本公司的优势,选择自己的目标市场。

（3）确定市场营销策略　为了满足目标市场的需要，企业对自身可以控制的各种营销要素如质量、包装、价格、广告、销售渠道等进行优化组合，形成市场营销组合设计。

（4）策划、管理市场营销活动　营销活动中，企业通过制订市场营销计划，组织实施市场营销活动，并对营销过程加以控制。

3．市场营销体系

从市场营销观念角度看，所谓市场营销体系，是指依据企业的营销目标，围绕"顾客"这一中心，科学、动态、适时地运用一系列营销手段，提供商品或服务的管理体系。

在这一体系中，如果简单地将卖方称为产业或行业，将买方称为市场，那么二者之间的关系如图1-2所示。

图1-2　市场营销体系

由图1-2可知，在市场营销体系中，企业将商品、服务以及营销信息（产品、服务的供应信息）传递给市场；反向地，企业又从市场中获得了货币与市场信息（消费者需求与喜好信息）。其中，既有商品、服务与货币的交换，又有供需信息的交换。随着互联网的迅速发展，电子商务异军突起，更多人使用博客、论坛、虚拟社区以及其他社交媒体网站，市场调查人员正逐步获得这些大数据来了解消费者如何看待自己以及竞争对手的产品与服务。

显然，线下市场、线上市场都是市场信息的发源地，而市场信息是市场营销体系中产生的各种消息和数据，是对市场上各种经济关系和经营活动的客观描述和真实反映。市场营销决策是否科学，取决于企业能否充分掌握市场信息。

1.1.3　市场调查概念认知

在现代市场营销活动中，企业的任何决策都存在着不确定性和风险，只有通过有效的市场调查，掌握足够的市场信息，才能顺应市场需求的变化趋势，才能了解企业所处的生存、发展和竞争环境的变化，从而增强企业的应变能力，把握经营的主动权，创新营销组合，识别新的市场机会，实现预期的经营目标。所以，市场调查是现代企业一项重要的基础工作，也是企业营销管理的重要组成部分，常常事关企业的生存与发展。

1．市场调查的含义

在国外，市场调查活动通常被统称为市场调研或营销调研。

国际商会/欧洲民意和市场营销调查学会认为：营销调查（marketing research）是指个人和组织对有关其经济、社会、政治和日常活动范围内的行动、需要、态度、意见、动机等情况进行系统收集、客观记录、分类、分析和提出数据资料的活动。

美国市场营销协会认为，市场调研活动是指一种通过信息将消费者、顾客和公众与营销者联结起来的职能。简单地说，市场调研是指对营销决策的相关数据进行计划、收集和分析，并与管理者沟通分析结果的过程。

我们认为，市场调查是企业营销活动的先导，是通过有计划地收集信息数据资料并进行分析来发现市场机会，为营销决策提供依据的过程。

> **重要概念 1-1　市场调查**
>
> 市场调查是指为了形成特定的市场营销决策，运用科学的方法和客观的态度，对市场营销有关问题所需的信息，进行系统的收集、记录、整理和分析，以了解市场活动的现状并预测未来发展趋势的一系列活动过程。

我们可以从以下 3 个特点出发来进一步理解市场调查的含义。

（1）市场调查目的的针对性　市场调查的目的是了解、分析和判断企业市场营销管理中是否存在问题，或解决已经存在的问题，预测未来的发展趋势，从而为企业规划特定的营销决策服务，并非对市场营销的所有问题笼统、盲目地进行调查。

（2）市场调查方法的科学性　市场调查活动必须采用科学的方法，如市场信息范围的确定方法、信息收集方法的选择、流程的设计、执行的技巧与严谨度、采集和处理数据的方法、分析方法等。市场调查活动只有运用科学的方法进行组织、实施和管理，才能获取可信度较高的调查结果，也才能据此做出比较正确的市场决策。

（3）市场调查过程的关联性　市场调查活动是一个系统化的工作，包括调查活动的设计与组织，所需信息资料的收集、整理和分析，调查报告的出具等。一系列工作环环相扣、紧密联系，互相依存又互相影响，共同构建起了市场调查活动的全过程。

> **课堂讨论**　我们应该如何理解市场调查目的的针对性、方法的科学性，以及过程的关联性？

2. 市场调查的作用

在经济全球化的今天，市场竞争更加激烈。作为市场的主体，企业不再只是一味地关注销售本身，而是更需要确切的市场信息，以便制定出进一步的营销策略。例如，我们的消费者是谁，他们需要什么，竞争对手正在做什么，等等，从中我们可以看出市场调查在市场营销管理中的重要地位。市场调查的作用主要体现在以下几个方面：

（1）市场调查是企业市场营销活动的起点　企业的营销活动是从市场调查开始的，通过市场调查识别和确定市场机会，制订营销计划，选择目标市场，设计营销组合，对营销计划的执行情况进行监控和信息反馈。在这一过程中，企业每一步都离不开市场调查，都需要市场调查为决策提供信息支持。企业管理部门和有关人员针对某些问题进行决策时，如进行产品策略、价格策略、分销策略、广告和促销策略的制定等，只有通过具体的调查活动，才能获得决策依据。

（2）市场调查是企业进行决策检验和修正的依据　企业依据市场调查获得的资料，可检验企业的计划和战略是否可行，有无疏忽和遗漏，是否需要修正，并提供相应的修改方案。通过了解和分析市场信息，可以避免企业在制定营销策略时发生错误，或帮助营销决策者了解当前的营销策略以及营销活动的得失，以做适当修正。只有在实际了解了市场的情况下，才能有针对性地制定出切实可行的市场营销策略和企业经营发展策略。

（3）市场调查可以使企业及时发现顾客需求　随着市场经济的发展，消费者需求变化得越来越快，产品的生命周期日趋缩短，市场竞争更加激烈，对于企业来说，能否及时了解市场变化情况，并适时适当地采取应变措施，是企业能否取胜的关键。通过市场调查，企业可以发现市场中未被满足或未被充分满足的需求，并据此确定本企业的目标市场。同时，可以根据消费者需求的变化特点，开发和生产适销对路的产品，并采取有效的营销策略和手段，将产品及时送到消费者手中，满足目标消费者的需求。

课堂讨论 如何理解市场调查在营销决策过程中所起的作用？

（4）市场调查有利于企业随时了解市场环境的变化　随着竞争的加剧，企业所面临的市场总是不断地发生变化。而促使市场发生变化的原因很多，如产品、价格、分销、广告、推销等市场因素，以及有关政治、经济、文化、地理条件等的市场环境因素。这两类因素往往是相互联系和相互影响的，并且不断发生变化。企业为适应这种变化，只能通过广泛的市场调查，及时了解各种市场因素和市场环境因素的变化，从而有针对性地采取措施，通过对市场因素，如价格、产品结构、广告等的调整，去应对市场竞争。通过市场调查，企业可以了解市场营销环境的变化，可以及时调整自己的产品、价格、渠道、促销和服务策略，与竞争对手开展差异化的竞争，逐渐树立自己的竞争优势。同时，企业还可以通过收集竞争对手的情报，了解竞争对手的优势和弱点，然后扬长避短，有的放矢地开展针对性营销，从而增强自身的竞争能力。

案例 1-1　"安静的小狗"是如何受宠的

"安静的小狗"是一种猪皮便鞋，由美国沃尔弗林环球股份有限公司生产。20 世纪 60 年代末，这种鞋在美国家喻户晓。当"安静的小狗"问世的时候，该公司为了了解消费者的心理，采取了欲取先予的策略：先把 100 双鞋子无偿送给 100 位顾客试穿了 8 周。8 周后，公司通知顾客收回鞋子。如果谁想留下鞋子，每双需付款 5 美元。其实，公司并非真想收回鞋子，而是想进行一次调研：5 美元一双的猪皮鞋是否有人愿意买？

结果，绝大多数人都把鞋子留下了。得到了这个有利的信息，该公司便开始大张旗鼓地进行推销。最终，公司将价格定为 7.5 美元，销售了几万双"安静的小狗"。

（5）市场调查可以为企业整体宣传策略提供信息支持　市场宣传推广需要了解各种信息的传播渠道和传播机制，以寻找合适的宣传推广载体和方式以及详细的营销计划，这也需要通过市场调查来解决，特别是在高速变化的环境下，过去的经验只能降低犯错误的概率，更需要适时的信息更新来保证宣传推广的到位。通常在市场宣传推广中，还需要引用媒体、政府等部门的信息支持，比如从消费者认同度、品牌知名度、满意度、市场份额等各方面提供企业的优势信息，以满足企业进一步的需要。

拓展阅读 1-1　市场调查的功能

市场调查具有 3 种功能：描述、诊断和预测。

（1）描述　描述功能是指收集并陈述事实。例如，某个行业的历史销售趋势是怎样的？消费者对某产品及其广告的态度如何？

（2）诊断　诊断功能是指解释信息或活动。例如，改变包装对销售会产生什么影响？换句话说，为了更好地服务现有顾客和潜在顾客，应该如何对产品或提供的服务进行调整？

（3）预测　预测功能是指预测市场的未来发展是怎样的。例如，企业如何更好地利用持续变化的市场中出现的机会。

课堂自我测评

测评要素	表现要求	已达要求	未达要求
知识目标	能掌握市场、市场调查的概念		
技能目标	能初步认识市场调查操作活动		
课程内容整体把握	能概述并认识市场、市场营销与市场调查的关系		
与职业实践的联系	能描述市场调查知识与技能的实践意义		
其他	能结合其他课程、职业活动等		

1.2 市场调查行业认知

作为一个行业，市场调查是怎样的？经历了多年的发展，这一行业在我国又出现了哪些变化呢？

市场调查活动是随着市场经济的产生与发展而出现的。从本质上讲，市场经济就是一种通过货物或服务的交换，以市场作为资源配置的基础方式，实现分散决策的经济体制。由于其固有的缺陷，市场信息不对称、市场不完全竞争等情形时有发生。为了降低经营风险，众多企业开始想方设法地捕捉市场信息，力图做到紧跟或把握市场潮流。于是，现代意义上的市场调查活动就由此诞生了。

美国是市场经济发展较成熟的国家，市场调查活动使其企业管理者避免了大量经营风险，获得了较大的竞争优势，使得大量的美国企业以及产品称雄于世。

1.2.1 市场调查的产生与发展

美国企业首先应用了市场营销的管理理念。作为市场营销活动的先导步骤，市场调查业由此产生。

1. 市场调查的萌芽期：20 世纪前

市场调查活动是在具有政治意义的民意调查的基础之上出现的。有记载的最早的调查活动是 1824 年 8 月由美国的《宾夕法尼亚哈里斯堡报》(Harrisburg Pennsylvanian)进行的一次选举投票调查；同年稍晚时，美国的另一家报纸《罗利星报》(The Raleigh Star)对在北卡罗来纳州举行的具有民众意识的政治会议进行了民意调查。有记载的最早的以营销决策为目的的市场调查活动是在 50 多年后的 1879 年由 N. W. Ayer 广告公司举行的。此次调查活动的主要对象是当地官员，调查的内容是了解他们对谷物生产的期望水平，调查的目的是为农业设备生产者制订一项广告计划。第二次系统的调查可能是在 20 世纪初由杜邦公司（Du Pont Company）发起的，它对其推销人员提交的有关顾客特征的调查资料进行了系统的整理和分析。非常有趣的是，当时负责收集并报告数据的推销人员认为，这纯属一项额外的书面工作，因而感到异常愤怒。

大约在 1895 年的时候，学术研究领域开始关注市场调查。当时，美国明尼苏达大学的心理学教授哈洛·盖尔（Harlow Gale）将邮寄调查引入了广告研究。他设计并寄出了 200 份问卷，最后收到了 20 份完成的问卷，回收率为 10%。随后，美国西北大学的 W. D. 斯考特（Walter Dill Scott）将实验法和心理测量法应用到了广告实践中。

2. 市场调查的成长期：1900—1950 年

进入 20 世纪后，消费和生产的发展促使市场经济向更大范围拓展，了解消费者需求及消费者对产品的态度这一需要应运而生。于是，生产商、专业的调查机构和一些大学先后都开始涉足市场调查活动。1905 年，美国宾夕法尼亚大学首先开设了一门名为"产品的销售"的课程。1911 年，美国柯蒂斯出版公司（Curtis Publishing Company）建立了第一家正式的调查机构，该机构的调查领域主要是汽车业。从 1911 年开始，美国人佩林（Charles Coolidge Parlin）首先对农具销售进行了研究，接着对纺织品的批发和零售渠道进行了系统调查，后来又亲自访问了美国 100 座大城市的主要百货商店，系统收集了第一手资料并著书立说。其中，《销售机会》一书就是非常著名的一部，内有美国各大城市的人口地图、分地区的人口密度、收入水平等资料。佩林首次在美国的商品经营上把便利品和选购品区分开来，又提出了分类的基本方法等。因为佩林为销售调查做出了巨大贡献，所以人们推崇他为"市场调研"这门学科的先驱，美国市场营销协会（AMA）每年会召开纪念佩林的报告会。

在佩林的影响下，美国橡胶公司、杜邦公司等一些企业都纷纷建立组织，开展系统的市场调研工作。1929 年，美国政府和有关地方工商团体共同对全美进行了一次分销普查（Census of Distribution）。这次普查被美国看成是市场调查工作的一个里程碑。后来，这种普查改称商业普查（Census of Business），至今仍定期进行。商业普查收集和分析了各种各样商品的信息资料，如各商品的分销渠道的选择状况、中间商的营销成本等，它可以称得上是对美国市场结构的最完整的体现。

在佩林的影响下，美国先后出版了不少关于市场调查的专著，比如芝加哥大学教授邓肯所著的《商业调查》（1919 年）、弗里德里克所著的《商业调查和统计》（1920 年）、怀特所著的《市场分析》（1921 年）。1937 年，美国市场营销协会组织专家集体编写《市场调查技术》。20 世纪 40 年代，默顿（Robert Merton）带领团队创造了"焦点小组"方法，使得抽样技术和调查方法取得了很大的进展。

20 世纪 30 年代，问卷调查法得到广泛采用。30 年代末期，"市场调查"成为美国大学校园普及性的课程。人们也不再满足于对被调查者的回答进行简单分析，开始根据收入、性别、家庭等方面的差异，对被调查对象进行分类和比较。简单相关分析开始得到应用，但应用得并不广泛。另外，大众传媒的发展和第二次世界大战的爆发，促使市场调查由不成熟的学科演变为明确的行业，除了正常的经济领域的研究外，大批的社会学家同时也进行了战争影响下的消费行为调查，推出了有关产品的消费者测试。

3. 市场调查的成熟期：1950—2000 年

第二次世界大战的硝烟散尽后，严峻的现实也摆在了人们面前。战争的波及面非常广，最明显的表现就是世界范围内消费需求的不足，商品交易由卖方市场向买方市场转变。激烈的竞争迫使生产商千方百计地去获取更多、更好的市场情报。生产者不再能够轻易卖出自己生产的任何产品。生产设备、广告费用、存货成本的上涨以及其他一些因素，使得产品的竞争力日益下降。这时，通过市场调查发现市场需求，然后再生产适销对路的产品来满足这些需求就变得越来越重要了。

与此同时，市场调查活动方式、方法的创新、调查结论可信度的提升也成为理所应当的要求。20 世纪 50 年代中期，依据人口统计特征进行的市场细分研究和消费者动机研究出现了，市场细分和动机分析的综合调查技术又进一步促进了心理图画和利益细分技术的发展。在 60 年代，学者们先后提出了许多描述性和预测性的数学模型，如随机模型、马尔科夫模型和线性学习模型。更为重要的是，60 年代初计算机技术的快速发展，使得调查数据的分析、存储和提取能力大大提高。所有这些都为市场调查的形成、发展和成熟打下了坚实的理论和实践基础。

4．市场调查的互联网时期：2000—2010 年

互联网的发展给市场调研行业带来了巨大的变革。一次全球调查显示，94%的调研公司表明自己在进行在线调研。一些公司正逐步集中于移动访谈，通过智能手机、iPad、机器人等设备进行自我完善。2018 年，美国一个研究中心发布的 37 个国家的调研数据显示，韩国的智能手机普及率为 94%，美国的智能手机普及率为 77%，中国的智能手机普及率为 69%。

互联网给市场调研人员带来了许多益处，如有了更快的商业信息获取途径，这有利于更好、更快地制定决策，提高公司对消费者需求和市场变化的反应能力，促进实施进一步研究和纵向调研，减少劳动力和时间密集型调研活动的相关成本，包括邮寄、电话营销、数据录入和报告的成本。

在市场调研中，实施调研和分析大量使用者数据不是互联网革命的全部。互联网同时大大加强了对调研过程和信息传播的管理，并极大地影响了几个关键领域：作为信息来源，电子数据取代了图书馆和多样的印刷材料；缩短了调研公司与客户企业调查、建议和磋商的时间，过程与结果沟通都可以随时在线进行；方便客户企业随时管理、分析、利用已收集的信息数据。

5．市场调查的大数据时代：2010 至今

市场调研中最热的行话是大数据。大数据（Big Data，Mega Data）或称巨量资料，指的是需要新处理模式才能具有更强的决策力、洞察力和流程优化能力的海量、高增长率和多样化的信息资产。在维克托·迈尔-舍恩伯格及肯尼斯·库克耶编写的《大数据时代》中，大数据分析是指不采用随机分析法（抽样调查）这样的捷径，而针对所有数据进行分析处理。大数据具有五个特点：Volume（规模性）、Velocity（高速性）、Variety（多样性）、Value（价值性）、Veracity（真实性），简称"5V"。

大数据是与人类日益普及的网络行为伴生的，由相关部门和企业采集的，蕴含数据生产者的真实意图、喜好的，具有非传统结构和意义的数据。有人把数据比喻为蕴藏能量的煤矿。煤炭按照性质分为焦煤、无烟煤、肥煤、贫煤等，而露天煤矿、深山煤矿的挖掘成本又不一样。与此类似，大数据并不在"大"，而在于"有用"。价值含量、挖掘成本比数量更为重要。对于很多行业而言，如何利用这些大规模数据是赢得竞争的关键。

大数据的价值体现在以下几个方面：对大量消费者提供产品或服务的企业可以利用大数据进行精准营销；采用小而美模式的中长尾企业可以利用大数据做服务转型；在互联网压力之下必须转型的传统企业，则需要与时俱进地充分利用大数据的价值。

拓展阅读 1-2　倾听消费者的呼声

服务是苏宁的唯一产品，用户体验是服务的唯一标准。多年来，苏宁一直秉承着这样的服务理念，立足于消费者，全身心地为消费者服务。2017 年 9 月，沈阳苏宁针对广大优质老会员开展了"总经理服务日"活动。总经理走出办公室，从门店V购、家访达人、售后等多维度为会员服务，与会员近距离接触，进行心与心的沟通，全面贯彻顾客至上的经营理念。

2017年11月9日下午，沈阳苏宁总经理来到苏宁物流望花南街站点，为两位顾客派送快递。2019年2月起，苏宁开展"精准入户"服务，免费测水质、免费测甲醛、免费除螨、免费检查电器安全隐患、免费清洗家电、免费设计家电方案等。此外，苏宁还在物流、售后方面健全制度，全力为消费保驾护航！

苏宁推出这些服务的目的就是多方位倾听消费者的呼声，让消费者放心购买，保障消费者的权益，更好地为消费者服务，同时也为自己培养了大批忠诚客户。

1.2.2 市场调查的行业现状

市场调查行业是为了实现管理目标而进行信息收集和数据分析的行业，它的存在对于政府、广大企业、广告商和媒体以至整个社会都有着不可或缺的重大意义。

1. 国外的市场调查

据美国市场营销学会统计，2013年，美国的市场调研公司的总收入超过154亿美元，排名前50名的调研公司占总收入的91%。其中排名第一的尼尔森，在世界上100多个国家和地区建立了分支机构。英国特恩斯市场研究公司（Taylor Nelson Sofres，简称TNS，也译为索福瑞集团）是全球最大的专项市场研究公司之一，拥有优秀的电视收视率分析软件，在欧洲同样拥有数十年的电视观众调查经验，为全球110多个国家提供有关市场调查、分析、洞察和咨询建议的服务。TNS于1992年进入中国，是最早在中国开展市场研究业务的国际性研究公司。20多年以来，TNS成长为中国最成功和享有盛誉的市场研究公司之一。世界上比较著名的市场调研公司除了尼尔森和TNS外，还有盖洛普、麦肯锡、高德纳、SGR等。

日本也是市场调查开展较早的国家。在日本，除了一些非常著名的企业拥有自己的调查机构外，还有其他一些官方的、半官方的和民间的机构在收集世界各地的政治、经济、军事和社会情报。日本有600多家市场调查与咨询服务公司以及8万多名"诊断士"，每年为成千上万家工商企业服务。从一定意义上讲，第二次世界大战后，日本之所以能够在短时间内创造出世界经济发展史上的"东亚奇迹"，与重视市场调查有很大的关系。

此外，欧盟的一些国家也十分重视市场调查，无论是市场调查公司、咨询机构的数量，还是从业人员的人数，均远超发展中国家。仅英国就有400多家咨询机构，伦敦就有60多个商业调查机构，拥有多种数据资料，如《官方统计指南》《年度统计摘要》《地区统计摘要》《社会统计》《家庭开支调查》等，可以为企业或个人提供全方位或专项的调查服务。

在欧盟1 500家调查机构和咨询公司中，大约有611家调研组织在ESOMAR（欧洲民意和市场研究协会）目录上都被标有"充分信息"的字样。

以发达国家为代表的市场调研活动非常活跃。发达国家市场调研机构众多，从业人员的专业化程度较高，同时采用了大量的新技术，大大提高了市场调研的效率。显然，随着经济全球化的发展,市场经济的支配地位进一步加强,商品贸易竞争的加剧和服务市场的进一步细分已成为必然趋势,这将为市场调研行业提供更大的发展空间。

课堂讨论 为什么说市场调查是市场经济的产物?

2. 中国的市场调查

市场调查是市场经济的产物。由于早期处于计划经济体制下,我国的市场调查业起步较晚,发展较慢。

在我国,市场调查为企业服务始于 20 世纪 80 年代中期,由于当时人们的市场意识淡薄,专业人才缺乏,因此市场需求量很小。1999 年,全球市场调查业的总营业额约为 146 亿美元,我国内地市场的营业额约为 1.33 亿美元,仅占全球市场的 1%。

随着社会主义市场经济体制的正式确立,我国的市场体系也在逐步形成,市场调查与市场预测也有了较大的发展空间。1992—2001 年,许多具有统计系统背景的公司脱颖而出,全国各地均有统计系统的市场调查与咨询服务公司。我国的民营市场调查公司也占有相当大的市场,如零点、新华信、新生代、勺海等。我国加入世贸组织之后,国际上的大批市场调查公司纷纷登陆我国,它们在绝对数量上并不多,但在技术、资金、人才方面占有很大的优势。据统计,全球排名前 20 位的市场调查公司已有近半进入了我国市场,其中 AC 尼尔森、益普索(IPSOS)、华通明略(Millward Brown)、索福瑞(TNS)、NPD 等知名公司影响很大。

经过近 30 多年的发展,我国市场调查业已从单一数据采集业务发展到提供中高端的研究,甚至营销咨询服务;从最初集中在北京、上海、广州三地,发展到遍布全国各地;从各行其是,发展到全行业统一与国际接轨,执行 ESOMAR 全球性的服务与质量准则;从以纸质问卷为主的面访方式,发展到使用 CATI、CAPI、e-survey、peoplemeter 等先进仪器和技术的快速准确的调查手段。

随着我国经济进一步融入全球市场当中,我国将为更多的跨国公司敞开大门,同时中国企业走出去也成为生存的必需,这将为我国的市场调查业提供更大的市场。

拓展阅读 1-3 互联网成为市场调研的重要平台

在市场营销中,无论是开拓新市场还是研发新产品,市场调查都是不可或缺的重要步骤。传统的市场调查费时、费力、费钱,网络的出现无疑为市场调查提供了新的工具。网络市场调查的优点包括:①实时、互动。网上调查是开放的,任何人都可以投票和查看结果,而且在投票信息经过统计分析软件初步自动处理后,可以即时查看到阶段性的调查结果。网络的最大好处是交互性,因此在做网上调查时,被调查对象可以及时就问卷的相关问题提出自己更多的看法和建议,可减少因问卷设计不合理而导致的调查结论偏差。②无时空和地域限制。网上市场调查是 24 小时全天候的调查,这就与受区域制约和时间制约的传统调查方式有很大的不同。③便捷和低耗费。实施网上调查节省了传统调查中耗费的大量人力和物力。④更加可靠和客观。实施网上调查,被调查者在完全自愿的原则下参与调查,调查的针对性更强,因此,问卷上所填写的信息可靠,调查结论更为客观。

课堂自我测评			
测评要素	表现要求	已达要求	未达要求
知识目标	能了解市场调查的产生		
技能目标	能初步认识市场调查发展过程中的调查技术		
课程内容整体把握	能概述并认识市场调查与经济发展的关系		
与职业实践的联系	能描述社会专业市场调查公司的实际业务		
其他	能与其他课程、职业活动等相联系		

1.3 市场调查工作认知

市场调查工作是怎样的？究竟包括哪些类型和工作内容？其工作程序又是怎样的呢？

市场调查工作是市场营销活动中的一个重要环节，它把消费者、客户、公众和营销者通过信息连接起来。利用这些信息，企业可以识别和定义市场机会以及可能出现的问题，制定、优化营销组合并评估其效果。

随着大数据时代的来临，企业进行市场调查的目的、作用与方式也应被重新审视并拓展到前所未有的维度。可以说，信息爆炸对企业的数据驾驭能力提出了新的挑战，也为企业的市场调查工作提供了前所未有的空间与潜力。

1.3.1 市场调查的类型

根据不同的标准，市场调查工作可以分为以下几种类型。

1. 按调查对象的范围可分为全面调查和抽样调查

（1）全面调查　全面调查是指对全体调查对象或对涉及市场问题的对象进行逐一的、普遍的、全面的调查，其优点是全面、精确，适用于取得调查总体的全面、系统的总量资料，如我国的人口普查。然而，其缺点也十分明显，因为全面调查费时、费力、费资金，所以适合在被调查对象数量少，企业的人、财、物力都比较雄厚时采用。

（2）抽样调查　抽样调查是指从目标总体中选取一定数量的样本作为调查对象进行调查。其特点是以较少的时间、费用来获得一定的调查结果，用以推测市场总体情况。抽样调查的样本少，调查者人数要求就少，时效性就能够得以提高，并且可以通过对调查者进行很好的培训来提高调查的准确率。同时抽样调查也是一种重要的调查方法，我们将在以后的章节中介绍。

2. 按调查性质可分为探索性调查、描述性调查、因果关系调查和预测性调查

（1）探索性调查　探索性调查又称试探性调查或非正式调查，是当调查的问题或范围不明确时所采用的一种方法，主要是用来发现问题、寻找机会，解决"可以做什么"的问题。探索性调查一般采用文献资料的搜集、小组座谈会或专家座谈会等调查方法。例如，企业发现最近一段时间某产品的销售量下降了，当具体原因不明时，企业就只能采用探索性调查，在小范围内找一些专家、业务人员、用户等，以座谈会形式进行初步的询问调查，或参考以往类似的调查资料，发现问题所在，为进一步的调查做准备。

（2）描述性调查　描述性调查是指进行事实资料的收集和整理，把市场的客观情况如实地加以描述和反映。描述性调查通常会描述被调查者的人口统计学特征、习惯偏好、行为方式等。描述性调查用于解决诸如"是什么"的问题，它比探索性调查更深入、更细致。

（3）因果关系调查　因果关系调查是指为了了解市场各个因素之间的相互关联，进一步分析何为因、何为果的一种调查类型。其目的是获取有关起因和结果之间联系的证据，用来解决诸如"为什么"的问题，即分析影响目标问题的各个因素之间的相互关系，并确定其中哪几个因素起主导作用。

（4）预测性调查　预测性调查是指对未来市场的需求变化做出估计，属于市场预测的范围。所以，预测性调查常用一些预测模型来进行定量分析。

3．按调查时间可分为连续性调查和一次性调查

（1）连续性调查　连续性调查是指对所确定的调查内容接连不断地进行调查，以掌握其动态发展的状况。比如，定期统计报表就是我国定期取得统计资料的重要方式。它有国家统一规定的表格格式和要求，一般由上而下统一布置，然后由下而上提供统计资料。

（2）一次性调查　一次性调查是指针对企业当前所面临的问题组织专项调查，以尽快找到解决问题的办法的一种调查方式。企业的很多专项调查都属于一次性调查，如新产品命名调查、顾客满意度调查、市场营销组合调查、广告效果调查、竞争对手调查等。

4．按搜集资料的方法不同可分为文案调查、实地调查和网络调查

（1）文案调查　文案调查又称二手资料调查，是指对已公开发布的资料和信息加以收集、整理和分析的一种调查类型。其优点是简单、快速、节省经费；缺点是缺乏时效性，即不一定适合当前的情况。

（2）实地调查　实地调查又称第一手资料调查，是调查员直接向被访问者收集第一手资料，再加以整理和分析，然后写出调查报告的一种调查方法。实地调查法包括观察法、访问法和实验法等。实地调查法所花费的人力、时间和费用较文案调查法要多得多。

（3）网络调查　网络调查是指在互联网上针对特定营销环境进行简单的调查设计、收集资料和初步分析的活动。网络调查分为两种方式：一种是利用互联网直接进行问卷调查，从而收集一手资料；另一种是利用互联网的媒体功能，从互联网上收集二手资料。

5．按市场调查的目的不同可分为计划性调查、选择型调查和评估性调查

（1）计划性调查　计划性调查是指通过定期的调查来验证目标市场是否有变化、是否有新的细分市场出现、消费者态度是否有变化等的例行活动。

（2）选择型调查　选择型调查主要是用来验证哪一个决策更好一些，如新产品概念测试、广告方案测试、试销等。

（3）评估性调查　评估性调查主要用于营销活动效果的评估，调查形式包括跟踪广告会议，组织形象研究和顾客对企业服务质量的态度等。

1.3.2　市场调查的内容

市场调查是企业营销活动的开始，又贯穿其全过程。那么，市场调查的内容究竟有哪些呢？市场调查的内容涵盖了市场营销活动的整个过程，从识别市场机会、选择目标市场、制定营销策略到评价营销效果，这些都可能成为市场调查的对象。具体来讲，市场调查的内容主要包括市场环境调查、市场需求调查、营销活动调查和市场竞争调查，如图1-3所示。

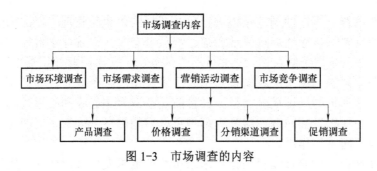

图 1-3　市场调查的内容

1. 市场环境调查

市场环境调查是指对影响企业生产经营活动的外部因素所进行的调查,是从宏观上调查和把握企业运营的外部影响因素及产品的销售条件等。对企业而言,市场环境调查的内容基本上属于不可控制的因素,包括政治法律、经济技术、社会文化、人口和自然地理环境等,它们对所有企业的生产和经营都有巨大的影响。因此,每一个企业都必须对主要的环境因素及其发展趋势进行深入、细致的调查研究。

(1) 政治法律环境　政治环境是指企业面临的外部政治形势、状况和制度,分为国内政治环境和国际政治环境。对国内政治环境的调查,主要是分析政府的方针政策,政策的制定与调整及其对市场、企业产生的影响。对国际政治环境的调查主要是分析企业拟进入市场所在国的基本政治制度如何、政局是否稳定、政策是否能够延续、政府工作效率如何等。法律环境的调查是分析、研究国家和地区的各项法律、法规,尤其是其中的经济法规。

(2) 经济技术环境　经济环境是指企业面临的社会经济条件及其运行状况、发展趋势、产业结构、交通运输、资源等情况。经济环境是制约企业生存和发展的重要因素,具体包括收入、消费结构、产业结构、经济增长率、货币供应量、银行利率、政府支出等因素,其中收入和消费结构对企业营销活动影响较大。

技术环境是指科学技术的发展使产品的市场生命周期迅速缩短,给企业经营带来的影响。新兴科技的发展以及新兴产业的出现可能会给某些企业带来新的市场机会,还可能会给某些企业带来市场环境威胁。

课堂讨论　如果你是一家电子消费品制造企业的总经理,在进行经济技术环境调查时,你关心的问题主要有哪些?

(3) 社会文化环境　文化是一个复杂的整体概念,它通常包括价值观、信仰、兴趣、行为方式、社会群体及相互关系、生活习惯、文化传统和社会风俗等。文化使一个社会的规范和观念更为系统化,并且解释着一个社会的全部价值观和规范体系。在不同国家、民族和地区之间,文化之间的区别要比其他生理特征更为深刻,它决定着人们独特的生活方式和行为规范。

文化环境不仅建立了人们日常行为的准则,还形成了不同国家和地区市场的消费者的态度和购买动机的取向模式。因此,社会文化环境调查对企业经营是至关重要的。

(4) 人口环境　人是构成市场的首要因素,哪里有人,哪里就产生消费需求,哪里就会形成市场。人口因素涉及人口总量、地理分布、年龄结构、性别构成、人口素质等诸多方面,处于不同年龄段、不同地区的人的消费特点就不同。企业应重视对人口环境的研究,密切关注人口特性及其发展动向,及时调整营销策略以适应人口环境的变化。

（5）自然地理环境　一个国家和地区的自然地理条件也是影响市场的重要环境因素，与企业的经营活动密切相关。自然环境主要包括气候、季节、自然资源、地理位置等，它们从多方面对企业的市场营销活动产生着影响。一个国家和地区的海拔高度、温度、湿度等气候特征，均影响着产品的功能与效果。人们的服装、饮食习惯也明显受气候的影响。地理因素也影响着人们的消费模式，还会对经济、社会发展、民族性格产生复杂的影响。企业市场营销人员只有熟悉不同市场的自然、地理环境的差异，才能搞好市场营销。

案例 1-2　国产运动品牌市场环境调查

对于国产运动品牌来说，2018 年是一个特殊的年份，在这一年，国产运动品牌受到集中关注。近年来，国产运动品牌在品牌升级方面已经取得了值得肯定的好成绩。2018 年 2 月，国产运动品牌李宁登上纽约时装周。安踏则凭借旗下高端运动品牌 FILA 赢得市场认可，已经成为安踏集团业绩增长的最主要力量。至于特步，虽然相对低调，但根据相关数据，其已经成为马拉松选手们最为青睐的国产跑鞋品牌。

市场调查显示，我国本土运动服装品牌面临困境的原因主要是：一方面，厂家奉行廉价设计，的确显得不"潮"，难以吸引年轻消费者；另一方面，本土运动服装品牌注重规模扩张而忽视了品牌形象提升与品牌重塑，导致同质化竞争严重。2018 年是国产运动品牌分化的一年。在这一年间，部分国产运动品牌取得了突出的成绩，部分则面临着品牌崩塌，甚至消亡的困境。但很显然，在巨大且快速增长的市场面前，我国本土运动品牌应该从粗放式发展道路转移到集约式发展道路上来，否则此困境还将长期持续。

2．市场需求调查

消费者是市场活动的主体，是企业产品的最终购买者和服务对象。消费者市场调查是指在对市场环境进行研究的基础上，运用各种市场调查技术和方法，通过认知、态度、动机、选择、决策、购买、使用等阶段来实现对消费群体自身愿望和需要的研究。消费者市场需求调查主要包括消费者需求调查、消费者购买行为调查以及消费者满意度调查 3 个方面。

（1）消费者需求调查　消费者需求调查的内容主要包括消费者基本情况分析、具体特征、变动情况和发展趋势等，如对年龄、性别、文化程度、职业、婚姻状况、个人收入、家庭收入、是否独生子女等众多基本变量的了解与分析。通过收集这些信息，挖掘出消费者的潜在需求，帮助企业正确进行产品定位和目标市场定位，减少企业在产品选择和市场选择上的失误。

（2）消费者购买行为调查　消费者购买行为调查的内容包括使用和购买的产品类型、使用和购买的包装规格、使用和购买的频率、使用和购买的时间、使用和购买的地点、使用和购买的场合、使用和购买的数量、购买金额、使用方法等。通过分析消费者行为、动机及其影响因素，可以为企业的产品市场定位以及营销决策提供重要依据。

（3）消费者满意度调查　消费者满意度调查的内容包括满意率、顾客忠诚度、顾客投诉以及他人推荐率等重要的评价指标。通过对这些信息的收集，来考察消费者对企业产品和服务的满意程度。一般情况下，满意度调查是连续性的定量研究。

3．营销活动调查

营销活动调查主要指企业在营销活动各个环节上所进行的调查活动，主要涉及产品调查、价格调查、分销渠道调查和促销调查等几个方面的内容。

（1）产品调查　产品调查的内容主要包括品牌忠诚度、品牌价值、包装、产品生命周期、新产品创意与构思、新产品市场前景、产品售后服务等。产品决策是市场营销中最重要的决策之一，产品调查的主要目的是为企业制定产品决策提供依据。

（2）价格调查　价格调查的内容主要包括定价目标和定价方法、影响定价的因素、价格调整的策略、顾客对价格变化的反应等。

案例1-3　56美元购买1956年款汽车

1956年，福特汽车公司生产了一种新型汽车，叫作1956年款汽车。这种汽车上市之后，竞争力很差，销路不畅。当时还只是福特汽车公司推销员的艾柯卡（后成为福特汽车公司总裁）管理的地区销售情况更差。针对这种情形，他深入当地，了解居民的性格、情感、生活习惯、风土人情及经济状况。之后，他采取了一种新的销售办法：压低汽车的分期付款金额，凡购买1956年款汽车的顾客可分期付款，先交付总售价的20%，在以后的三年内每月付款56美元，这样就大大消除了顾客的疑虑及抗拒心理，也解决了顾客的财务困难。

（3）分销渠道调查　分销渠道调查的内容主要包括分销渠道的结构和覆盖范围、渠道选择的效果、影响渠道设计的主要因素、经销商分布与关系处理、物流配送状况和模式、窜货管理等。

（4）促销调查　促销调查的内容主要包括广告、人员推销、销售促进和公共关系等，每一方面又包含了许多具体的内容。广告调查是促销调查中最重要、最常见的调查，它主要包括广告诉求调查、广告媒体调查和广告效果调查等。广告诉求调查即调查广告对象的性别、年龄、收入状况、生活方式、购买习惯、文化程度、价值观念和审美意识等。广告媒体调查，即调查媒体的传播范围和对象、媒体被收听和收看的情况、媒体的费用和使用条件，以及媒体的适用性和效果等。广告效果调查即调查广告的受众、产品知名度、消费者态度、品牌使用习惯、购买欲望与行为等。

4．市场竞争调查

市场竞争调查主要侧重于企业与竞争对手的比较研究。通过对成本和经营活动进行比较，找出自身的竞争优势，从而扬长避短、避实就虚地开展经营，提高企业的竞争能力。市场竞争调查的内容主要有两点：①对竞争形势的一般性调查，如不同企业的市场占有率、经营特征、竞争方式、同行业竞争结构和变化趋势等；②针对某一具体竞争对手的调查，如竞争对手的业务范围、资金状况、经营规模、人员构成、组织结构，以及产品品牌、性能、价格、经销渠道等。

拓展阅读1-4　市场调查能提供的信息

1）市场需求调查能提供的信息：整体市场、细分市场的规模，能用于预测的市场趋势，品牌份额，顾客特征和购买动机，竞争对手的品牌份额。

2）促销调查能提供的信息：最恰当的促销方式，最有效的促销材料和手册，最合适的媒体促销活动，实现促销目标最有效的沟通方式。

3）产品调查能提供的信息：新产品开发的机会，产品的设计要求，与竞争对手相比较的优劣势，产品包装的设计要求。

4）分销调查能提供的信息：合适的分销方式，合适的渠道成员，仓库和零售点的最佳位置。

5）销售调查能提供的信息：销售方法和销售技术，销售区域划分依据，合适的薪酬分配方式，销售培训要求。

1.3.3 市场调查的程序

市场调查的程序是指调查工作的阶段和步骤。市场调查工作应该遵循系统、科学的工作程序，才能提高工作效率，顺利完成调查任务。市场调查程序通常根据调查内容的繁简程度，调查的时间、地点、预算、方式，以及调查人员的职业经验来确定。一般而言，根据调查活动中各项工作的自然顺序和逻辑关系，市场调查过程可分为调查准备、调查实施、资料整理和调查报告4个阶段，每个阶段又可分为若干个具体步骤，如图1-4所示。

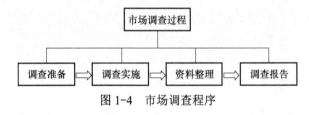

图1-4 市场调查程序

1. 调查准备

市场调查准备阶段的主要工作就是确定调查目标、形成调查研究假设并确定需要获得的信息；主要解决调查目的、范围和调查力量的组织等问题，并制订出切实可行的调查计划。市场调查准备阶段的主要工作包括以下内容：

（1）确定调查目标，拟定调查项目　这项工作要解决为什么进行调查、调查要了解什么问题、了解这些问题后有什么用处、应该收集哪些方面的信息资料等问题。

（2）确定收集资料的范围和方式　这项工作用于确定收集什么资料，向谁收集资料，在什么时间、什么地点收集资料，是实地调查收集第一手资料还是文案调查收集第二手资料，是一次性调查还是多次调查，是普查还是抽查等。

（3）设计调查表和抽样方式　调查表或问卷应简明扼要、突出主题；抽样方式和样本量大小应满足调查目的要求，还要便于统计分析。

（4）制订调查计划　调查计划应包括采用什么调查方法、人员如何安排、如何分工协作、调查工作的进度以及调查费用的预算等。有些情况下，还需要编写调查项目建议书，供企业审阅。

> **重要概念 1-2　市场调查项目建议书**
>
> 市场调查项目建议书是指调查人员通过对调查项目、方式、资料来源及经费预算等内容的确定，按所列项目向企业提出调查建议，对调查过程进行简要说明，供企业管理人员审阅的建议文件。市场调查建议书完全是从调研者角度出发的对调查过程的说明，但由于要提供给企业，因此内容一般都比较简明、易懂。

2. 调查实施

调查实施阶段的主要工作就是收集相关的信息资料，包括与市场、竞争对手、经济形势、政策与法律等方面相关的信息资料。收集资料阶段主要是进行实地调查活动，实地调查即调查人员按计划规定的时间、地点及方法收集有关资料，不仅要收集第二手资料，还要收集第一手资料。实地调查的质量取决于调查人员的素质、责任心和组织管理的科学性。这是调查工作的一个非常重要的阶段。组织实地调查要做好以下两方面的工作：

（1）**市场调查项目管理**　实地调查是一项较为复杂和烦琐的工作，要按照事先划定的调查区域确定每个区域调查样本的数量、调查员的人数、每位调查员应访问样本的数量及访问路线；明确调查员的工作任务和工作职责，做到工作任务落实到位，工作目标和责任明确。

（2）**市场调查人员管理**　调查项目领导组成员要及时掌握实地调查的工作进度完成情况，协调好各个调查员间的工作进度；要及时了解调查员在访问中遇到的问题，并帮助解决；对于调查中遇到的共性问题，提出统一的解决办法；要做到每天调查结束后，调查员首先对填写的问卷进行自查，然后由督导员对问卷进行检查，找出存在的问题，以便在后面的调查中及时改进。

案例1-4　**番茄酱的失败**

美国的一家公司在得知日本市场上买不到番茄酱后，就向日本运送了大量畅销品牌的番茄酱。这家美国公司认为日本市场具有巨大的吸引力，唯恐任何迟疑都会使竞争对手领先。然而，这一营销举措最终失败了。

事实上，进行一次市场调查就会获知番茄酱滞销的原因：在日本，味噌酱才是更受欢迎的调味品。

3．资料整理

实地调查结束后，即进入调查资料的整理和分析阶段。收集好已填写的调查表后，由调查人员对调查表进行逐份检查，剔除不合格的调查表，然后将合格的调查表统一编号，以便于调查数据的统计。资料的整理与分析主要是对所获得的原始信息资料进行加工编辑、资料审核、订正、分类汇总和加工整理。整个过程中，依据一定的统计方法进行技术分析和数据处理；在加工编辑之前要对获得的资料进行评定，消除错误，保证信息资料的真实性和可靠性。如果发现不足或存在问题，则应及时拟订再调查提纲，做补充调查，以保证调查结果的完整性和准确性。调查数据的统计可利用 Excel 完成，将调查数据输入计算机后，经 Excel 运行后，即可获得已列成表格的大量统计数据。利用统计结果，就可以按照调查目的的要求，针对调查内容进行全面的分析工作。

4．调查报告

市场调查的最后阶段是根据整理后的调查资料进行分析论证，得出结论，然后撰写市场调查报告，并在调查报告中提出若干建议方案，供企业在决策时作为参考依据。

撰写调查报告是市场调查的最后一项工作内容，市场调查工作的成果将体现在最后的调查报告中，调查报告将提交给企业决策者，作为企业制定市场营销策略的依据。市场调查报告要按规范的格式撰写，一份完整的市场调查报告由题目、目录、概要、正文、结论和建议、附件等部分组成。报告的写作应力求语言简练、明确、易于理解，内容讲求适用性，并配以图表进行说明。如果是技术性报告，因其读者大多数是专业人员或专家，所以力求推理缜密，并提供详细的技术资料及资料来源说明，注重报告的技术性，以增强说服力。提出了调查的结论和建议并不是说明调查过程就此完结了，而应继续了解其结论是否会被重视和采纳，采纳的程度和采纳后的实际效果，还要了解调查结论与市场发展是否一致等，以便积累经验，不断改进和提高调查工作的质量。

课堂自我测评			
测评要素	表现要求	已达要求	未达要求
知识目标	能了解市场调查的类型、内容		
技能目标	能初步认识市场调查工作程序		
课程内容整体把握	能概述并认识市场调查工作		
与职业实践的联系	能描述市场调查实际业务		
其他	能与其他课程、职业活动等相联系		

小结

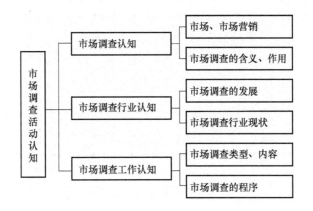

教学做一体化训练

一、解释下列重要概念
市场调查
市场调查项目建议书

二、课后自测
（一）选择题
1. 你在购买笔记本电脑前，会进行哪些市场调研活动？（　　）
　　A. 上网查询相关信息　　　　　　　　B. 电话咨询厂家
　　C. 请教同学或朋友　　　　　　　　　D. 去商场看样品
2. 只有通过对市场营销有关问题所需的信息进行系统的（　　），才能做出特定的市场营销决策。
　　A. 收集　　　　　B. 记录　　　　　C. 整理　　　　　D. 分析

3. 市场调查在营销管理活动中发挥的作用包括（　　）。
   A. 营销管理活动的起点
   B. 能够帮助企业留住现有顾客
   C. 可以使企业随时了解市场行情
   D. 可以为企业产品质量改进提供参考意见
4. 按调查性质分，市场调查的类型有（　　）。
   A. 探索性调查　　　B. 描述性调查　　　C. 因果关系调查　　　D. 预测性调查
5. 市场调查的内容主要包括（　　）。
   A. 市场环境调查　　　　　　　　　　B. 市场需求调查
   C. 营销活动调查　　　　　　　　　　D. 市场竞争调查
6. 市场调查过程可分为哪几个阶段（　　）。
   A. 调查准备　　　B. 调查实施　　　C. 资料整理　　　D. 调查报告

（二）判断题（正确的打"√"，错误的打"×"）
1. 市场调查与市场营销有时可以互相替代。　　　　　　　　　　　　　　（　　）
2. 在国外，市场调查和市场预测活动被统称为市场调研。　　　　　　　（　　）
3. 市场调查获得的大量信息资料是企业经营决策的重要依据。　　　　　（　　）
4. 在实践中，市场调查就是对市场营销的所有问题笼统、盲目地进行调查。（　　）
5. 市场调查活动是随着市场经济的产生和发展而出现的。　　　　　　　（　　）
6. 市场调查中的重点调查花费较大，时间也较长，且不能及时提供必要的资料。
　　　　　　　　　　　　　　　　　　　　　　　　　　　　　　　　（　　）

（三）简答题
1. 简述市场调查的含义。
2. 简述市场调查的作用。
3. 市场调查有哪些主要分类？
4. 简要概括我国市场调查行业的发展状况。
5. 为什么说我国的市场调查行业前景广阔？
6. 结合实践，谈谈我国市场调查行业所面临的问题。

三、案例分析

市场调查帮助王永庆立业

我国台湾著名企业家王永庆早年因家境贫寒读不起书，只好去做买卖以补贴家用。16岁时，王永庆在嘉义开了一家米店，当时小小的嘉义已有近30家米店，竞争非常激烈。当时，仅有200元资金的王永庆只能在一条偏僻的巷子里承租了一个小铺面。由于他的米店开办最晚，规模又小，更谈不上知名度，所以没有任何优势，在刚开张的日子里，生意冷清。当时，一些老字号分别占据了周围较大的市场，而王永庆的米店因规模小、资金少而没法做大宗买卖。专门搞零售呢？那些位置好的老字号米店在经营批发的同时，也兼做零售，没有人愿意到这么偏僻的米店来买米。王永庆曾背着米挨家挨户地去推销，但效果不太好。

王永庆感觉到，要想让自己的米店在市场上立足，就必须有一些别人没做到或做不到的优势才行。经过仔细的调查之后，王永庆很快从提高米的质量和服务上找到了突破口。

在20世纪30年代的台湾，农村还处于手工作业阶段，稻谷收割与加工的技术很落后，稻谷收割后都是在马路上晾晒，然后脱粒，沙子、小石子之类的杂物很容易掺杂在里面。家家户户在做米饭之前，都要经过一道淘米的程序，但是一些沙子、石子之类的杂质很难被彻底清除掉，连规模较大的米店卖的米也是如此，因此经常有人抱怨。

王永庆却从顾客的抱怨中找到了自己应该改进产品质量的信息。他带领两个弟弟一起，动手将夹杂在米里的秕糠、沙石之类的杂物拣出来，然后再出售。这样，王永庆米店所售大米的质量明显就高一个档次，因而深受客户好评，米店的生意也日渐红火起来。

产品质量的提高带来了较好经济效益的同时，王永庆又将目光投向了别处。20 世纪 30 年代的台湾电话还很不普及，没有现在的电话订购业务，大部分人都要自己到街上的米店去买米，再自己运回家。有客户反映，由于平时太忙，自己在煮饭时才发现米已经没有了，因此只好饿着肚子先去米店买米回家。经过长时间的观察，王永庆还发现，一些家庭由于年轻人整天忙于生计，且工作时间很长，因此不方便前来买米，买米的任务只能由老年人来承担。而一些上了年纪的老年人行动非常不便。另外，就米店而言，要等客人上门才有生意做，长久下去，就太被动了。王永庆注意到了这些情况，于是决定打破常规，主动送货上门。这一方便客户的服务措施大受欢迎，因为当时还没有送货上门业务，增加这一服务项目相当于一项创举。王永庆米店的生意更加红火了。

但王永庆并不满足于此，又将目光投向了更加精细的服务。即使是在今天，送货上门也只是将货物送到客户家里并根据需要放到相应的位置。而王永庆做得更极致。每次给新客户送米，王永庆都会拿出随身携带的记事本细心记下这户人家米缸的容量，并且问明这家有多少人吃饭，包括多少大人、多少小孩，以及每人饭量如何，然后依据这些资料大致估计该户人家下次买米的时间。到了预估的时间段，不等客户上门，他就主动将相应数量的米送到客户家里。

在送米的过程中，王永庆还了解到，当地居民大多以打工为生，生活并不富裕，许多家庭还未到发薪日就已经囊中羞涩。由于王永庆是主动送货上门的，要货到收款，有时碰上客户手头紧，会弄得大家很尴尬。为解决这一问题，王永庆采取按时送米，约定到发薪之日再上门收钱的办法，极大地方便了顾客。

有了知名度后，王永庆的生意很快红火起来。经过一年多的资金和客户积累，王永庆便自己开办了一个碾米厂，在离最繁华热闹的街道不远的临街处租了一栋比原来大好几倍的房子，临街的一面用来作铺面，里间用作碾米厂。就这样，王永庆从小小的米店生意开始了他后来问鼎台湾地区首富的事业。

阅读材料，回答以下问题：
1. 王永庆的米店为什么能够取得成功？王永庆如何通过市场调查留住了客户？
2. 本案例对大型企业的营销管理有什么启示？

同步实训

实训 1：市场调查观察

实训目的：认识市场调查的经济意义。

实训内容：
1. 列举自己生活中的调查实例。
2. 讨论一个企业市场调查案例并写出报告。

实训组织： 学生分组，列举较为典型的日常生活调查活动，并写出书面的观察结论报告。

实训总结： 各学生小组交流不同的观察结果，教师根据观察报告、PPT 演示，以及学生在讨论时的表现，分别对每组进行评价和打分。

▶ 实训 2：市场调查认知

实训目的： 通过实训演练与操作，初步认识市场调查工作。

实训内容：
1. 仔细观察自己所熟悉的商家（场），分析它们是如何进行市场调查的。
2. 由教师设定题目，走访大型的购物中心或超市，分析市场调查对其日常经营活动的影响。

实训组织： 学生分小组、分行业观察企业调查活动，并写出书面的调查结论报告。

实训总结： 学生小组间交流不同行业的观察结果，教师根据观察报告、PPT 演示，以及学生在讨论时的表现，分别对每组进行评价和打分。

▶ 实训 3：市场调查行业认知

实训目的： 通过实训演练与操作，初步认识市场调查行业。

实训内容：
1. 教师引领学生参访实训基地企业市场研究部门，了解其工作内容。
2. 教师引领学生参访社会专业市场调查公司，了解其工作内容与方式。

实训组织： 学生分小组，观察企业调查活动，并写出书面的观察结论报告。

实训总结： 学生小组间交流不同行业的观察结果，教师根据观察报告、PPT 演示，以及学生在讨论时的表现，分别对每组进行评价和打分。

学生自我学习总结

通过完成任务 1 的学习，我能够做如下总结：

一、主要知识点

在任务 1 中，主要的知识点有：

1. _____。
2. _____。

二、主要技能

在任务 1 中，主要的技能有：

1. _____。
2. _____。

三、主要原理
市场调查在市场营销决策中的地位与作用是：
  1. _____。
  2. _____。

四、相关知识点
任务1涉及的主要相关知识点有：
  1. 市场调查与市场的关系有：_____。
  2. 市场调查与市场营销的关系有：_____。
  3. 市场调查行业发展状况是：_____。

五、学习成果检验
完成任务1学习的成果：
  1. 完成任务1的意义有：_____。
  2. 学到的知识有：_____。
  3. 学到的技能有：_____。
  4. 你对市场调查的初步印象是：_____。

任务 2 市场调查活动准备

学习目标

知识目标

1. 了解市场调查机构。
2. 了解市场调查从业人员。
3. 了解市场调查机构的选择。
4. 了解市场调查的目标。

能力目标

1. 能体会市场调查人员道德要求。
2. 能说明不同市场调查项目的接洽过程。
3. 能结合实际初步确定市场调查目标。

任务描述

市场调查活动的准备工作主要包括市场调查人员准备、市场调查项目确定、市场调查目标确立。在此基础上，市场调查机构会根据企业市场调查项目委托的要求，开始为市场调查整体工作的设计做准备。

任务解析

根据市场调查工作的活动顺序和职业能力分担原则，"市场调查活动准备"可以分解为以下子任务：

2.1 市场调查人员准备

2.2 市场调查项目准备

2.3 市场调查目标确立

任务 2　市场调查活动准备

> **调查故事**

1957年,丰田汽车开始出口美国。最初几天的热烈反应掩盖了日本人对美国市场的不了解:丰田车在日本狭窄多弯的马路上跑起来,性能表现优越;可是在美国的高速公路上,时速超过80公里发动机就开始振动,功率急剧下降;车内设计不符合美国人的生活习惯……

此后3年,丰田汽车在美国市场的销量急剧下降,丰田公司被迫暂停向美国出口轿车。时隔不久,一位气度不凡的日本人来到纽约,以学英语为名,住进了一个普通的美国家庭。在每天的生活中,他除了学习以外,都在做笔记,关于美国人居家生活的种种细节,包括吃什么食物,看什么电视节目等,全在记录之列。

3个月后,这个日本人回国了。没过多久,丰田公司就推出了针对当时美国家庭需求而设计的价廉物美的旅行车。该车在每一个细节上都考虑了美国人的需要。例如,美国男士(特别是年轻人)喜欢喝玻璃瓶装饮料而非纸盒装的饮料,日本设计师就专门在车内设计了具有冷藏功能并能安全放置玻璃瓶的柜子。直到该车在美国市场推出时,丰田公司才在报纸上刊登了调查报告,并向那户人家致歉,同时表示感谢。正是通过这样细致的调研工作,丰田公司很快掌握了美国汽车市场的情况。此后10年,丰田汽车在美国的市场份额进一步扩大。1980年,丰田汽车在美国的销售量达到58 000多辆,占美国进口汽车总额的25%。

【启示】只有经过充分准备的市场调查活动,才能取得良好的效果。显然,丰田汽车公司正是通过潜心研究美国市场,发现了产品滞销的症结所在,才重新取得了成功。通过任务2的学习,你能否发现确定市场调查目标在调查活动中的意义呢?

2.1　市场调查人员准备

市场调查业务活动中会有哪些专业人员?这些人员归属于哪些机构?有哪些素质要求?这是市场调查活动准备首先要考虑并回答的问题。

通常情况下,企业市场调查业务采用两种方式进行:①由企业内部市场研究部门自己组织人员进行;②将市场调查业务部分或全部委托给专业的市场调查公司进行。

从市场调查工作流程的规范性与专业性来讲,专业的市场调查公司显然要优于企业内部的市场研究部门,同时,专业的市场调查公司是以第三方的视角去研究市场,得出的结论更加客观。一般情况下,企业内设的市场研究部门会完成一些小型的、常规的市场调查业务,而一些大型的、综合的市场调查业务通常会聘请专业市场调查机构来完成。本书的工作任务侧重以专业市场调查机构为例来进行展示。

改革开放以来,我国的市场调查行业经历了从无到有、快速发展的过程。2001年4月,中国信息协会市场研究分会(**CMRA**)在广州宣告成立,被认为是我国市场调查行业发展的里程碑。目前,我国的市场调查机构和从业人员已经呈现出专业化、多元化、产品化和实用化等趋势,就已经存在的市场调查来看,其范围之广、内容之细,已超出人们的想象。

2.1.1 市场调查机构

随着我国市场经济的发展,市场调查工作日益受到重视,很多企业有自己的市场调查机构(如市场部)。当企业觉得有必要时,还可以聘请企业外部的专业性市场调查机构来进行市场调查。于是,专业的市场调查公司逐渐增多,形成了众多市场调查(咨询)公司群雄逐鹿的局面。因此,我们提及市场调查主体时,一般意味着两种类型,即企业内部的市场研究机构与外部的专业市场调查机构。基于业务活动的典型性,本书主要介绍后者。

> **重要概念 2-1　市场调查机构**
>
> 市场调查机构是受企业委托,专门从事市场调查的单位或组织。我国市场调查机构有以下一些类型:各级政府统计机构建立的调查机构,新闻单位、大学和研究机关的调查机构,外资调查机构,民营调查机构。

1. 市场调查机构的类型

我国市场调查机构主要有以下类型:

(1)国有调查机构　我国最大的市场调查机构为国家统计部门。国家统计局、各级主管部门和地方统计机构,通过统计报表和专业调查队伍专门调查等手段,收集和管理市场调查资料,便于企业了解市场环境的变化及发展,指导企业的微观经营活动。国家统计局在对从事涉外调查的机构进行资格认定等方面进行管理的同时,还设有调查处、研究室和情报所,负责组织城市、农村基本情况信息收集。

(2)外资调查机构　外资市场调查与咨询公司,如盖洛普、AC尼尔森、国际市场研究集团(Research International,RI)等,直接服务于大型跨国公司对中国市场调查的需求,同时为中国内地市场潜力所吸引。由海外总部接全球性的委托单实施中国市场调查,是外资市场调查与咨询公司的重要客户来源。

(3)学术型调查机构　新闻单位、高校、科研院所的学术型调查机构也都在开展独立的市场调查活动,定期或不定期地收集和发布一些市场信息。国内学术型市场调查机构主要集中于高校,高校市场调查做得比较好的机构是中国传媒大学和中山大学等。

(4)民营调查机构　此类市场调查与咨询公司大多为管理者以股份制的方式创办,投资人和经营人一体化,比较成规模的有华南国际、零点调查、勺海等。民营型的市场调查机构对客户反应迅速、服务意识较强;采用项目主任负责制,即除了统计分析等技术性很强的环节外,一个项目从设计到报告撰写都由一位研究人员负责,这样有利于最大限度地激发个人的积极性和责任心,但也使调查项目的质量与项目主持人的个人素质密切相关。民营公司能够满足客户的特别需要,如某些难度较大的调查项目,民营公司往往比外资公司、国有公司做得更好,因为它获得信息的手段要灵活得多。

> **拓展阅读 2-1　零点调查**
>
> "零点调查"成立于 1992 年,其业务范围为市场调查、民意测验、政策性调查和内部管理调查。"零点调查"接受海内外企事业、政府机构和非政府机构的委托,独立完成各类定量与定性研究课题。"零点"是广为受访对象、客户和公众所知的专业服务品牌。多年的发展经验使该公司更了解客户的需求,从而为客户提供更有针对性的服务。

零点的业务项目多达数千项,涉及食品、饮料、医药、个人护理用品、服装、家电、IT、金融、保险、媒体、房地产、建材、汽车、商业服务、娱乐、旅游等30多个行业。"HORIZON"(零点)为受中国法律与《国际商标注册马德里协定》保护的国际注册服务商标。

2. 市场调查机构职业道德要求

专业市场调查机构在接受企业委托、开展业务活动的同时,应注意树立良好的信誉,尤其要遵守如下职业道德规范:

(1)维护委托人利益 主要包括:①保持受委托的关系,永远寻求并保护委托人的最佳利益;②视所有调查信息(包括处理过程和结果)为委托人独有的财产;③在发布、出版或使用任何调查信息或数据之前,要获取委托人的允诺或批准;④拒绝与那些寻求调查发生偏差以得到某些确定结果的委托人发生任何联系,拒绝接受他们的项目;⑤固守调查研究的科学标准,并且不隐瞒任何事实真相。

> **课堂讨论** 为什么要求市场调查机构必须维护委托人的利益?违反职业道德要求,会出现哪些问题?

(2)保护被调查者隐私 主要包括:①保护被调查者的隐私权和匿名权,未获许可,不得暴露其身份;②调查委托人不能利用被调查者的身份信息,私下干扰其作答;③除非调查必需,否则不能要求被调查者说出自己的身份;④除非调查必需,委托人可以拒绝调查者或他人识别其身份。

2.1.2 市场调查人员

市场调查人员是指为本组织或受托为其他组织,从事市场调查、市场研究、信息分析及相关活动的人员,如市场专员、市场调查员、市场调查分析师等。市场调查人员是调查工作的主体,其数量和质量直接决定着市场调查的结果。随着全球一体化和市场经济的不断完善,市场调查分析作为一项技能或职业越来越受到社会的关注。

1. 市场调查人员的基本素质

市场调查也和其他工作一样,具体负担工作的"人"的素质会对工作的效果产生直接的影响。作为一名优秀的市场调查人员,应该具备相应的品德、业务、心理和身体素质,具体表现在以下3个方面:

(1)思想品德素质 一名具有良好思想品德素质的调查人员,应该能够做到以下几点:①熟悉国家现行的有关方针、政策和法规,具有强烈的社会责任感和事业心;②具有较高的职业道德修养;③工作认真细致,在调查工作中要具有敏锐的观察能力,不放过任何有价值的资料;④谦虚谨慎、平易近人,容易得到被调查对象的配合,从而能够获得真实的信息。

(2)业务素质 主要包括:①阅读能力,即理解问卷的能力,能够没有障碍地传达问卷中的提问项目和回答项目;②表达能力,即访问人员在调查过程中能够将要询问的问题表达清楚;③观察能力,即具有敏锐的观察能力,能判断受访者回答的真实性;④书写能力,即能够准确、快速地将受访者的回答记录下来。⑤应变能力,即访问员要能够随机应变,适应不同类型的受访者的特点。

(3)心理和身体素质 一个健康的体魄是做好一件事的基础,市场调查工作也不例外。在市场调查活动中,实地访问,资料的归纳、整理、计算等工作都需要良好的心理和身体素质，才能保持良好的工作状态，以应对各种类型的受访对象，机动灵活地处理各种各样的随机事件。

2. 市场调查人员的知识要求

市场调查的整个工作过程涵盖了统计学、经济学、管理学、心理学等多方面的知识，从个人知识要求看，主要集中在以下几个方面：

（1）市场营销知识　市场调查是营销工作的起点，最终目的是使营销效果更加明显。因此，市场调查人员需要具备基本的市场营销知识，包括商品学、消费心理学、企业可能采用的营销技巧等。只有这样，才能使调查活动做到有的放矢。

（2）市场调查知识　市场调查人员必须掌握调查工具，熟悉调查程序、调查手段等，才能在业务活动中处理各种可能出现的问题，例如，如果设计方法无法运用，如何选用替代方法收集信息资料等问题。

（3）管理学知识　市场营销不仅仅是企业营销部门的工作，同时还与整个企业管理层息息相关，市场调查也应该关注企业管理方面的工作。企业所有的人事变动、财务运行、企业发展战略等透露的信息都是市场调查从业者要关注的焦点，而这一切都是以企业管理为基础的。市场调查人员只有了解了企业管理的精髓，才可能了解自己企业和竞争对手的运转状况、运转方式及原因，并加以客观分析。

（4）行业知识　市场调查是针对行业进行的，隔行如隔山，即使是经验丰富、资历深厚的调查人员，也不可能"通吃"所有的行业。作为调查分析师，在通常情况下，必须至少长期关注一个行业的发展动态，做到知己知彼，才能在调查活动中少走弯路。

> **拓展阅读 2-2　中国著名市场调研公司**
>
> 1）央视市场研究（CTR）是中国领先的市场研究公司，服务方向为消费者固定样组、个案、媒介与产品消费形态、媒介策略、媒体广告及新闻监测。
>
> 2）广州策点市场调研有限公司（CMR）擅长的领域为满意度研究、消费者研究、政府及公共服务研究、市场进入研究、新产品开发研究、房地产专项研究、行业研究等。
>
> 3）央视-索福瑞媒介研究（CSM）致力于提供专业的电视收视和广播收听市场研究，为中国内地和香港的传媒行业提供可靠且不间断的收视率调查服务。
>
> 4）上海AC尼尔森市场研究有限公司（AC Nielsen）提供全球领先的市场资讯、媒介资讯、在线研究、移动媒体监测、商业展览服务，以及商业出版资讯。
>
> 5）北京特恩斯市场研究咨询有限公司（TNS）在消费品、科技、金融、汽车等多个领域为客户提供全面而深刻的专业市场调研服务和行业知识。
>
> 6）河南亦锐营销策划有限公司（EASY）从事品牌建设与市场推广。企业总部设在郑州，拥有数十人组成的高端商务营销策划团队。
>
> 7）新华信国际信息咨询（北京）有限公司（SINOTRUST）提供市场研究、商业信息、咨询和数据库营销服务，协助企业做出更好的营销决策和信贷决策，并发展盈利的客户关系。

8）北京捷孚凯市场调查有限公司（GFK）在全球范围内从事市场研究业务，涉及专项研究、医疗保健研究、消费电子调研、消费者追踪、媒介研究等五大领域。

9）北京新生代市场监测机构有限公司从事连续性的、年度的与单一来源的大众市场研究与分众市场研究，以及媒介研究、消费研究。

10）赛立信研究集团（SMR）从事市场研究服务、媒介研究服务、竞争情报研究服务、商业信用调查服务。

课堂自我测评

测评要素	表现要求	已达要求	未达要求
知识目标	能掌握市场调查机构的含义		
技能目标	能初步认识市场调查人员的素质要求		
课程内容整体把握	能概述并认识市场调查机构的类型		
与职业实践的联系	能描述市场调查人员的职业要求		
其他	能联系其他课程、职业活动等		

2.2 市场调查项目准备

市场调查活动中，调查项目从何而来？市场调查服务的需方与供方是如何接洽的呢？

在激烈的市场竞争中，一个企业发现日常营销活动出现了问题，或者是感觉已有的营销策略需要改进，市场调查的需求就可能出现。如果是小型项目，企业内部的市场研究人员即可完成；如果是大型项目，则需考虑委托企业外部专业市场调查机构来进行。这时，市场调查项目准备活动主要就是企业和专业市场调查公司进行接洽，商谈项目合作事宜。

市场调查项目准备包括两个方面：①企业从自身需求角度选择社会上专业的市场调查公司；②市场调查公司作为调查服务提供方，向企业承揽市场调查业务。

2.2.1 企业选择市场调查公司

当企业自身市场调查力量薄弱，或对有效实施市场调查感到力不从心时，可以考虑借助企业外部的专业性市场调查机构来进行市场调查。此时，就涉及对社会上市场调查机构进行选择的问题。

1．发布市场调查信息

为了正确选择调查公司并保证调查效果，有市场调查需求的企业一般会通过招标或其他方式，向社会上多个调查机构发布有关市场调查信息，并主动与外部专业调查机构沟通，希望调查机构提供具体的调查服务。

这一阶段，企业要对自己在经营活动中遇到的困难有明确的认识，同时需要了解哪些信息是自己已经有的，哪些信息需要外力的帮助和支持，以及这些信息能够有针对性地解决哪些问题；只有明确了方向、目标和需求之后，与市场调查机构才能有良好的沟通。企业需要制订委托调查计划，用来与市场调查机构进行洽谈。调查计划的内容应包括：例如，目前本企业所处的环境和需要进行调查的问题；本次调查结果的用途；是短期聘用调查公司还是长期合作的业务外包；在调查时间上有何要求，提交调查报告的最后期限；调查预算为多少，以及调查资料是归企业独家享用还是与调查机构共享等。企业为了使各个专业调查公司进一步了解本公司面临的问题，还应向其提供有关资料和调查建议。

> **重要概念 2-2　市场调查外包**
>
> 市场调查外包是指企业通过签署协议，将其一部分市场调查业务外包出去，在较长一段时间内，利用外部专业团队来承接其业务，从而降低成本、提高效率、增强企业竞争力和应对环境变化的一种管理模式。

2．选择市场调查机构

不同市场调查机构的行业领域和专业特长各有不同。企业在选择市场调查机构时，必须了解和考虑以下几个方面的因素：

（1）调查机构的信誉　调查了解专业调查机构在业界的声誉和知名度，其职业道德及公正原则的遵守情况，限期完成工作的能力等。

（2）调查机构的业务能力　业务能力是指调查机构内专业人员具有实务能力的高低，包括能否提供有价值的信息，是否具备创新观念、系统观念、营销观念和沟通能力。

（3）调查机构的经验　这方面包括调查机构创建的时间长短、主要工作人员的服务年限、已完成的市场调查项目性质及工作范围等。

（4）市场调查机构的硬件和软件条件　硬件条件包括信息收集、整理和传递工具的现代化程度，软件条件包括调查人员的素质及配备情况。

（5）调查机构收费合理性　这方面包括调查机构的收费标准和从事本项调查的费用预算等。但是，最贵的不一定是最好的。在选择调查公司时，既要比较价格，又要比较质量，这样才能得到有竞争力的投标。

对于委托调查的企业来讲，一旦委托调查机构进行市场调查后，就应给予信任和授权，并提供充分的协助，以使调查能顺利进行。由于大多数调查公司对各种专业内容并非十分了解，因此企业人员应拿出大量的时间和精力协助专业调查公司进行调查。在聘请外部调查公司协助进行调查时，要与该公司的人员建立相互协作的关系。企业营销人员除了应向调查人员提供本行业的基本信息外，还应有专人密切关注调查工作的每一步骤。只有在有效协作的基础上，调查工作才会取得令人满意的结果。

2.2.2　市场调查机构与企业接洽

目前，社会上有许多专业市场调查公司，它们之间存在着竞争关系。为了拓展业务，这些公司也需要向社会上各种类型的企业承揽相关市场调查业务。

市场调查公司向企业承揽市场调查业务一般要经过与企业进行初步接洽、获取项目背景信息、编写市场调查建议书、签订市场调查合同等环节。

1．与企业进行初步接洽

一般来讲，成立较早、经营时间较长的市场调查公司，都会有一些相对固定的企业客户。调查公司往往会根据自己掌握的信息和跟进后续调查事宜的结果，定期或不定期地向这些企业提供市场咨询服务。如果是新设立或固定客户较少的市场调查公司，则需要进一步拓展业务。首选的方式就是通过电话或传真、登门拜访等方式，向一些目标客户企业推介自己。

（1）电讯方式接洽　市场调查公司公关部门通常会通过工商注册登记或行业协会资料，获取一些目标企业的联系方式，通过电话或电子邮件的方式向客户企业推介自己。一份比较完整的公司简介一般包括公司名称、经营范围、经营方式、经营历史、地址、电话、传真、网址、电子邮箱等内容。市场调查公司工作人员在向潜在客户企业推介自己的公司时应尽量做到不遗漏。

（2）登门拜访企业主管　经过初步的电话联系后，调查公司工作人员就可以与目标客户企业的管理人员预约会见时间，以便登门拜访。在会见企业管理人员时，调查公司工作人员应该携带尽可能多的书面材料以供其参考。这些书面资料包括调查公司简介、人员简介、项目运作规程、收费标准、公司的客户名单等。有时还需要提供一些调查文件的范本，如调查公司内部制定的调查计划书、调查问卷、执行手册、访问员工作记录、抽样图、抽样记录表、编码原则、调查报告等。有的还需要提供一些市场调查公司研究人员在市场调查中的研究心得，作为自己公司水平的一种佐证材料，以进一步打动潜在客户企业的管理人员。

2．获取项目背景信息

在与目标客户企业的电讯联系以及面谈中，市场调查人员通常会了解到该企业的调查需求，如企业面临哪些亟待解决的市场问题，哪些问题已经明确，哪些问题尚未知悉其出现的深层原因。在此基础上，市场调查公司工作人员可以初步了解目标企业提供的信息，再根据自己公司的调查力量，如行业特征、专业特长等，来决定是否有能力承接这一项目。

作为市场调查公司的客户，有些企业由于对市场调查不了解，或者不愿意提供详细的资料，或者认为市场调查公司水平不高，没有能力解决客户的问题。为此，市场调查人员应及时收集目标企业的相关信息。这些信息主要包括：①市场营销问题的背景材料；②目标企业考虑要进行调查的动机；③解决企业问题所需信息的类型，即解释需要什么样的数据；④依据调查的结果可能要做的决策、选择或行动，即调查结果的作用；⑤在考虑潜在风险或费用的基础上，估计所收集信息的价值；⑥估计项目完成的时间要求及可能提供经费的一般水平。

有些企业会对向市场调查公司提供资料的要求有顾虑，觉得调查公司要求了解的东西太多；此外，还有对商业机密保护的考虑。在这种情况下，市场调查人员应该事先申明自己的保密义务，如果客户觉得有必要，可以在向调查人员提供资料之前与之签订保密协议。

> **案例 2-1　卡西欧公司的市场调查**
>
> 　　日本卡西欧公司自成立起便一直以新颖、优质的产品而闻名世界，而其新颖、优质的特点主要得益于市场调查。卡西欧公司的市场调查主要通过销售调查卡进行，其卡只有明信片一般大小，但考虑周密、设计细致，调查内容包括购买者信息、使用者信息、购买方法、消费者知道该产品的途径、选择产品的原因、使用后的感受等。通过这些考虑细致周到的问题，卡西欧公司收集到了许多详细的信息，为企业提高产品质量、改进经营策略、开拓新的市场提供了可靠依据。
>
>
>
> 　　**【启示】**一项市场调查活动可能涉及多个方面、多个因素，要想取得预想效果，必须事先将困难考虑全面。

3. 编写市场调查建议书

在与企业达成市场调查的初步意向之后，市场调查公司还应该编写出一份详细而又具有较强说服力的"调查计划书"或"项目建议书"，以争取尽快获得目标企业的认可。

> **重要概念 2-3　市场调查建议书**
>
> 市场调查建议书又称为市场调查计划书，是市场调查机构提供的市场调查项目活动过程所有阶段工作的大致安排，主要内容包括概要、背景、问题、调查方法、调查设计、资料收集与分析、报告的提交形式、费用预算等。

市场调查公司所提交的计划书的内容一般应该包括下列事项：①该项目的调查目的；②采用的调查研究方法；③完成项目需要的时间；④需要支付的各项费用。

当市场调查公司提交了"项目建议书"后，企业就会集中对比，从中选出一家最适合的市场调查公司，并与之再行会晤商议，签订市场调查委托合同等。所以，市场调查人员一定要重视市场调查项目建议书的编写工作。

4. 签订市场调查合同

市场调查公司向企业提交了"项目建议书"之后，企业会对市场调查公司做进一步的综合了解。企业对市场调查公司综合考察比较结束之后（有时可能是招投标），最终会确定由哪一家市场调查公司来承接调查项目。在正式开始调查之前，双方会签订保密合同、业务合同，用来明确双方的权利与义务。合同的主要内容包括调查的范围与方法、付款条件、预算、人员配备、调查期限、临时性报告及最终报告的特定要求等。

> **拓展阅读 2-3　市场调查的原则**
>
> （1）客观性原则　市场调查人员在进行调查时应尊重事实，不允许带有任何个人主观的意愿或偏见，也不应受制于任何人或管理部门。只有客观地反映市场的真实状态，才能得出准确信息，市场调查的作用才能真正得到发挥，才能使整个调查行业健康发展。
>
> （2）时效性原则　市场是瞬息万变的，市场机会稍纵即逝。市场调查的时效性就表现为应及时捕捉和抓住市场上任何有用的情报和信息，及时分析、及时反馈，为企业在经营过程中适时地制定、调整策略创造条件。
>
> （3）系统性原则　在激烈的市场竞争中，市场的影响因素日渐增多，既有宏观因素，又有微观因素，各因素之间又相互作用、相互影响。应全面搜集与企业生产和经营有关的信息资料，系统地进行分析、研究，才能使市场调查活动收到良好效果。
>
> （4）经济性原则　市场调查工作需要大量的人员去搜集资料、情报和信息，是一项费时、费力、费财的活动。由于各企业的财力不同，需要根据自己的实力确定调查费用的支出，并制订相应的调查方案，尽量做到以较小的投入换来较好的调查效果。
>
> （5）科学性原则　市场调查不是简单地搜集情报、信息的活动，为了在时间和经费有限的情况下获得更多、更准确的资料和信息，必须对调查的过程进行科学安排，最终才能精确地反映调查结果。

（6）保密性原则　市场调查的保密性原则体现在两个方面：一是为客户保密，对调查获得的信息保密，不能将信息泄露给第三者；二是为被调查者提供的信息保密，如果被调查者发现自己提供的信息被暴露出来，一方面可能给他们带来某种程度的伤害，同时也会使他们失去对市场调查的信任。

课堂自我测评

测评要素	表现要求	已达要求	未达要求
知识目标	能掌握市场调查项目洽商的含义、市场调查原则		
技能目标	能初步认识市场调查机构的选择要领		
课程内容整体把握	能了解并概述市场调查项目的准备过程		
与职业实践的联系	能描述企业对市场调查机构的要求		
其他	能联系其他课程、职业活动等		

2.3　市场调查目标确立

市场调查项目确定后，围绕企业遇到的问题，市场调查人员应该先把调查目标确立起来，调查活动才能有序进行。那么，市场调查目标如何确立呢？

企业在每天的经营活动中，可能都会面临这样或那样的问题，如新产品没有得到市场的认可；产品研发部门刚刚立项准备新的开发计划，突然传来市场上已有同类产品的消息……遇到这些令人烦恼的问题，我们很自然地就会问"怎么办""如何才能加以改正"。当出现这些情形时，市场调查人员应该围绕问题，和相关人员进行充分的研究分析，以这些问题为基础，从分析中找出原因，清晰定义调查目标，最终调查才会有意义。

市场调查目标的确立，实质上是将营销活动中各种情况引起的"问题"作为调查课题进行捕捉。比较复杂的市场调查目标确立过程通常包括分析企业经营问题、描述市场调查目标、建立市场调查假设等工作。

重要概念 2-4　市场调查目标

市场调查目标是指调查人员通过对企业经营管理问题进行分析，最终形成的对这些问题实质的客观认识，即企业想了解什么、了解调查结果后有什么用、调查的重点是什么等。按照企业的不同需要，市场调查目标也会有所不同。

2.3.1　分析企业经营问题

为了确定企业的市场调查目标，市场调查人员首先应对企业遇到的经营问题进行分析，主要工作包括分析二手资料、访问企业管理层、访问行业专家。

1. 分析二手资料

通常情况下，收集二手资料是市场调查活动的开始。分析二手资料对于了解企业调查意图、界定调查目标非常必要。有时，虽然二手资料不可能提供特定调查问题的全部答案，但二手资料在很多方面都是有用的。通过分析二手资料，至少可以发现企业出现问题的背景。

▶ **例 2-1** 某钢铁企业 2015 年一季度产品销售不畅，调查人员通过查阅中国钢铁工业协会发布的钢铁行业运行情况发现，全国一季度大中型钢铁企业实现销售收入 7 629 亿元，同比下降 14.48%，主营业务亏损超过 110 亿元，钢铁企业经营十分困难。这就是整个钢铁行业的经营大环境。

重要概念 2-5　二手资料

二手资料是指一些调查者已经根据特定调查目的收集、整理过的各种现成资料，所以又称次级资料，如我们经常见到的报纸、期刊、经济或统计年鉴、文件、数据库、报（统计）表等。调查者经常通过查看、检索、阅读、购买、复制等手段收集、获取这些资料。

2．访问企业管理层

通常情况下，企业管理层掌握的企业情况比较全面、完整，对企业经营管理中遇到的问题也比较了解。市场调查人员可以在收集、分析二手资料的基础上，访问企业的管理层。一方面，可以获取企业的相关信息；另一方面，通过深入的沟通交流，可以使他们能够坚定支持市场调查工作的信心，同时也要让他们了解市场调查工作的过程及结论的局限性。

市场调查可以提供与管理决策相关的信息，但并不能提供解决问题的办法，这需要企业决策者结合实践加以判断。作为市场调查活动的操作者，也需要了解从管理决策者的角度来看企业究竟面临着什么样的问题，从而从中获得有利于确定调查目标的信息。

拓展阅读 2-4　市场调查目标模糊的危害

调查工作中常出现调查目标不明的情况，主要表现为：一是决策者不明白自己要干什么、要了解什么、调查要起到什么作用，导致市场调查的目的模糊，为了调查而调查，使市场调查无的放矢；二是决策者对市场调查目标锁定过多，希望一次调查能解决很多问题，如在确立市场调查目的时，消费者习惯、特性、产品需求、价格、接受程度、渠道购买因素等应有尽有，结果导致市场调查不能在任何一个点上达到目的，使市场调查最终不能解决任何问题。

3．访问行业专家

在分析二手资料，访问企业管理决策层后，市场调查人员紧接着就应该对企业和产品制造非常熟悉的行业专家进行访问。

这里所称的专家包括委托企业内部的专家和外部社会上同类企业的专家。在进行访谈的时候，市场调查人员一定要全神贯注、认真倾听。这些专家的知识与经验可以通过随意的个人交谈获得，一般不用制作过于正式的调查问卷。

市场调查人员在进行专家访谈前，应该先对专家的行（专）业背景进行调查，做到心中有数。此外，由于业务活动需要，市场调查人员可能还要向委托单位以外的专家求助，这时，操作起来就比较困难，必须通过熟人介绍或其他一些公关活动，对其进行访问。

访问行业专家更多地适用在为工业企业或产品技术特性而进行的市场调查活动中，这类专家相对比较容易发现和接近。这种方法也适用于没有其他信息来源的情况，如在对一个全新产品进行的调查中，专家对现有产品的改造和重新定位可以提供非常有价值的建议。

案例 2-2　专家访谈的尴尬

金点市场咨询有限公司承接了上海嘉华食品有限公司新产品开发的市场调查业务。为了进一步明确该公司的市场调查意图，金点公司市场咨询一部经理 A 组织了 14 位上海市有名的食品生产老专家进行座谈，希望通过座谈，了解企业的市场调查意图，进而能够科学地确立市场调查目标。

A 进行了充分准备，座谈会如期举行。会议在开始还能按照预定的访问提纲顺利进行。当谈论到一个最新的技术性问题时，尴尬的一幕出现了：由于这些专家的研究领域相近，学术观点各不相同，大家争相发言，会场出现了混乱局面；而专家中有两人原来是同事，而且在原单位闹过矛盾，两人在座谈会现场竟然吵了起来，其中一人当即退席，声明不再参加这样的活动。

A 经理已经从业 3 年了，还从未经历过如此局面。看着乱糟糟的座谈会现场，她真不知如何是好。

【启示】专家访谈的组织应注意一定的技巧与方法，要尽量避免上下级或有冲突的专家面对面地发表意见。

2.3.2　描述市场调查目标

通过二手资料分析、访问企业管理层和行业专家等一系列工作，市场调查人员实际上是对企业做了一次摸底调查。在此基础上，就应该从容地描述市场调查目标了。显然，调查目标的确定是一个从抽象到具体、从一般到特殊的过程。

1. 正确定位市场调查目标

（1）调查目标不能太宽泛　在市场调查实践中确定调查目标时，有的调查研究人员生怕有遗漏、不全面，常常将目标定义得太宽、太大。太宽泛的定义缺乏可操作性，无法为后续的调查工作提供明确的方向。

▶ 例 2-2　某企业高层确定的调查目标太大，如研究产品品牌的市场营销战略、改善公司的竞争地位、改进公司的形象等。实际操作中，这些问题都过于宏观、不够具体，因而无法揭示解决问题的途径或方案设计的途径。

（2）调查目标不能太窄小　在业务实践中，确定调查目标时，有的调查研究人员将调查目标定义得太窄、太小，成为一项具体的业务构想。这就限制了调查者的视角，也会使得决策者根据调查结果做决策时缺乏对市场情况的全盘把握，甚至导致决策的失败。

▶ 例 2-3　A 零售商店组织的一次消费品调研中，管理决策问题是"如何应对竞争对手发动的降价行为"。由此，调查研究人员确定的备选行动路线为：相应地降价以应对该竞争者的降价行为；维持原价格，加大广告宣传力度；适当降价，不必与竞争者相适应，但适当增加广告量。

实际上，这些目标太具体，以至于成了备选行动，而这些备选行动未必能够成功。后来调查研究人员将调查目标重新定义为：如何提高市场占有率，增加系列产品的利润。

2. 正确描述调查目标

为了减少上述定义调查目标时常犯的两类错误，市场调查人员可以先用比较宽泛的、一般性的术语来描述调查目标；然后确定具体的研究提纲，分析其组成部分。比较宽泛的陈述可以为问题提供较开阔的视角，以避免出现第二类错误，而具体的研究提纲集中了问题的关键方面，通过分析其组成部分，可以为进一步清晰确定市场调查目标提供清楚的指引路线。

> **案例 2-3　他们的调查目标是什么**
>
> 一家店铺雇佣了两个年轻的伙计，并且付同样的薪水。可是叫阿诺德的小伙子青云直上，而那个叫布鲁诺的小伙子却仍在原地踏步。
>
>
>
> 布鲁诺很不满意老板的不公正对待。终于有一天，他到老板那儿发牢骚了。老板一边耐心地听着他的抱怨，一边在心里盘算着怎样向他解释清楚他和阿诺德之间的差别。
>
> "布鲁诺先生，"老板说话了，"你今早到集市上去一下，看看今天早上有什么卖的！"
>
> 布鲁诺从集市上回来向老板汇报说："今早集市上只有一个农民拉了一车土豆在卖。"
>
> "有多少？"老板问。
>
> 布鲁诺赶快戴上帽子又跑到集市上，然后回来告诉老板一共有40袋土豆。
>
> "价格是多少？"布鲁诺又第三次跑到集市上问来了价钱。
>
> "好吧。"老板对他说，"现在请你坐到这把椅子上一句话也不要说，看看别人怎么说。"
>
> 阿诺德很快就从集市上回来了，并汇报说到现在为止，只有一个农民在卖土豆，一共40袋，价格是××元；土豆质量很不错，他带回来一个让老板看看。这个农民一个钟头以后还弄来几箱西红柿，据他看价格非常公道。昨天他们铺子的西红柿卖得很快，库存已经不多了。他觉得这么便宜的西红柿老板肯定会要买进一些的，所以他不仅带回了一个西红柿做样品，而且把那个农民也带来了，农民现在正在外面等回话呢。
>
> 此时老板转向了布鲁诺，说："现在你肯定知道为什么阿诺德的薪水比你高了吧？"
>
> 【启示】市场调查的目标不宜过小，但也不能过大。有时候，调查人员不妨从管理层的角度去看问题，调查目标会更明确。

2.3.3　建立市场调查假设

为了进一步验证市场调查目标，市场调查人员还需进一步建立市场调查假设。这里的"假设"可以看作是"对调查结果的预测"。通过建立市场调查假设，调查人员可以确定自己的调查方向，进行有计划、有目的的观察和实践，避免盲目性和被动性。

1．设定市场调查假设

为了加强调查的目的性，调查者可事先提出假设，即先给出调查的观点，然后寻找资料加以说明。例如，在例 2-3 中，零售商店根据现有的资料，可提出如下假设：一是商店销售额下降是因为竞争对手增加、顾客分流，企业的营销策略无问题；二是商店销售额下降是由产品定价太高、周围顾客购买力水平低造成的，竞争对手不是主要因素。假设建立起来后，可先在小范围内进行试调查，以证明其是否正确，从而说明调查问题。

依据假设进行调查，是探索性调查经常采用的方法，它可以使调查者抓住重点、提高效率，并带着结论去调查。

2. 验证市场调查假设

为使调查的目标更加明确和集中，企业也可以事先组织一次试调查，即依据现有的资料和所做假设进行试验性的访问调查。具体做法是调查组织者与一些有经验的调查员一起到某个地区，通过判断抽样法选取部分调查对象，与他们进行面对面的交谈，然后参照面谈记录，对调查目标进行修正，并进一步明确调查问题的性质和特征。

在实际操作中，市场调查假设可以将调查限制在一定范围之内，将模糊不清的问题逐渐明朗化，同时避免了个人对结果的任意解释。

课堂自我测评

测评要素	表现要求	已达要求	未达要求
知识目标	能掌握市场调查目标、假设、二手资料的含义		
技能目标	能初步认识市场调查目标的确立要领		
课程内容整体把握	能概述并认识市场调查目标的确立过程		
与职业实践的联系	能描述分析企业经营问题的方式与要求		
其他	能联系其他课程、职业活动等		

小结

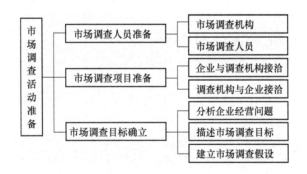

教学做一体化训练

一、解释下列重要概念

市场调查机构　　市场调查外包　　市场调查建议书　　市场调查目标　　二手资料

二、课后自测

（一）选择题

1. 通常情况下，企业市场调查业务会采用（　　）两种方式进行。

　　A. 由企业内部市场研究部门自己组织人员进行

　　B. 将市场调查业务部分或全部委托给社会上专业的市场调查公司进行

　　C. 由政府部门牵头进行

　　D. 由私人公司承包进行

2. 我国市场调查机构主要有（　　）。
   A. 国有调查机构　　　　　　　　B. 外资调查机构
   C. 学术型调查机构　　　　　　　D. 民营调查机构
3. 市场调查机构道德要求中，保护被调查者隐私主要包括（　　）。
   A. 保护被调查者的隐私权和匿名权，事先承诺不暴露他们的身份
   B. 绝不允许委托人去识别被调查者的身份以报复那些做反向回答的人
   C. 除非被调查者知道在参加之前要先与他们接触，否则不能要求他们说出自己的身份
   D. 认识到拒绝被调查者或他人识别委托人的身份在适当时候是合法的
4. 要考察调查机构的信誉，主要应掌握（　　）。
   A. 调查机构在业界的声誉和知名度　　B. 其职业道德及公正原则的遵守情况
   C. 其限期完成工作的能力　　　　　　D. 其注册资本的大小
5. 市场调查公司所提交的计划书的内容一般应该包括（　　）。
   A. 该项目的调查目的　　　　　　B. 采用的调查研究方法
   C. 完成项目需要的时间　　　　　D. 需要支付的各项费用
6. 市场调查的原则包括（　　）。
   A. 客观性原则　　B. 时效性原则　　C. 系统性原则
   D. 经济性原则　　E. 科学性原则　　F. 保密性原则
7. 在分析企业经营问题时，市场调查人员可以采取（　　）的方式。
   A. 分析二手资料　　　　　　　　B. 访问企业管理层
   C. 访问行业专家　　　　　　　　D. 建立市场调查假设

（二）判断题（正确的打"√"，错误的打"×"）

1. 从市场调查工作流程的规范性与专业性来讲，企业内部的市场研究部门要优于社会上的专业市场调查公司。（　　）
2. 专业市场调查机构在接受企业委托、开展业务活动的同时，应注意树立良好的信誉，尤其要遵守职业道德规范。（　　）
3. 企业可以通过招投标方式，对社会上的专业调查机构进行选择。（　　）
4. 编写市场调查项目建议书关系到调查项目洽谈的成败，调查人员一定要重视这项工作。（　　）
5. 市场调查目标的确立实质上是将营销活动中各种情况引起的"问题"作为调查课题进行捕捉。（　　）
6. 依据假设进行调查，是探索性调查经常采用的方法，它可以使调查者抓住重点、提高效率，并带着结论去调查。（　　）

（三）简答题

1. 我国的市场调查机构有哪些类型？
2. 专业市场调查机构应遵守哪些职业道德规范？
3. 企业在选择市场调查机构时，必须了解和考虑哪些因素？
4. 为什么说市场调查目标不能定得过宽，也不能定得过窄？
5. 怎样建立市场调查假设？其主要目的是什么？
6. 如果市场调查目标不明确，调查活动应怎样进行？

三、案例分析

案例1：合理制定企业的市场调查目标

2018年以来，某公司出产的新型功能饮料由于产品新颖，因此颇受欢迎，在市场上供不应求，于是该公司决定建设新厂以提高供应能力。但是，公司管理层在该项目是否恰当上面临几个问题：

其一，因为是新产品，企业的内部资料搜集不够，无法提供进一步的分析支持。

其二，如果借助消费者调查来确定该产品是处于"成长期"还是进入"成熟期"，又将以哪些指标来判断呢？可能的指标有：

1）本产品的购买者有多少？
2）购买比例有多大？
3）购买者满意度如何？
4）重复购买率如何？
5）消费者的年龄层、性别分别是什么？
6）对功能的选择有何特性？
7）新产品的扩散途径有哪些？

市场调查人员与产品销售负责人针对这些测定指标进行沟通后，决定依靠消费者购买调查，来正确了解消费者的购买需求动向，进而决定是增建新厂还是保持现状。

阅读以上材料，回答问题：
1. 你会建议公司运用什么方式确定市场调查目标？
2. 你认为公司的调查目标应该是什么？

案例2：市场调查数据给企业带来的噩梦

现在许多人都喜欢养宠物，宠物食品也成为众多商家争夺的领域。中国宠物食品市场潜力巨大，一些国际著名的宠物食品品牌，如法国皇家、玛氏、雀巢纷纷涌入中国市场，与国内的企业合资生产宠物食品。

上海某宠物食品生产企业的负责人出差来北京的时候，趁空闲时间，在图书大厦买了一本市场调查技术方面的书。3个月以后，他便为这本书付出了三十几万元的代价。

原来，回到上海后，为了能够了解更多的消费信息，这位企业家根据书中的技术介绍，亲自设计了精细的问卷，在上海选择了1 000个样本，并且保证所有的样本都在超级市场的宠物组购物人群中抽取，内容涉及价格、包装、食量、周期、口味、配料等六大方面，覆盖了所能想到的全部因素。沉甸甸的问卷让企业的高层着实振奋了一段时间，谁也没有想到市场调查正在把他们拖向溃败。

2018年年初，上海这家企业更新了配方和包装的狗粮产品上市了。短暂的旺销持续了一个星期，随后就是全面萧条，后来产品在一些渠道甚至遭到了抵制，过低的销量让企业高层不知所措。当时远在美国的这位企业家更是惊讶："科学的调研为什么还不如以前我们凭感觉定位准确？"到2018年2月初，新产品被迫从终端撤回，产品革新宣布失败。

这位企业家告诉记者："我回国以后，邀请了十多位新产品的购买者回来座谈，他们拒绝再次购买的原因是宠物不喜欢吃。"产品的最终消费者并不是"人"，人只是购买者，错误的市场调查方向，决定了调查结论的局限性。

经历了这次失败,这位企业家认识到了市场调查的两面性:正确的市场调查固然可以增加商战的胜算,而错误的市场调查对企业来说是一场噩梦。

阅读以上材料,回答问题:

1. 这位企业家依据市场调查结论形成的决策为什么会失败?
2. 这个案例对于我们确定市场调查目标有什么启示?

同步实训

实训 1:企业市场调查工作观察

实训目的:认识市场调查机构职业工作。

实训内容:

1. 列举自己熟悉的一些企业内部的市场调查岗位。
2. 讨论分析这些岗位的职责,并写出书面报告。

实训组织:学生分小组,列举较为典型的企业市场调查工作岗位,观察、了解其工作职责以及职业工作活动,并写出书面的观察结论报告。

实训总结:学生小组间交流不同的观察结果,教师根据观察报告、PPT演示,以及学生在讨论分享时的表现,分别对每组进行评价和打分。

实训 2:专业市场调查公司工作观察

实训目的:认识市场调查机构职业工作。

实训内容:

1. 列举自己熟悉的一些专业市场调查公司的工作岗位。
2. 讨论分析这些岗位的职责,并写出书面报告。

实训组织:学生分小组,列举较为典型的社会专业市场调查工作岗位,观察和了解其工作职责内容以及职业工作活动,并写出书面的观察结论报告。

实训总结:学生小组间交流不同的观察结果,教师根据观察报告、PPT演示,以及学生在讨论分享中的表现,分别对每组进行评价和打分。

实训 3:市场调查目标分析

实训目的:试着确立市场调查目标。

实训内容:某制鞋厂生产了一种海蓝色的涤纶坡跟鞋,在本地很受欢迎。鞋厂根据市场反应,给外地一家大型鞋帽商场发货5 000双。时隔不久,该商场来电要求退货。厂家很快派人赶赴当地,经初步调查发现,生产地与消费地的风俗习惯不同,这种颜色在该城市被认为不太吉利,因此,鞋在上市后几乎无人问津。

制鞋厂于是决定召回海蓝色的鞋,并委托调查公司对该市的鞋类消费市场进行调查。假如你是调查公司的一员,你将如何确定调查目标?调查目标的大致内容有哪些?

实训组织:学生分组,可以从不同角度去思考、确定调查目标。

实训总结： 学生小组间交流讨论结果，教师根据报告、PPT 演示，以及学生在讨论分享时的表现分别对每组进行评价和打分。

学生自我学习总结

通过完成任务 2 的学习，我能够做如下总结：

一、主要知识点
任务 2 中，主要的知识点有：
  1. _____。
  2. _____。

二、主要技能
任务 2 中，主要的技能有：
  1. _____。
  2. _____。

三、主要原理
市场调查目标在市场调查活动中的地位与作用是：
  1. _____。
  2. _____。

四、相关知识点
任务 2 涉及的主要相关知识点有：
  1. 市场调查机构与市场调查人员的关系是：_____。
  2. 市场调查机构与客户企业的关系是：_____。
  3. 市场调查目标确立的过程是：_____。

五、学习成果检验
完成任务 2 学习的成果：
  1. 完成任务 2 的意义有：_____。
  2. 学到的知识有：_____。
  3. 学到的技能有：_____。
  4. 你对市场调查活动准备的初步印象是：_____。

任务 3 市场调查方案设计

学习目标

知识目标

1. 了解市场调查方案的含义。
2. 了解市场调查方案的意义。
3. 掌握市场调查方案的结构与内容。
4. 掌握市场调查方案的评价标准。

能力目标

1. 会编写市场调查方案。
2. 能够整体认识方案制订工作。
3. 能够对市场调查方案进行正确评价。
4. 能够修订市场调查方案。

任务描述

市场调查方案设计工作主要包括根据调查目标弄清本次市场调查的性质，在此基础上，根据市场调查项目要求制订市场调查方案，以对整个调查活动进行筹划安排。为了使这一方案更具可操作性，还需对其进行一定的评价与修订。

任务解析

根据市场调查职业工作活动顺序和职业能力分担原则，"市场调查方案设计"学习活动可以分解为以下子任务：

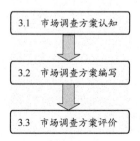

3.1 市场调查方案认知

3.2 市场调查方案编写

3.3 市场调查方案评价

调查故事

北宋时期,有一位著名的画家叫文与可,他是当时画竹子的高手。为了画好竹子,无论春夏秋冬、风霜雨雪,他都不断地在竹林里穿来穿去。三伏天气,太阳像一团火,烤得地面发烫,可是文与可照样跑到竹林里,站在烈日下,全神贯注地观察竹子的变化,一会儿用手指头量一量竹子的节有多长,一会儿又记一记竹叶有多密。

由于文与可长年累月地对竹子进行细致的观察和研究,因此对于竹子的形状在春夏秋冬四季有什么变化;竹子的颜色、姿势在阴晴雨雪天有什么不同;竹子在强烈的阳光照耀下和在明净的月光映照下有什么两样;不同的竹子又有哪些不同的样子,他都摸得一清二楚。所以画起竹子来,根本用不着画草图。

有个名叫晁朴之的人称赞文与可说:"文与可画竹,早已胸有成竹了。"

【启示】昔日的故事已经演化成今天的成语"胸有成竹",用来比喻人们在办事情之前早就打好了主意,心里已经有了谋划。市场调查方案的制订就是要在调查活动实施前,做到"胸有成竹"!通过任务3的学习,你能否发现确定市场调查方案在调查活动中的意义呢?

3.1 市场调查方案认知

市场调查工作的成败,很大程度上取决于我们所制订的调查方案科学、系统、可行与否。那么,市场调查方案指什么?包括哪些内容?又应如何编写呢?

在市场调查活动中,任何一个正式的市场调查项目都是一项系统工程。为了在调查过程中统一认识、统一内容、统一方法、统一步调,圆满完成调查任务,在具体开展调查工作以前,必须根据调查目标、调查对象的性质,对调查工作的各个阶段进行通盘考虑和安排,制定出合理的工作程序,即制订出相应的市场调查方案。

3.1.1 市场调查方案的内涵

市场调查工作复杂、严肃,而且技术性较强,特别是在大规模市场调查活动中,参与者众多,协调、管理工作就成为重中之重。科学、周密的市场调查方案就成为整个调查工作有序进行、减少误差、提高调查质量的重要保障。

1. 市场调查方案的含义

简单来讲,市场调查方案是指在调查实施之前,调查机构及其工作人员依据调查研究的目的和调查对象的实际情况,对调查工作的各个方面和全部过程做出的总体安排。市场调查总体方案是否科学、可行,关系到整个市场调查工作的成败。

> **重要概念 3-1　市场调查方案**
>
> 市场调查方案是根据调查目标和调查对象的性质,在进行实际调查活动之前,对调查工作总任务的各个方面和各个阶段进行的总体考虑和安排。调查机构的工作人员提出相应的调查实施方案,制定出合理的工作程序,以指导调查实践的顺利进行。

无论是大范围的市场调查,还是小规模的市场调查,都会涉及相互联系的各个方面和全部过程。这里所讲的调查工作的各个方面是对调查工作的横向设计,指调查所应涉及的各个具体项目组成，如对某企业一款热销产品的竞争能力进行调查，就应该将该产品的品牌形象、质量、价格、服务、信誉等方面作为一个整体进行考虑；全部过程则是对调查工作的纵向设计，它是指调查工作所需经历的各个阶段和环节等，即调查资料的收集、整理和分析等。只有这样，才能确保调查工作有序进行。

2．市场调查方案的类型

市场调查方案有各种不同的类型，从市场调查方案的作用、市场调查的性质等不同角度来分析，我们可以把市场调查方案分为不同的类型。

（1）按照市场调查方案的作用划分　市场调查方案可以分为市场调查项目建议书和正式市场调查方案两种类型。

市场调查项目建议书是社会专业市场调查机构向各类工商企业承揽调查业务时，提交企业管理层，供其审核（市场调查招标、评标、项目评审）、参考之用的建议文件。在市场调查机构与企业长期合作，或对企业经营情况比较了解的情况下，将市场调查项目建议书稍加修改就成了正式的市场调查方案。

正式市场调查方案是指市场调查机构与企业签署合作协议后，市场调查机构编制的用于指导调查实践的行动指南。

需要注意的是，市场调查项目建议书常常带有论证性质，编写者的设想大多是基于文献资料，认识也比较抽象、肤浅；正式市场调查方案则将项目建议书中的设想和假设具体化，计划也更为周密，更具有操作性。而且，正式市场调查方案有时还必须根据实际情况对此前的项目建议书中的设想进行修正。

> **课堂讨论**　在市场调查实践中，市场调查项目建议书和正式市场调查方案的区别有哪些？为什么？

（2）按照市场调查的性质划分　市场调查方案可以分为探索性调查方案、描述性调查方案和因果性调查方案3种类型。

探索性调查是为了进一步弄清企业经营问题的性质，以及更好地认识这一问题出现的环境而进行的小规模的调查活动，特别有助于把一个大而模糊的问题表达为小而清楚的子问题，并识别出需要进一步调查的信息；通常以具体的假设形式出现。显然，探索性调查属于试调查范畴，还未采用正式的调查计划与程序。探索性调查方案一般比较简略。

▶ **例3-1**　某通信公司一款智能手机产品的市场份额在2018年出现了下降，如果公司无法一一查明原因，就可用探索性调查来发现问题：是受大环境经济衰退的影响？是因为广告支出的减少？是由于销售代理效率低？还是因为消费者的习惯改变了？等等。

根据安排，市场调查人员可以分工，按照不同的调查方向与重点，编写简略的市场调查方案，用来指导调查行动。

描述性调查的一个前提就是调查人员对调查的问题要有充分的了解，这样，调查人员才会非常清楚需要哪些信息。因此，描述性调查通常都是提前设计和规划好的，通常建立在大量有代表性的样本的基础上。描述性调查方案一般比较详细。

▶ **例3-2**　某电子产品厂家想了解某款平板电脑主要消费群体的年龄段。根据安排，市场调查人员可以通过编写详细的市场调查方案来选择具有代表性的消费者样本，在收集信息的基础上，描述出该平板电脑主要消费群体所处的年龄段。

因果性调查常常需要说明市场上一个因素的变动是否会引起另一个因素改变，目的是识别它们之间的因果关系，以便采取相应措施，如预期价格、包装及广告费用等对销售额有无影响。因果性调查方案一般比较简略。

▶ **例 3-3** 某超市最近瓶装水的销售额节节攀升，店方希望通过调查找到原因：是因为价格下降？店面重新装潢？广告投放增加？季节变化？消费者行为改变？通过调查，可以找到这里面的因果关系。根据安排，市场调查人员可以通过实验的方式获得相关数据，从而得出调查结论。

不同性质的市场调查，其特点、内容、具体的调查方法以及整体安排均不相同。在编写市场调查方案之前，市场调查人员应从专业知识的角度认识市场调查的性质，以便制订出有针对性的市场调查方案。

3. 市场调查方案的作用

市场调查方案在市场调查中起着十分重要的作用，它是整个市场调查过程的指导大纲，又是具体调查计划的说明书，还是对调查过程、方法的详细规定。因此，有了方案，调查就有了目的、方向；有了方案，就会使调查过程便于监督、管理和控制；同时，市场调查方案还是向委托企业收取调查经费的文本依据。

> **课堂讨论** 如何理解市场调查方案在整个调查活动中的地位与作用？

3.1.2 市场调查方案的内容

不同项目的调查方案格式会有所区别，但一般来讲都应该包括以下几部分：前言、调查目的和意义、调查内容与项目、调查对象与范围、调查方法、资料分析方法、调查进度安排、经费预算、调查结果的表达形式等。

1. 前言

前言是市场调查方案的开头部分，主要是简明扼要地介绍整个调查项目出台的背景，即市场调查项目的由来。

2. 调查目的和意义

根据市场调查目标，在调查方案中列出本次市场调查的具体目的、要求，以及所能实现的社会意义和经济意义。

3. 调查内容与项目

调查内容与项目是收集资料的依据，是为实现调查目标服务的，可根据市场调查的目的确定具体的调查内容。调查内容的确定要全面、具体，并且要避免把无关的内容列入其中。

4. 调查对象与范围

市场信息资料的来源决定了调查对象与范围。可根据调查内容与项目的规定，有针对性地选定调查对象与范围。

5. 调查方法

市场调查方法主要说明样本如何选定，采用什么样的方法去收集市场信息资料，具体的操作步骤是什么。

6. 资料分析方法

资料分析方法主要说明在市场调查活动中收集到的资料是如何被回收、整理与分析，并使之系统化和条理化的。

7. 调查进度安排

调查进度安排是指市场调查活动的时间表，包含了整个市场调查工作和活动所需的时间。这一时间受制于调查业务委托合同的规定，也关系到调查活动的时效性。

8. 经费预算

经费预算是对整个市场调查活动所需费用的一个估算。为了详细估算全部费用，调查人员一般会用印好的表格列举后加总。

9. 调查结果的表达形式

调查结果的表达主要是说明向委托方企业提交调查结论的形式与数量。例如，是纸质的还是电子版的，多少份等。

课堂自我测评			
测评要素	表现要求	已达要求	未达要求
知识目标	能掌握市场调查方案的含义		
技能目标	能初步认识市场调查方案与项目建议书的区别		
课程内容整体把握	能概述并认识市场调查方案的设计准备工作		
与职业实践的联系	能描述市场调查方案的实践意义		
其他	能联系其他课程、职业活动等		

3.2 市场调查方案编写

在明确了市场调查方案内容的基础上，市场调查人员开始编写市场调查方案。那么，在编写过程中该注意什么呢？每一项内容的要点又是什么呢？

如前所述，市场调查方案的编写是对市场调查活动的整体设计，市场调查工作也由此开始从定性认识阶段过渡到定量认识阶段。

3.2.1 市场调查方案的选择

市场调查方案编写是一种事前决策，在制订每一份市场调查方案之前，市场调查人员都应该根据调查目标和所需信息，来判断这次调查的性质、时间安排、成本控制等因素，以便能够有针对性地编写市场调查方案。

1. 市场调查方案的定性

我们前面已经提到过，探索性调查、描述性调查和因果性调查是调查设计的主要类别，但是千万不能将它们之间的区别绝对化。一项具体的市场调查项目可能会涉及几种调查方案设计，以实现多种目标。究竟应选择哪一种或哪几种调查方案设计，取决于调查问题的特征。

（1）对调查问题了解较少，选择探索性调查方案 探索性调查常用于这样一些情形：在调查初期，由于调查问题及其范围不是很清楚，需要精确界定；原来的调查思路失效，需要寻找替代行动方案；需要设计调查疑问或假设等。在这种情况下，通常采用小样本调查方式。此时适合采用比较简略的探索性市场调查方案。

（2）用来验证探索性假设，选择描述性调查方案　探索性调查是整个调查设计框架的第一步，在大多数情况下，探索性调查之后会出现描述性调查或因果性调查。例如，根据探索性调查做出假设，用描述性调查或因果性调查进行统计上的验证。探索性调查的研究结果应当被视为是对进一步调查的尝试或投入。描述性调查要求要有详细的调查方案，而且还需进行实地调查。

（3）揭示深层次原因，选择因果性调查方案　如果市场调查目的在于找出市场现象变化的原因以及现象间的相互关系，并找出影响市场现象变化的关键因素，那么就比较适合采用因果性调查。因果性调查通常把表示原因的市场变量称为自变量，把表示结果的市场变量称为因变量。在自变量中，有的是企业可以控制的内生变量，如企业的人、财、物等；有的是企业不可控制的外生变量，如反映市场环境的各种变量。

拓展阅读 3-1　不同性质市场调查方案的设计

选择市场调查方案的一般原则有：

1）如果对调研问题的情况几乎一无所知，那么调查研究就要从探索性研究开始。例如，要对调研问题做更准确的定义，要确定备选的行动路线，要设计调查问答或理论假设，要将关键的变量分类成自变量或因变量等，均应采用探索性研究。

2）在整个研究方案的设计框架中，探索性研究是最初的步骤。在大多数情况下，还应继续进行描述性研究或因果关系研究。例如，通过探索性研究得到的假设应当利用描述性研究或因果关系研究的方法进行统计检验。

3）并不是每一个方案设计都要从探索性研究开始。是否要用探索性研究取决于调研问题定义的准确程度，以及调研者对处理问题途径的把握程度。例如，每年都要进行的消费者满意度调查就不再需要从探索性研究开始。

4）一般探索性研究都是作为市场调查研究的起始步骤，但有时这类研究也需要跟随在描述性研究或因果关系研究之后进行。例如，当描述性研究或因果关系的研究结果让管理决策者很难理解时，利用探索性研究可以提供更深入的认识，从而帮助其理解调研的结果。

2．市场调查时间的安排

任何决策都会受到时间因素的制约，市场调查方案的选择也是如此。一份出色且完整的调查方案通常需要认真准备才能完成。一般而言，探索性调查方案编写所需时间较短，描述性调查方案编写所需时间较久，而因果性调查方案编写所需时间最长。因此，如果整个调查项目的完成时间要求很紧，制订市场调查方案时就一定要注意调查工作的效率问题。

3．市场调查成本的控制

市场调查成本也是制约市场调查方案编写的一个重要因素。调查方案设计的水平越高，调查工作的质量就越好，而调查所需的经费也就越多。通常情况下，探索性调查方案所需费用最少，描述性方案次之，而因果性调查方案成本最高。调查人员需要综合考虑调查质量、调查时间、调查费用等因素，并权衡利弊，为市场调查方案的编写做足准备。

3.2.2 市场调查方案的编写

在明确了市场调查的性质、时间安排、成本控制后，市场调查人员就可以开始制订调查方案。在制订市场调查方案时，调查人员应该做整体构思，确保市场调查方案的内容符合编写要求。

1. 前言的编写

前言是调查方案的开头部分，简明扼要地介绍了整个调查课题出台的背景。

▶ 例3-4 ABC公司是我国国产智能手机市场五巨头之一，2017年以前很少做广告宣传，但2018年公司年度广告投入费用达到8 800万元，主要是投在电视广告片、各种方式的售点POP广告、印刷品广告和极少量的灯箱广告等上面。为了有针对性地开展2019年度的产品宣传推介工作，促进产品品牌形象的传播和产品销售量的进一步提高，以便在竞争激烈的智能手机市场中立于不败之地，ABC公司拟进行一次广告效果调查，以供决策层参考。

2. 调查目的和意义的编写

这部分内容较前言部分详细，应指出项目的背景、想研究的问题和可能的几种备用决策，指明该项目的调查结果能给企业带来的决策价值、经济效益、社会效益以及在理论上的重大价值。

▶ 例3-5 分析现有的各种广告媒介的宣传效果，了解现行的广告作品的知晓度和顾客认同度，了解重点销售区域华南和华东地区市场的消费特征和消费习惯，为ABC国产智能手机2019年度的广告作业计划提供客观的事实依据，并据此提供相应的建设性意见。

简单来讲，调查目的就是说明在调查中要解决哪些问题，通过调查要取得什么样的资料，取得这些资料有什么用途等问题。

3. 调查内容和具体项目的编写

调查的主要内容和具体项目是依据我们所要解决的调查问题和目的所必需的信息资料来确定的。

▶ 例3-6 "关于××品牌家电直营店商业选址的调查"内容和项目，如表3-1所示。

表3-1 关于××品牌家电直营店商业选址的调查

类别	项目	内容
消费与购物环境	商业氛围	商业区域范围大小、商业活动等级
	交通条件	是否靠近地铁、公共交通密度、停车是否方便
	银行网点	银行网点数量
	卫生环境	周围公厕的卫生情况、地面整洁情况
	周围居民居住情况	居住密度、居住房屋的建筑类型
	休闲与娱乐	娱乐场所和类型
消费群体情况	人流量	不同时段的人流量
	年龄	青少年、中年、老年
	性别	男、女
	衣着	低档、中档、高档

调查项目的选择要尽量做到"精"而"准"。具体而言,"准"就是要求调查项目反映的内容要与调查主题有密切的相关性,能反映调查所要了解的问题的信息;"精"就是调查项目所涉及的资料能满足调查分析的需要,不存在对调查主题没有意义的多余项目。在调查实践中,如果盲目增加调查项目,会使与资料统计和处理有关的工作量大大增加,既浪费资源,又影响调查的效果。

归纳起来,在确定调查项目时,要注意以下几个问题:

1)确定的调查项目应当既是调查任务所需的,又是能够取得答案的。凡是调查目的与任务需要的又可以取得相应数据的调查项目要尽量列入,否则不应列入。

2)项目的表达必须明确,且答案具有确定的表示形式,如数字式、是否式或文字式等。否则,会使被调查者产生不同的理解而给出不同的答案,造成汇总困难。

3)确定调查项目应尽可能做到项目之间相互关联,使取得的资料相互对照,以便了解现象发生变化的原因、条件和后果,便于检查答案的准确性。

4)调查项目的含义要明确、肯定,必要时可附以调查项目解释。

4. 市场调查对象和调查范围的编写

确定调查对象和调查范围,这主要是为了解决向谁调查和由谁来具体提供资料的问题。调查对象就是根据调查目的、任务来确定调查的范围以及所要调查的总体,它是由某些性质上相同的许多调查单位所组成的。

▶ **例 3-7** 本项高度白酒消费调查拟在西北、华北两个重点市场开展,调查的范围深入到上述地区的中心城市和有代表性的市县。调查对象为 40 岁以上的中老年男性消费群体。

在确定调查对象和调查单位时,应该注意以下 4 个问题:

1)由于市场现象具有复杂多变的特点,因此必须以科学的理论为指导,严格规定调查对象的含义,并指出它与其他有关现象的界限,以免造成调查登记时由于界限不清而发生的差错。

2)调查单位的确定取决于调查目的和调查对象。若调查目的和调查对象变化了,调查单位也要随之改变。

3)调查单位与填报单位是有区别的,调查单位是调查项目的承担者,而填报单位是调查中填报调查资料的单位。在调查方案设计中,当两者不一致时,应当明确从何处取得资料并防止调查单位重复和遗漏。

4)不同的调查方式会产生不同的调查单位。如果采取普查方式,调查总体内所包括的全部单位就都是调查单位;如果采取重点调查方式,就只有选定的少数重点单位是调查单位;如果采取典型调查方式,就只有选出的有代表性的单位是调查单位;如果采取抽样调查方式,则用各种抽样方法抽出的样本单位都是调查单位。

拓展阅读 3-2 调查对象的选择

一般情况下,调查对象的选择是根据消费品的种类及其分销渠道来确定的。也就是说,产品从生产者到消费者手中经过了哪些环节,消费品的调查对象就是哪几种人。

1)耐用消费品,如彩电、冰箱、空调,由于其价格昂贵,体积、重量较大,技术复杂等原因,一般分销渠道短,常采用生产者——消费者或生产者——经销商——用户的渠道,因此调查对象主要为消费者。

2)一般消费品,如自行车,售价一般为几百元,它的分销渠道要比耐用消费品的渠道长，一般采用生产者——经销商——用户或生产者——代理商——经销商——用户的渠道，调查对象主要为消费者、经销商。而很多价格低廉、形态较小的日用消费品，由于消费者一般是时用时买，以方便为宜，故零售商较多，分销渠道也长，调查对象也就增加了零售商这个环节。

需要注意的是：必须严格规定调查对象的含义和范围，以免造成调查登记时由于含义和范围不清而发生错误。例如，城市个体经营户的经营情况调查，必须明确规定个体经营户的性质、行业范围和空间范围。

5. 调查方法的编写

调查方法的说明主要是详细说明选择什么方法去收集资料，以及具体的操作步骤是什么。如果采取抽样调查方式，那么必须说明抽样方案的步骤、所取样本的大小和所要达到的精度指标。

▶ **例 3-8** 考虑到此次调查工作涉及面广，因此拟采用抽样的方法，即在华东、华南地区按月销量的大小分层；从市场调查的效果考虑，主要在 c 型中老年健康口服液的重点销售地区广东、江苏、浙江的重点城市和上海进行。拟定每个城市抽取的样本数为 400 人，按年龄层次和性别比例分配名额。年龄层分段为 30~40 岁、41~50 岁、51~60 岁、61 岁以上，各层比例采用 1:1，性别比亦采用 1:1，总样本数为 4 400 人。

调查的实施要求各地的访问员对当地所有抽中的 400 个样本实行面对面的街头访问。执行访问的访问员由当地市场营销专业的大学生担任，我方支付一定的劳务费用。每个调查地点由两名调查员执行访问，每个城市大约需要 20 名访问员。访问工作的质量监督和控制工作以及资料的统计处理工作，均由××市场咨询公司负责。

在市场调查中，如果要采用实验法、观察法或问卷询问式调查，为了使数据、情报在收集、分类、统计、储存时更有效率，调查前要求设计和制定一些格式化的调查表格，如观察表、实验表或调查问卷等。这些表格在说明调查方法时应加以体现，但也可以出现在附录中。

▶ **例 3-9** "关于××品牌专营店商业选址的调查"，根据调查内容与调查项目，具体编制观察表，如表 3-2 所示。

表 3-2 "关于××品牌专营店商业选址的调查" 观察表

静态观察表				
商业氛围	商业区域范围大小	商业价值等级		商铺租金（月/平方米）
	大□ 中□ 小□	1级□ 2级□ 3级□		30元以下□ 30~40元□
交通条件	是否靠近地铁	公共交通密度	停车条件	交通堵塞情况
	是□ 否□	低□ 一般□ 高□	差□ 一般□ 好□	非常严重□ 严重□ 一般□ 畅通□
银行网点	银行网点数量是_____			
卫生环境	周围公厕卫生情况		地面卫生情况	
	非常好□ 比较好□ 一般□		非常好□ 比较好□ 一般□	
	比较差□ 非常差□		比较差□ 非常差□	
周围居民居住情况	周围居住人口密度		周围大型楼盘分布情况	
	非常高□ 比较高□ 一般□			
	比较低□ 非常低□			
休闲娱乐	是否有麦当劳或肯德基？ 有□ 否□		是否有电影院？ 有□ 否□	
	是否有书城或书店？ 有□ 否□			

6. 资料分析方法的编写

资料分析方法的编写主要是明确资料分析的方法和分析结果表达的形式等。采用实地调查方法搜集的原始资料大多是零散的、不系统的，只能反映事物的表象，无法深入研究事物的本质和规律性，这就要求对大量原始资料进行加工汇总，使之系统化、条理化。目前，这种资料处理工作一般已由计算机进行，这在设计中也应予以考虑，包括采用何种操作程序以保证必要的运算速度、计算精度及特殊目的。

7. 调查时间进度安排的编写

调查时间进度安排主要是指安排各个阶段的工作，需具体详细地安排做哪些事项、由何人负责，并提出注意事项，最终制作形成时间进度表。一般情况下，调查过程安排的主要工作依次为：准备（与客户商讨、确认计划建议书，进行二手资料的收集，了解行情，设计问卷）；试调查（修改并确定问卷）；具体实施调查；进行数据处理；编写报告，结束调查。市场调查进度表的一般格式如例3-10所示。

▶ **例3-10** 本方案若获批准，调查组将在2019年5月28日前完成调查工作，并提交调查报告。具体时间安排如表3-3所示。

表3-3 市场调查进度计划表

工作与活动内容	时间	参与单位和活动小组	主要负责人及成员	备注
总体方案、抽样方案和问卷初步设计	4月1日至4月10日			
预调查及问卷测试	4月11日至4月15日			
问卷修正、印刷	4月16日至4月18日			
访问员招聘与培训	4月19日至4月20日			
调查访问	4月21日至5月18日			
整理并打印报告	5月19日至5月24日			
打印并提交报告	5月25日至5月28日			

拟定调查活动进度表主要考虑两个方面的问题：①客户的时间要求，信息的时效性；②调查的难易程度，在调查过程中可能出现的问题。根据经验，从签订调查协议到交出调查报告的这段时间，花费时间的工作大致有以下几项：问卷设计，问卷印刷，抽样设计，访问员的招聘和培训，预调查，问卷修正，调查实施，资料的编码、录入和统计，数据的分析，完成调查报告，鉴定、论证及举行新闻发布会，调研结果的出具。

8. 经费预算的编写

调查费用根据调查工作的种类和范围不同而不同。当然，即使是同一种类，也会因质量要求差异而不同，不能一概而论。但经费预算基本上遵循一定的原则，费用项目具体如下：资料收集、复印费；问卷设计、印刷费；实地调查劳务费；专家咨询费；数据输入、统计劳务费；计算机数据处理费；报告撰稿费；打印装订费；组织管理费；税收；利润。

大多数市场调查均时间紧张，若能尽快完成调查工作则费用可能会减少；另外，企业也应给予充分的经费，以保障调查的成功。

根据一些社会市场调查机构的经验，一般情况下，企业自行组织市场调查的经费预算比例为：策划费（20%）、访问费（40%）、统计费（30%）、报告费（10%）。若委托专业市场调查公司进行调查，则需加上全部经费预算的 20%~30%的服务费，作为税款、营业开支及代理公司应得的利润。

市场调查经费预算表的一般格式如表 3-4 所示。

表 3-4 市场调查经费预算表

调查题目：

调查单位与主要负责人：

调查时间：

经 费 项 目	数　　量	单　　价	金　　额	备　　注
1. 资料费				
2. 文件费				
3. 差旅费				
4. 统计费				
5. 交际费				
6. 调查费				
7. 劳务费				
8. 杂费				
……				
合　　计				

调查费用的估算对市场调查效果的影响很大，对市场调查部门或单独的市场调查机构而言，每次调查所估算的费用当然是越高越好，但是费用开支数目要实事求是，不能过高也不能过低。合理的支出是保证调查顺利进行的重要条件。在这个问题上应避免两种情况：一是调查时间的拖延。一旦出现时间的延长，必然造成费用开支增加。二是缩减必要的调查费用。调查活动必须有一定的费用开支来维持，减少必要的开支只会导致调查不彻底或无法进行下去。

一个调研项目有时需要 6 个月或者更长的时间才能完成，如果决策出现延迟时，调研就可能会失去有利时机。因此，根据费用/效益分析，一般会产生两个结果：一是设计方案在经费预算上是合算的；二是若不合算则应当终止调研项目。通常情况下，调研公司一般并不终止调研，而会修改设计方案以减少费用，或者改用较小的样本，或者用邮寄调查代替面访调查等。

9. 市场调查结果表达形式的编写

市场调查结果表达形式的编写主要包括报告书的形式和份数、报告书的基本内容、报告书中图表的数量等。比如，最终报告是书面报告还是口头报告，是否有阶段性报告等。

▶ **例 3-11** 本次调查的成果形式为书面调查报告，具体内容包括前言、摘要、研究目的、研究方法、调查结果、结论和建议、附录 7 个部分。交给客户两份书面材料。

10. 附录部分的编写

附录部分的编写主要是列出课题负责人及主要参加者的名单，并可扼要介绍一下团队成员的专长和分工情况，指明抽样方案的技术说明和细节说明，以及调查问卷设计中有关的技术参数、数据处理方法、所采用的软件等。

虽然市场调查方案的编写实际上可能只有一两天的时间，然而，为保证整个调查的顺利进行、调查结果的精确程度，市场调查方案仍应周密考虑，其质量好坏直接影响市场调查工作的成败。

拓展阅读 3-3　撰写市场调查方案应注意的问题

一份完整的调查方案，上述 1~9 部分的内容均应涉及（附录部分待调查完成之后再确定），不能有遗漏。调查方案的制订必须以对调查课题背景的深刻认识为基础，要尽量做到科学性与经济性相结合。调查方案的格式可以灵活采用，不一定要采用固定格式。撰写调查方案的书面报告是非常重要的一项工作，一般来说，调查方案的起草与撰写应由课题（项目）的负责人来完成。在完成调查方案的书面计划或报告（总体设计）后，可以开展第二步工作，即通过可行性研究对调查方案进行综合评价。

课堂自我测评

测评要素	表现要求	已达要求	未达要求
知识目标	能掌握市场调查方案的内容		
技能目标	能初步认识市场调查方案编写的技术细节		
课程内容整体把握	能概述并认识市场调查方案编写的准备工作		
与职业实践的联系	能描述市场调查方案编写的实践意义		
其他	能联系其他课程、职业活动等		

3.3　市场调查方案评价

市场调查方案评价主要表现为依据一些标准，对编写完成的市场调查方案进行可行性分析，使其进一步得到完善。那么，依据的标准有哪些？该怎样评价呢？

市场调查人员编写完成市场调查方案初稿后，为了慎重起见，也为了使方案能够切实可行地指导实际的调查工作，还需根据一些标准对方案进行进一步的讨论和修改，并以此为基础来使调查方案更加完善。这项工作主要表现为由项目小组对方案进行进一步的讨论和修改。

3.3.1　明确方案评价标准

在讨论和修改方案前，我们有必要知道调查方案评价的标准。一般来讲，对于一个调查方案的优劣，可以从 3 个方面去评价，评价标准简要说明如下：

1. 方案设计是否体现调查的目的与要求

方案设计是否体现了调查的目的与要求，这一条是最基本的评价标准。明确市场调查目标是市场调查方案设计的第一步，包括为什么要进行这项调查、通过调查想了解哪些问题、调查结果的用途是什么。在市场调查方案中，只有明确了调查目标，才能确定调查的范围、内容与方法，否则就会列入一些无关紧要的调查项目，漏掉一些重要的调查项目，无法满足调查的要求。

▶ **例 3-12** 从××品牌直营店商业选址的调查目的出发，根据方案确定的调查内容、调查范围、调查单位，以及据此设置的一系列完整的观察指标体系，基本上能体现优秀商业地段应具备的条件。

2．方案设计是否科学、完整和适用

在市场调查实践中，调查方案的每一个细节都可能有多种选择，综合考虑和权衡利弊后制订一个科学、可行的调查方案不仅关系到调查项目完成的经济性和时效性，有时还会影响整个调查任务的成败。因此，市场调查方案的制订应该通盘考虑、科学筹划，充分注意到方案中各环节内容的关联性，才能保证调查活动顺利、有效地开展。

▶ **例 3-13** 从××品牌直营店商业选址的调查目的出发，对商业氛围、交通条件、银行网点、卫生环境、居民居住、休闲娱乐等各个方面，设置了许多相互联系、相互制约的指标，形成了一套比较完整的指标体系，其特点是全面、系统、适用性强。

3．方案设计是否具有较强的可操作性

市场调查方案的可操作性是指调查方案的实际意义。市场调查方案是指导调查活动的大纲，是对调查计划与流程的概括与说明。方案内容能否顺利落地，切实用来指导调查实践，应该是每一位调查方案设计者的出发点。因此，市场调查方案除了考虑调查性质的适应性以及时间、成本的控制外，还一定要符合调查项目本身的实际情况。应避免因刻意追求调查方案的框架形式而本末倒置，使其指导意义大大减弱。

▶ **例 3-14** 在老年健康口服液广告效果调查方案中，对调查方法做了这样的规定：考虑到可操作性，故特别考虑聘用市场营销专业的女大学生进行调查，一是女大学生形象好，不会给受访者造成威胁感，可使访问更容易成功；二是雇用学生会使调查成本降低；三是可给大学生提供一个社会实践的机会。所以可说是皆大欢喜的一件事。

> **课堂讨论** 市场调查方案评价标准的制定应考虑哪些因素？

3.3.2 讨论修改调查方案

确定了市场调查方案优劣的评价标准之后，就可以开始组织对方案进行讨论、评价，并着手进行修改。具体可以采取以下一些方法：

1．组织项目小组座谈会

可由项目调查小组的组长主持会议，项目小组成员参加会议，同时可邀请委托方代表参加。在该座谈会举行前，主持人可以针对本次调查任务的调查方案编写一份提纲，以方便座谈会围绕调查目的、调查内容、调查对象、调查范围、调查方法、调查工具、调查时间、进度安排、调查经费预算等展开讨论。评价方案的标准从是否体现目的，是否科学、完整和适用，是否具有较强的可操作性3个角度加以考虑。参加座谈会的人员可以公开踊跃地发表自己的意见或想法，集思广益、相互启迪、相互交流、相互补充，针对某一个问题最好能达成一致的修改意见。

2．采用经验判断法

经验判断法是指通过组织一些具有丰富市场调查经验的人士，对设计出来的市场调查方案进行初步的研究和判断，以说明调查方案的合理性和可行性。

▶ **例 3-15** 针对北京市白领阶层的消费支出结构进行调查，就不宜采用普查的形式，实际上这样做既没有必要也不可能。在对白领阶层这一概念进行量化处理之后，完全可以采用抽样调查的方式。国家统计局在对我国全年农作物收成进行预测时，常采用抽样的方法，在一些农作物重点产区做重点调查。

该方法的优点是可以节约人力和物力资源，并在较短的时间内做出快速的判断。缺点是因为我们的认识是很有限的，并且事物的发展变化常常有例外，各种主客观因素都会对我们的判断的准确性产生影响。

3．组织试点调查法

该方法是指通过在小范围内选择部分单位进行试点调查，对调查方案进行实地检验，及时总结并且做出修改。具体操作时应注意以下几个问题：

1）应选择好适当的调查对象。应尽量选择规模小、具有代表性的试点单位。必要时还可以采用少数单位先行试点，然后再扩大试点的范围和区域，最后全面铺开。如此这般，循序渐进。

2）事先建立一支精干的调查队伍，这是做好调查研究工作的先决条件。团队成员包括有关调查的负责人、调查方案设计者和调查骨干，这将为搞好试点调查工作提供组织保证。

3）调查方法和调查方式应保持适当的灵活性，不应太死板。事先确定的调查方式可以多准备几种，以便经过对比后从中选择合适的方式。

4）试点调查工作结束后，应及时做好总结工作，认真分析试点调查的结果，找出影响调查的各种主客观因素并进行分析。检查调查目标制定得是否恰当，调查指标设置得是否正确，是否有哪些项目应该增减，哪些地方应该修改和补充，及时提出具体意见，对原方案进行修改和补充，以使制订的调查方案科学合理，能切合实际情况。

试点调查还可以被理解成实战前的演习，可以在大规模推广应用之前及时了解调查工作中哪些环节是合理的，哪些是薄弱环节。

拓展阅读 3-4 调查方案的可行性研究

在对复杂市场现象进行的调查中，所设计的调查方案通常不是唯一的，需要从多个调查方案中选取最优方案。同时，调查方案的设计也不是一次完成的，而要经过必要的可行性研究，对方案进行试点和修改。可行性研究是科学决策的必经阶段，也是科学设计调查方案的重要步骤。对调查方案进行可行性研究的方法有很多，现主要介绍逻辑分析法、经验判断法和试点调查法这 3 种方法。

（1）逻辑分析法　这是指检查所设计的调查方案的部分内容是否符合本次调查的逻辑和情理。

（2）经验判断法　这是指组织一些具有丰富调查经验的人士，对设计出的调查方案加以初步研究和判断，并说明方案的可行性。

（3）试点调查法　试点是整个调查方案可行性研究中一个十分重要的步骤，对于大规模市场调查来讲尤为重要。试点的目的是使调查方案更加科学和完善，而不仅是搜集资料。

课堂自我测评

测评要素	表现要求	已达要求	未达要求
知识目标	能掌握市场调查方案的评价标准		
技能目标	能初步认识市场调查方案的评价要领		
课程内容整体把握	能概述并认识市场调查方案的评价工作		
与职业实践的联系	能描述市场调查方案评价的实践意义		
其他	能联系其他课程、职业活动等		

小结

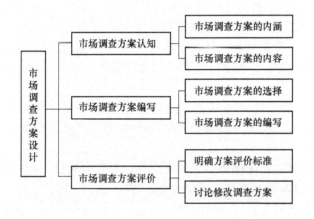

教学做一体化训练

一、解释下列重要概念
市场调查方案　　调查对象

二、课后自测
（一）选择题
1. 按照市场调查方案的作用划分，市场调查方案可以分为（　　）。
　　A. 市场调查项目建议书　　　　　　B. 正式市场调查方案
　　C. 市场调查准备书　　　　　　　　D. 市场调查建议
2. 按照市场调查的性质划分，市场调查方案可以分为（　　）。
　　A. 探索性调查方案　　　　　　　　B. 描述性调查方案
　　C. 原则性调查方案　　　　　　　　D. 因果性调查方案
3. 探索性调查方案一般（　　）。
　　A. 用在调查问题未明确时　　　　　B. 用在市场调查中期
　　C. 寻找替代行动方案　　　　　　　D. 比较简略
4. 描述性市场调查方案一般（　　）。

A. 比较详细　　　　　　　　　　　B. 所需信息较多
　　C. 会包括很多样本　　　　　　　　D. 只需少量样本
5. 对于专业调查公司来讲，市场调查预算应该（　　）。
　　A. 根据调查项目的范围和难易程度进行合理预算
　　B. 可以随意编制
　　C. 应考虑税款和利润
　　D. 尽量压缩，以减少实际调查工作量
6. 市场调查方案的选择一般要考虑（　　）。
　　A. 市场调查的性质　　　　　　　　B. 市场调查的时间要求
　　C. 市场调查的成本控制　　　　　　D. 市场调查的人员
7. 市场调查方案的评价标准包括（　　）。
　　A. 方案设计是否体现调查的目的与要求
　　B. 方案设计是否科学、完整
　　C. 方案设计是否适用
　　D. 方案设计是否具有较强的可操作性

（二）判断题（正确的打"√"，错误的打"×"）

1. 探索性调查往往发生在已经开始的正式调查中，其方法已经确定，不能变更。（　　）
2. 市场调查方案是规范市场调查整个活动过程的指导书，是市场调查的行动纲领。（　　）
3. 编写完成市场调查方案初稿就表示市场调查工作可以立即开始了。（　　）
4. 调查对象是由某些性质上相同的许多调查单位所组成的。（　　）
5. 盲目增加调查项目，会使资料统计和处理有关的工作量增加，既浪费资源，又影响调查的效果。（　　）
6. 市场调查方式不同，所必需的费用也不同。（　　）
7. 为了追求形式美观，市场调查方案可以牺牲一些实用性。（　　）

（三）简答题

1. 简述市场调查方案的作用。
2. 一份完整的市场调查方案的主要内容是什么？
3. 为什么市场调查方案制订得科学与否是调查活动开展的重要前提，组织实施的严格管理是调查效果的重要保证？
4. 为什么要对市场调查方案进行评价？
5. 应该从哪些方面对市场调查方案进行评价？

三、案例分析

北京理工大学智能手机市场调查方案

一、前言

　　智能手机（Smartphone），是指具有独立操作系统，可由用户自行安装软件、游戏等第三方提供的程序，通过此类程序不断对手机功能进行扩充，并可以通过移动通信网络来实现互联网接入的手机的总称。因其方便使用而在大学校园内广为流行。为配合某品牌智能手机扩大在北京理工大学的市场占有率，评估北京理工大学智能手机的行销环境，制定相应的营销策略，预先进行北京理工大学智能手机市场调查大有必要。

本次市场调查将以市场环境、消费者、竞争者为中心来进行。

二、调查目的

要求详细了解北京理工大学智能手机市场各方面的情况，为该产品在北京理工大学的推广制订科学合理的营销方案提供依据，特撰写此市场调查方案。

（1）全面摸清企业品牌在消费者心目中的知名度、渗透率、美誉度和忠诚度。

（2）全面了解本品牌及主要竞争品牌在北京理工大学的销售现状。

（3）全面了解本品牌目前在北京理工大学的主要竞争品牌的价格、广告、促销等营销策略。

（4）了解北京理工大学消费者对智能手机消费的观点、习惯。

（5）了解北京理工大学在校学生的人口统计学资料，预测智能手机的市场容量及潜力。

三、调查内容

市场调查的内容要根据市场调查的目的来确定。该次调查的主要内容有：

（一）行业市场环境调查

主要的调查内容有：

（1）北京理工大学智能手机市场的容量及发展潜力。

（2）北京理工大学该行业的营销特点及行业竞争状况。

（3）北京理工大学的教学、生活环境对该行业发展的影响。

（4）北京理工大学当前智能手机的种类、品牌及销售状况。

（5）北京理工大学该行业各种类产品的经销网络状态。

（二）消费者调查

主要的调查内容有：

（1）消费者对智能手机的购买形态（购买过什么品牌、购买地点、选购标准等）与消费心理（必需品、偏爱、经济、便利、时尚等）。

（2）消费者对智能手机各品牌的了解程度（包括功能、特点、价格、包装等）。

（3）消费者对品牌的意识、对本品牌及竞争品牌的观念、对品牌的忠诚度。

（4）消费者平均月开支及消费比例的统计。

（5）消费者对理想的智能手机的描述。

（三）竞争者调查

主要的调查内容有：

（1）主要竞争者的产品与品牌优劣势。

（2）主要竞争者的营销方式与营销策略。

（3）主要竞争者市场概况。

（4）本产品主要竞争者的经销网络状态。

四、调查对象及抽样

考虑到智能手机在高校的普遍性，全体在校生都是调查对象，但因为家庭经济背景的差异，全校学生月均生活支出还是存在较大的差距，导致消费购买习惯的差异性，因此他

（她）们在选择智能手机的品牌、档次、价格方面会有所不同。为了准确、快速地得出调查结果，决定此次调查采用分层随机抽样法：先按其住宿条件的不同分为两层（住宿条件基本上能反映各学生的家庭经济条件）——公寓学生与普通宿舍学生，然后再进行随机抽样。此外，分布在北京理工大学校内外的各经销商、专卖店也是本次调查的对象，因其规模、档次存在差异，决定采用判断抽样法进行调查。

具体情况如下：

消费者（学生）：　　　　　300名，其中住公寓的学生占50%
经销商：　　　　　　　　　10家，其中校外5家
大型综合商场：　　　　　　1家
中型综合商场：　　　　　　2家
专卖店：　　　　　　　　　2家
校内：　　　　　　　　　　5家

消费者样本要求如下：

（1）家庭成员中没有人在智能手机生产单位或经销单位工作。
（2）家庭成员中没有人在市场调查公司或广告公司工作。
（3）消费者没有在最近半年中接受过类似产品的市场调查测试。
（4）消费者所学专业不能为市场营销、调查或广告类。

五、对调查人员的规定、培训

（一）规定

（1）仪表端正、大方。
（2）举止、谈吐得体，态度亲切、热情。
（3）具有认真负责、积极的工作态度及职业热情。
（4）访问员要具有把握谈话气氛的能力。
（5）访问员要经过专门的市场调查培训，专业素质要好。

（二）培训

培训必须以实效为导向，本次调查人员的培训决定采用举办培训班、集中讲授的方法，针对本次活动聘请有丰富经验的调查人员面授调查技巧、经验，对本次调查人员进行思想道德方面的教育，使之充分认识到市场调查的重要意义，培养他们强烈的事业心和责任感，端正其工作态度和作风，激发他们对调查工作的积极性。

六、调查人员安排

根据我们的调研方案，在北京理工大学及市区进行本次调研需要的人员有3种：调研督导、调查人员、复核员。具体配置如下：

调研督导：1名。
调查人员：20名（其中15名对消费者进行问卷调查，5名对经销商进行深度访谈）。
复核员：1~2名（可由督导兼职，也可另外招聘）。

如有必要，还将配备辅助督导（1名），协助进行访谈、收发和检查问卷与礼品。问卷的复核比例为全部问卷数量的30%，全部采用电话复核方式，复核时间为问卷回收的24小时内。

七、市场调查方法及具体实施

1. 对消费者以问卷调查为主

在完成市场调查问卷的设计与制作以及对调查人员的培训等相关工作后,就可以开展具体的问卷调查了。把调查问卷平均分发给各调查人员,统一选择中餐或晚餐后这段时间开始进行调查(因为此时学生们多待在宿舍里,便于集中调查,能够给本次调查节约时间和成本)。调查员在进入各宿舍后应说明来意,并特别声明在调查结束后将赠送被调查者一份精美礼物来吸引被调查者积极参与,以便得到正确、有效的调查结果。调查过程中,调查员应耐心等待,切不可督促。记得一定要求被调查者在调查问卷上写明姓名、所在班级、寝室、电话号码,以便以后进行问卷复核。调查员可以在当时收回问卷,也可以第二天收回(这样更有利于被调查者充分考虑,得出更真实有效的调查结果)。

2. 对经销商以深度访谈为主

由于调查形式的不同,对调查者所提出的要求也有所差异。与经销商进行深度访谈的调查者(访问员)相对于实施问卷调查的调查者而言,其专业水平要求更高一些。因为时间较长,调查员对经销商进行深度访谈以前,一般要预约好时间并承诺给付一定的报酬,访谈前调查员要做好充分的准备,列出调查所要了解的所有问题。调查者在访谈过程中应占据主导地位,把握整个谈话的方向,能够准确筛选谈话内容并快速做好笔记,以得到真实有效的调查结果。

3. 通过网上查询或资料查询调查北京理工大学的人口统计资料

调查者查找资料时应注意其权威性及时效性,以尽量减少误差。因为此项工作的简易性,该工作可直接由复核员完成。

八、调研程序及时间安排

市场调研大致可分为准备、实施和结果处理3个阶段。

(1)准备阶段:一般分为界定调研问题、设计调研方案、设计调研问卷或调研提纲3个部分。

(2)实施阶段:根据调研要求,采用多种形式,由调研人员广泛收集与调查活动有关的信息。

(3)结果处理阶段:将收集的信息进行汇总、归纳、整理和分析,并将调研结果以书面的形式——调研报告表述出来。

在客户确认项目后,有计划地安排调研工作的各项日程,用以规范和保证调研工作的顺利实施。按调研的实施程序,可分8个小项来对时间进行具体安排:

调研方案、问卷的设计	3个工作日
调研方案、问卷的修改、确认	1个工作日
项目准备阶段(人员培训、安排)	1个工作日
实地访问阶段	4个工作日
数据预处理阶段	2个工作日
数据统计分析阶段	3个工作日
调研报告撰写阶段	2个工作日
论证阶段	2个工作日

九、经费预算

(1) 策划费　　　　　　　　　1 500 元
(2) 交通费　　　　　　　　　500 元
(3) 调查人员培训费　　　　　500 元
(4) 公关费　　　　　　　　　1 000 元
(5) 访谈费　　　　　　　　　1 000 元
(6) 问卷调查费　　　　　　　1 000 元
(7) 统计费　　　　　　　　　1 000 元
(8) 报告费　　　　　　　　　500 元
总计　　　　　　　　　　　　7 000 元

十、附录

参与人员：（待定）
项目负责人：（待定）
调查方案、问卷的设计：（待定）
调查方案、问卷的修改：（待定）
调查人员培训：（待定）
调查人员：（待定）
调查数据处理：（待定）
调查数据统计分析：（待定）
调查报告撰写：（待定）
论证人员：（待定）

阅读以上资料，回答问题：
1. 关于北京理工大学智能手机市场调查计划书的调查目的是否清楚，请说明理由。
2. 该方案中的调查内容是否是围绕调查目的展开的，请说明理由。

同步实训

实训1：市场调查方案讨论

实训目的：了解市场调查方案框架的内容要素及相互关系。

实训内容：

1. 针对市场调查方案框架设计进行讨论。
2. 讨论分析市场调查方案的内容。

实训组织：学生分小组，根据自己对调查方案的认知程度，确定市场调查方案的编制步骤；讨论其框架设计思想；讨论分析市场调查方案的内容；观察、分析这些内容之间的关系，并写出书面的观察结论报告。

实训总结：学生小组间交流不同的讨论观察结果，教师根据讨论观察报告、PPT演示，以及学生在讨论分享中的表现，分别对每组进行评价和打分。

实训 2：市场调查方案编写

实训目的：掌握市场调查方案编写要领。
实训内容：
1. 针对市场调查目的，进行方案编写。
2. 尝试编写市场调查方案。

实训组织：学生分小组，结合身边实际，针对某一品牌的汽车、家电，或自己和同学消费比较多的手机、平板电脑等，在确定某一调查目标的基础上，模拟设计一份市场调查方案，然后进行相互评价，选出最具可行性的方案。

实训总结：学生小组间交流不同调查方案，教师根据调查方案的评价标准、PPT 演示，以及学生在讨论分享中的表现，分别对每组进行评价和打分。

实训 3：市场调查方案评价

实训目的：认识企业市场调查方案。
实训内容：
1. 网络查找企业市场调查方案实例。
2. 实地寻找企业市场调查方案实例。

实训组织：结合所学，学生分组讨论、评价企业市场调查方案。

实训总结：学生小组间讨论调查方案，教师根据讨论、评价结果，PPT 演示，以及学生在讨论分享中的表现，分别对每组进行评价和打分。

学生自我学习总结

通过完成任务 3 的学习，我能够做如下总结：
一、主要知识点
在任务 3 中，主要的知识点有：
　　1. _____。
　　2. _____。

二、主要技能
在任务 3 中，主要的技能有：
　　1. _____。
　　2. _____。

三、主要原理
市场调查方案在市场调查活动中的地位与作用是：
　　1. _____。
　　2. _____。

四、相关知识点
任务 3 涉及的主要相关知识点有：

1. 市场调查项目建议书与市场调查方案的关系是：_____。
2. 市场调查性质与调查方案的关系是：_____。
3. 市场调查方案评价的标准是：_____。

五、学习成果检验
完成任务3学习的成果：
1. 完成任务3的意义有：_____。
2. 学到的知识有：_____。
3. 学到的技能有：_____。
4. 你对市场调查方案的初步印象是：_____。

任务 4

市场调查方法选择

学习目标

知识目标

1. 理解文案调查的含义。
2. 理解定性调查的含义。
3. 了解访问调查的类型。
4. 了解观察与实验调查的含义。
5. 了解网络调查与大数据分析的含义。

能力目标

1. 能体会不同市场调查方法的差异。
2. 能根据需要选择不同的市场调查方法。
3. 能结合实际评价和认识市场调查方法。

任务描述

在市场调查活动中,根据信息资料的存在状态、来源的不同,市场调查的基本方法也应有针对性。根据由易到难的原则,市场调查人员可以先采用文案调查方法,收集二手资料;在此基础上,通过实地调查,进一步收集第一手资料(也称原始资料)。在实地调查中,所采取的方法还应注意定性与定量之分。

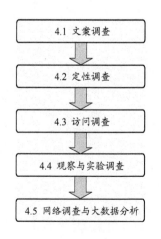

任务解析

根据市场调查职业工作的活动顺序和职业能力分担原则,"市场调查方法选择"学习活动可以分解为以下子任务:

调查故事

你听说过"神秘顾客"吗?这是国外进行市场调查时比较常用的一种方法。"神秘顾客"又称伪装购物者,与一位正常购买商品的顾客一样,他会与服务人员进行交流,咨询与商品有关的问题,挑选商品,比较商品,最后做出买或不买某种商品的决定。"神秘顾客"调查法在国外应用很广泛。美国大约就有200家这样的专门公司,其中最大的一家公司有100多名员工和500多名"神秘顾客",已经经营了10多年,全美十几万家商店和服务机构接受过它的调查。该方法是让经过专门训练的"神秘顾客"作为普通的消费者,可买也可不买商品,买了觉得不好也可退货。"神秘顾客"详细记录下购物或接受服务时发生的一切情况,然后填写一份详细的调查表,用于分析商店或服务机构的服务质量和不良运营情况。在我国,很多外企经常派遣"神秘顾客"来调查其在中国的分公司或代理商。

肯德基就采用"神秘顾客"调查法监督分店。肯德基雇用并培训了一批人,让他们佯装顾客,秘密潜入店内进行检查并评分。这些"神秘顾客"来无影、去无踪,而且没有时间规律,这会使快餐店的经理和雇员时时感受到某种压力,丝毫不敢疏忽,服务质量也就越来越好。

【启示】这个例子描述了通过实地调查获取第一手资料的一种方法——观察法。当然,通过实地调查获取第一手资料的方法还有其他几种,将在本任务中进行讲解。

4.1 文案调查

在市场调查活动中,调查人员一般会由易到难,先通过文案调查查找一些二手资料作为调查活动的开始。那么,什么是文案调查?市场调查为什么要从文案调查开始呢?这对整个市场调查活动又意味着什么呢?

我们在认识事物时,一般会有这样一个过程:首先会听说许多相关信息,然后才可能会出于某种需要或目的去进行实地验证。在调查实践中,大量的调查也都是开始于文案调查,收集已有资料。只有当这些资料不能提供足够的证据时,才进行实地调查,收集第一手资料。

4.1.1 文案调查认知

市场调查活动中,文案调查一般用于收集经过加工整理的资料,这些资料也称二手资料。所以,文案调查又称间接调查,具体方式包括:查看和阅读报刊,检索和筛选文献典籍,购买和复制数据报表等。

1. 文案调查的概念

文案调查常常被当作调查作业的首选方式,是利用企业内部和外部现有的各种信息和情报,对调查内容进行分析研究的一种调查方法。相比之下,文案调查简单易行。其规范的概念如下:

> **重要概念 4-1　文案调查**
>
> 文案调查又称间接调查，是指围绕一定的调查目的，通过查看、检索、阅读、购买、复制等手段，收集并整理企业内部和外部现有的各种信息、情报资料，对调查内容进行分析研究的一种调查方法。

2. 文案调查的资料

文案调查是利用企业内部和外部现有的各种信息、情报，对调查内容进行分析研究的一种调查方法。这里的资料主要是指二手资料。

3. 文案调查的特点

（1）文案调查的优点

① 受到时空的限制较少，获取的信息资料较丰富。
② 操作起来方便、简单，能够节省时间、精力和调查的费用。
③ 内容比较客观，适合纵向比较。
④ 可为实地调查提供经验和大量背景资料。

（2）文案调查的缺点

① 有局限性。所收集的主要是历史资料，无法及时反映市场的新情况、新问题。
② 有不可预见性。所收集资料因形式或方法上的原因，而无法直接为调查者所应用。
③ 缺乏准确性。调查者在收集、整理、分析和提交资料的过程中，难免会犯一些错误，这些错误会导致收集到的资料缺乏准确性，因而对调查者能力要求较高。
④ 所收集资料具有不充分性。在文案调查中，即使调查者获取了大量准确的相关资料，也不一定能完全据此做出正确的决策。

> **案例 4-1　媒体调查助力康师傅获得成功**
>
> 20世纪90年代初，中国大陆有400多条方便面生产线，企业之间的竞争十分激烈。当时，康师傅方便面在台湾地区只是一家很不起眼的小企业。"康师傅"通过对公开媒体上的广告进行调查发现，大陆的方便面市场存在一个"需求空档"——大陆厂家生产的大多是低档方便面。随着大陆经济的发展和人民生活水平的提高，市场对中高档方便面的需求必将越来越大。"康师傅"在调查中还发现，大陆的方便面厂家不太注重品味与营养，也未能达到真正的"方便"。基于这次调查，"康师傅"决定以中高档产品为拳头产品打入大陆市场。
>
>
>
> 【评析】通过对公开媒体广告进行调查，"康师傅"从广告信息中发现了大陆方便面消费市场的商机，并最终成功定位自己的产品，打入大陆市场，成为行业龙头企业。媒体调查功不可没！

4.1.2　文案调查资料的确定

对于企业来讲，文案调查法所收集的资料大致可分为内部资料和外部资料。内部资料主要是企业内部会计、统计、销售报告、广告支出、存货数据、顾客的忠诚度、分销商反馈报告、营销活动、价格信息等有关资料；外部资料主要是指可以从企业外部获取的一些资料，如图书馆及各类期刊出版单位的文案资料，政府、行业协会公布的数据，以及在线数据库等。

1. 企业内部资料

（1）业务资料　业务资料包括与企业营销业务活动有关的各种资料，如原材料订货单、进货单、发货单、合同文本、发票、销售记录，半成品、成品订货单、进货单、发货单、合同、发票、销售记录，业务员访问报告、顾客反馈信息、广告等。通过收集和分析这些资料，可以掌握企业所生产和经营商品的供应和需求的变化情况。

> **案例 4-2　亚马逊的数据库营销**
>
> 　　亚马逊公司成立于 1995 年 7 月，是互联网上出现的第一个虚拟书店，当初只是一个名不见经传的网站，但很快就成为全世界最成功的电子商务公司之一。这与亚马逊公司详细收集顾客信息有关。
> 　　亚马逊公司建立了一个客户背景资料数据库。从客户在 Amazon.com 购书开始，公司就开始建立一个客户背景资料库，记录所有客户每次购买产品时输入的信息。通过客户背景资料数据库，亚马逊公司可以分析客户的行为，对客户进行分类，得出对公司有利的信息，然后对客户进行有目的的引导、推荐，进而促成购买行为——这就是数据库营销。
> 　　【启示】客户背景资料数据库是营销活动的数据基础，使公司能够精准地面对众多的客户。

（2）统计资料　统计资料包括企业各部门的各类统计报表，年度、季度计划，企业生产、销售、库存记录等各种数据，各类统计资料的分析报告等。通过统计资料分析，可以初步掌握企业经营活动的一些数量特征及大致规律。

（3）财务资料　财务资料一般包括企业各种财务、会计核算和分析资料，主要包括生产成本资料、销售成本资料、各种商品价格资料、销售利润资料、税金资料等。通过财务资料分析，可以考核企业的经济效益，为企业以后的经营决策提供财务支持的依据。

（4）生产技术资料　生产技术资料主要是生产作业完成情况、工时定额、操作规程、产品检验、质量保障等；产品设计图样及说明书、技术文件、档案、实验数据、专题文章、会议文件等资料；生产产品的技术、设备配备、新产品的开发与市场潜力等资料。通过生产技术资料的分析，可以了解企业的一些关于生产技术水平、产品设计能力、设计技术的信息等。

（5）档案资料　档案资料主要包括企业的各种文档和文件资料，这些文件一般是企业为了特定的经营目的而制定并归档保存下来的。通过档案资料分析，可以了解企业日常经营活动的一些方案及决策活动的过程。

（6）企业积累的其他资料　其他资料包括各种调查报告、经营总结、各种顾客意见和建议记录、竞争对手的综合资料及有关照片、视频等。通过对这些资料进行分析，可以为企业的市场调查提供一定的参照。

> **拓展阅读 4-1　二手资料的优缺点**
>
> 　　二手资料比较容易获取，有些二手数据由国家统计部门直接公布，可以帮助调查人员确定调查问题、架设调查思路，为正式调查奠定基础。
> 　　尽管二手数据对调研是很有帮助的，但调研者在使用二手数据时仍需要谨慎，因为

二手数据具有一定的局限性和缺点。由于二手数据是为其他目的而不是为手边的问题而收集的,因此,二手数据对当前问题的帮助在一些重要方面是有缺陷的。资料的相关性和准确性都不够。收集二手数据的目的、性质和方法不一定适合当前的情况。而且,二手数据也可能缺乏准确性,或者有些过时了。在使用二手数据之前,有必要先对二手数据进行评价。

2. 企业外部资料

外部资料是指各种存在于企业外部的已出版的或未出版的资料,这些资料可能是由政府部门或非政府机构发布的;还有更多的资料来自于各种商业期刊,以及经常刊登关于经济、特定的产业,甚至是对个别公司的研究和论文的新闻媒体。外部资料的来源渠道主要包括以下方面:

(1)各级、各类政府主管部门发布的有关资料,如发改委、工商部门、财政税务部门、商务部门、海关、银行等发布的有关政策法规、市场价格、商品供求信息等。这些信息具有权威性强、涵盖面广的特点,便于对宏观信息的搜集,是非常重要的市场调查资料。

(2)各种信息中心、咨询机构、行业协会和联合会发布的市场信息以及有关行业的情报资料。这类信息一般包括行业法规、市场信息、发展趋势、统计数据及资料汇编等。

(3)国内外新闻媒体、有关的专业书籍、报纸、杂志及各种类型的图书馆等经常能够提供大量的文献资料,从中可以发现大量公开的商业信息,或是提供某些索引来找寻其他资料。这也是非常重要的二手资料来源。

(4)国内外各种展览会、展销会、发布会、交易会、订货会等和各种专业研讨会、交流会、论坛所发放的会议材料、论文、发言稿等。

(5)国际互联网。互联网作为一个全球性的电信网络,使得计算机及其使用者能获得世界范围内的数据、图像、声音和文件等信息。

拓展阅读4-2　互联网二手资料收集

互联网是将世界各地的计算机联系在一起的网络,它是获取信息的新工具,对任何调查而言,互联网都是重要的信息来源。互联网上的原始电子信息比以其他任何形式存在的信息都更多,这些电子信息里面,有很多内容是调查所需要的情报。

(1)一般网页查询　由于互联网发布信息容易,许多机构在互联网上公布大量的信息,因此调查工作可通过监测调查对象的网页开始。

(2)数据库查询　数据库是搜集信息最好的工具之一,是由计算机储存、记录、编制索引的信息资源,其功能相当于电子参考书。

课堂讨论　使用从网络上收集的二手资料可能会犯哪些错误?为什么?你所了解的哪些外部资料的权威性和可信度较高?

4.1.3　文案调查的实施

文案调查需要依照一定的工作程序来进行。文案调查的操作程序如图4-1所示。

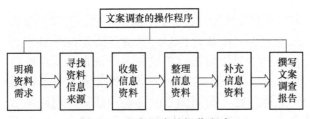

图 4-1　文案调查的操作程序

1. 明确资料需求

调查者在明确所需资料时，应该考虑此次调查所需资料的现实需求和长远需求。现实需求是本次文案调查工作为解决什么样的现实问题提供信息支持；长远需求则是通过本次文案调查工作，为企业经常性的经营管理活动和方案提供基础性的资料和数据。只有明确了所需资料，调查者完成工作所花费的时间、精力、财力才能得到有效控制。

> **拓展阅读 4-3　文案调查的基本原则**
>
> 文案调查的特点和作用，决定了调查人员在进行文案调查时，应该遵循以下原则：
>
> （1）广泛性原则　文案调查对现有资料的收集必须周详，要通过各种信息渠道，利用各种机会，采取各种方式大量收集各方面有价值的资料。
>
> （2）针对性原则　要着重收集与调查主题紧密相关的资料，善于对一般性资料进行摘录、整理、传递和选择，以得到具有参考价值的信息。
>
> （3）时效性原则　要考虑所收集资料的时效性是否能保证调查的需要。随着知识更新速度加快，调查活动的节奏也越来越快，只有反映最新情况的资料才是价值最高的资料。
>
> （4）连续性原则　要注意所收集的资料在时间上是否连续。只有连续性的资料才便于动态比较，便于掌握事物发展变化的特点和规律。

2. 寻找资料信息来源

资料目标确定以后，调查者就可以开始资料收集工作了。一般情况下，首先要假设调查目标所需收集的资料都是存在的，尽管可能收集不到直接佐证调查目的的二手资料，但是通过有效的索引、目录或其他工具，就可以划定资料来源范围。这时，调查者就可以全神贯注地查找能够协助自己取得所需资料的各种辅助工具，包括书籍、期刊、官方文献资料的目录、索引、新闻报道等。从一般线索到特殊线索，这是文案调查人员收集信息资料的重要途径。

3. 收集信息资料

信息资料的来源渠道逐渐清晰后，调查人员就可以着手信息资料的收集工作了。这个环节的工作总体上有两个要求：①保证信息资料的数量。在资料收集范围内，尽可能多地收集信息资料，以保证其涵盖面。②保证信息资料的质量。在收集信息资料时，除了要详细记录这些资料的来源出处（作者、文献名称、刊物名称、刊号、出版单位名称、出版时间、资料所在页码），以方便在调查过程中对资料合理利用；还应该对资料使用的一些限制、资料产生的程序及其他相关事项进行仔细研究，以防止因资料本身的原因而导致收集资料质量下降，从而影响市场调查的客观性。

在收集资料时，根据先易后难的原则，二手资料的收集可以按以下程序进行：

（1）查找内部资料　专业的调查人员从内部资料中获取信息是首先应该考虑的工作，因为这些资料的收集成本较小，而且也会对外部资料的查找提供方向性帮助。

（2）查找外部资料　在内部资料的收集过程中，调查人员可能会工作受阻，如资料不完整、利用价值低、涵盖面有限等，这就需要借助外部资料来满足资料收集的要求。这时可以去图书馆或一些专业资料室，根据调查的主题和项目，利用图书资料索引收集资料。也可以在互联网上搜索资料，在网络搜索引擎中输入关键字，就会搜索出所有网上公开的信息，然后从中挑选使用。

（3）访问查找　在查找内部资料和外部资料的过程中，有时会发现有些资料具有较高的时效性、专业性和科学性，甚至有些资料保密性较强。这时，调查人员首先应该考虑替代资料，如果替代资料不易获取或者获取成本较高，就需要进一步访问这些资料的来源地，如有关行业协会和统计机关。一般情况下，经过良好沟通，说明调查目的，遵循保密性原则，也可以从这些地方获取可信赖的资料信息。

（4）购买资料　如果通过以上措施所获得的二手资料仍不能满足调查的需要，调查人员还可以从专门出售信息资料的市场购买调查所需的信息，如经济年鉴、统计年鉴、地方志、企业名录等面向社会公开发行的资料。

> **案例 4-3**　**杨女士的数据挖掘**
>
> 　　杨女士是一家连锁服装店的老板，2019 年，因业务扩张，她分别在新城区和老城区开了两家店面。店里的 POS 机会将两家服装店的交易数据实时显示在杨女士的智能手机上。
>
> 　　杨女士发现，虽然两家店面卖同样的东西，客流量也差不多，但新城区店面刷卡的顾客占了 50% 左右，而老城区店面刷卡的顾客只有 30%。为什么会产生这样的差异呢？分析 POS 机的刷卡金额及刷卡时间后，杨女士发现，新城区的消费时间多在中午和傍晚六点以后，客单价较高，而且容易一下出好几单。而老城区的购物时间分布较为均匀，客单价也比较低。杨女士进一步分析发现，新城区的消费者多为白领，消费观念比较前卫。由于是在上班午休时及下班后购物，又多是结伴来买东西，所以购买的商品价格比较高，且容易产生连带销售。而老城区的顾客多是闲暇时间出来逛逛，且购物意愿较为理性，所以客单价比较低。于是杨女士根据客源的不同，重新调整了店面的风格及服装的种类，营业额在一个月之内就涨了 50% 左右。
>
> 　　【启示】数据挖掘是利用统计与分析方法对隐藏在数据库中的规律进行揭示，以便经营者对营销活动策略进行革新或重新设计。

4．整理信息资料

在实际调查中，二手资料种类繁多，如何对其进行整理和分析是事关二手资料能否充分利用的一项重要工作。对这个环节的工作应有以下基本要求：围绕调查的目的和内容，根据资料来源，结合适当的收集方法，做到去伪存真、去粗取精，从众多资料中将对调查目的有价值的资料选取出来，去除那些不确切、有限制的资料。具体可以这样做：在事先划定资料清单或分析计划的基础上，运用恰当的统计方法；还可以制成图表以利于对比分析。值得注意的是，对于一些关键资料，一定要多方考证，以证明其翔实无误。整理信息资料的整个流程如图 4-2 所示。

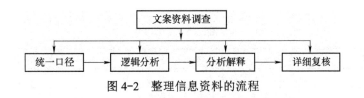

图 4-2　整理信息资料的流程

5．补充信息资料

对于大型的市场调查项目，资料的收集难免会有欠缺，或者在对已收集资料的整理分析过程中，会发现有些资料欠缺、证据效力较弱，难以满足市场调查的需求，而这些情形的出现可能会对预测和决策构成潜在或直接影响，这就需要通过再调查或利用其他信息渠道来将所需资料补充完整。

6．撰写文案调查报告

在收集到充分的信息资料后，调查人员通过科学的方法进行分析，并把这些信息资料综合成一个严谨的调查报告提交给决策者。撰写文案调查报告应注意以下几点：

（1）文案调查报告的要求

① 数据准确。全部数据要进行认真核对，争取做到准确无误。

② 方便阅读。尽量将有关资料制成非常直观的统计图表，以方便使用者阅读。

③ 重点突出。在撰写调查报告时，结论按重要程度排序，以突出重点。避免一些不必要的修饰。

④ 结论明确。在提出结论时，应该避免一些不客观、不切实际的内容，在考虑了一切有关的实际情况和调查资料的基础上，客观公正地提出调查报告。

（2）文案调查报告的结构　书面文案调查报告的结构通常包括：

① 题目。调查报告的题目包括市场调查题目、报告日期、为谁制作、撰写人。

② 调查目的。这部分内容简要说明调查动机、调查要点及所要解决的问题。

③ 调查结论。这部分内容包括对调查目的的贡献、调查问题的解答、重大问题的发现、可行性建议。

④ 附录。附录应包括资料来源、使用的统计方法。

拓展阅读 4-4　文案调查的作用

在调查中，文案调查有着特殊地位，其作用表现在以下 4 个方面：

（1）文案调查可以帮助发现问题。文案调查收集的二手资料可以满足市场探测性研究的需要，可以找出问题的症结并确定调查的方向，初步了解调查对象的性质、范围和重点。

（2）文案调查可用于经常性的调查。文案调查可以较快地收集企业内外的各种统计资料、财务资料和业务资料，也可以收集研究问题的背景资料、主体资料和相关资料，利用这些资料，可以开展经常性的市场分析和市场预测。

（3）文案调查可以为调查方案设计提供帮助。在市场调查方案设计过程中，调研者往往需要利用历史的先决信息，了解总体范围、总体分布、总体单位数目、关键指标或主要变量，才能有效确定抽样方式，以设计出可行的、科学的市场调查方案。

（4）文案调查可以配合原始资料更好地研究问题。许多市场调查课题的分析研究，往往需要原始资料与二手资料的相互配合、相互补充，这样才能更好地研究问题，解释调查结果，提高研究的深度和广度。

课堂自我测评

测评要素	表现要求	已达要求	未达要求
知识目标	能掌握文案调查的含义		
技能目标	能初步认识文案调查方法的运用程序		
课程内容整体把握	能概述并认识文案调查的准备与实施工作		
与职业实践的联系	能描述文案调查的实践意义		
其他	能联系其他课程、职业活动等		

4.2 定性调查

通过文案调查，我们可以获知一些量化的数据，如某食品生产企业 2018 年度重点产品西北市场占有率下降了 2 个百分点。如果企业想知道消费者的确切想法及这一情况的发展趋势，就必须借助定性调查方法。那么，什么是定性调查？具体方法有哪些？怎样操作呢？

4.2.1 定性调查认知

市场调查实践中，定性调查的运用比较方便、快捷，也不需要进行严格的统计学设计，常常为进一步的定量调查方法提供方向与思路。

1. 定性调查的概念

简单来讲，定性调查是一种探索人们的动机、态度和对事物的性质的看法的研究方法。事物的性质往往可以用好坏、怎么样、如何等来表述。

> **重要概念 4-2　定性调查**
>
> 定性调查是指围绕一个特定的主题取得有关定性资料的一种调查方法，可用来考察消费者的态度、感觉、动机、反应，或者用来了解问题的性质以及发展的方向。
>
> 例如，某企业对某品牌巧克力包装改换的效果进行了调查。调查结果表明，大部分在校大学生认为更换包装后的产品属于高档品牌，一部分白领则认为属于中档品牌，这就属于定性调查的结果。定性调查强调要弄清楚调查对象的主观感受和心理好恶。

2. 定性调查的特点

定性调查是获得信息的重要方法，为进一步的定量研究提出了定义和思路。一个设计严密的定量调查方案往往要以定性调查获取的信息作为重要基础。定性调查的优点和缺点如下：

（1）定性调查的优点

① 在了解消费者的态度、感觉、动机、反应等方面，定性调查的作用无可替代。

② 可以有效配合定量调查。为了使搜集的资料在广度和深度上能够扩展范围，在每次正规的定量调查的前后阶段，定性调查都不可或缺。定性调查既为定量调查做准备，又是定量调查的必要补充。

③ 定性调查时间短、成本低。

（2）定性调查的缺点

① 定性调查的代表性不如定量调查，很难有把握地断定参加座谈会的消费者或专家能够代表他们所属的总体。

② 定性调查不能提供具体详细的信息，也不能体现市场机会或细分市场间的细微差异。

③ 对访谈者和受访者的要求比较严格，双方的条件有任何不足都可能会影响调查的质量。

4.2.2 定性调查的实施

在定性调查的实施中，具体方法主要包括小组座谈会、深度访谈、投射技法、家庭访谈法和专家意见法等。

1．小组座谈会

小组座谈会是市场调查中经常采用的一种定性调查方法，8～12 人一组，在一名专业主持人的引导下，对某个主题或者概念进行深入的讨论。小组座谈会通常是在设有单透镜和监听装置的会议室中完成的。

（1）小组座谈会的准备　小组座谈会的准备通常包括以下工作：

1）选择座谈会环境。小组座谈会通常是在专业的测试室中进行的，采用被调查者不易发现的现场观察（如使用单面镜和闭路电视设备）、录像和录音设备对座谈会全程进行记录，以便于事后分析。

2）征集参与者。参与者通常是有条件限制的，需要根据具体情况事先设计好一些条件，进行筛选，只有满足条件的参与者才能参加座谈会。

3）选择主持人。小组座谈会的主持人需具备 3 个方面的才能：一是必须具备组织能力，能够恰如其分地掌控小组座谈会的进程；二是需要具备商务知识，熟悉并能掌握测试内容；三是具备必要的工作技巧，如沟通技巧、倾听技巧、观察技巧、引导技巧等。

4）设定小组座谈会时间。小组座谈会的时间一般在 2 小时左右。前 10 分钟由主持人说明会议要求；在剩下的大约 100 分钟里，主持人会占用 25%的时间，被调查者占用 75%的时间，每名被调查者实际发言的时间约 10 分钟。

（2）小组座谈会的实施　小组座谈会的实施包括以下工作：

① 介绍。主持人自我介绍、参与者自我介绍。

② 会议要求说明。主持人将访谈目的清晰地传达给参与者。

③ 问题讨论。主持人引导参与者对问题进行讨论。

④ 撰写访谈报告。小组座谈完成后，调查人员写出访谈报告。

拓展阅读 4-5　小组座谈会的特点

小组座谈会通常用于解决一些了解消费者行为、需求和态度的问题，所获得的结果是定性的。同时，定性调查是实施定量调查之前的必要步骤之一，小组座谈会的一些结果可以作为设计定量调查问卷的基础。大多数的市场调查公司、广告代理商和消费品生产厂商都使用这种方法。

小组座谈会的优点是：①互动性强，可以激发各个参与者的新想法；②信息量大，能够在短时间内快速收集到需要的信息；③现场问答，可以直接有效地获取所需信息。

小组座谈会的缺点是：①结论可能会有失偏颇和不全面；②多人在一起，有的与会者在回答问题时会受其他人态度的影响；③实施成本高，对人员和场地的要求都很高。

2. 深度访谈

深度访谈是市场调查时最常使用的一种定性调查方法，它的原意是访问者与被访问者相对无限制地一对一会谈。在市场调查领域中，深度访谈是指调查者对被调查者进行的一种无结构的、直接的、个人的访问。在访谈过程中，由掌握高级访谈技巧的调查员对调查对象进行深入的访问，用以揭示调查对象对某一问题潜在动机、态度和情感，最常应用于探测性调查。

（1）深度访谈的特点

1）深度访谈的优点：①消除了被访问者的群体压力，因而每名被访问者会提供更真实的信息。②一对一的交流使被访问者感到自己是被注意的焦点，更容易与访问者进行感情上的交流与互动。③与单个个体的交流时间较多，这可以鼓励被访问者提供更新、更多的信息。④可以更深入地揭示隐藏在表面陈述下的感受和动机。⑤因为不需要保持群体秩序，所以更容易临场发挥。

2）深度访谈的缺点：①相对成本较高。②调查速度较慢，每天完成的调查样本量较少。③相对访问时间较长，可能会影响访问者和被访问者的情绪。④拒访率相对较高。

（2）深度访谈的运用　深度访谈可用于详细了解复杂行为和敏感话题，或对企业高层、专家、政府官员进行访问。在一些情况下，深度访谈是唯一获取信息的方法，如竞争者之间的调查和有利益冲突的群体之间的调查等。

3. 投射技法

小组座谈会与深度访谈属于直接方法，而投射技法是一种无结构、非直接的询问方式，激励被访问者将自己隐藏在内心深处的潜在动机、态度和情感进行真实的表达。一般做法是，访问者给被访问者一个无限制且模糊的情景，并要求被访问者做出反应。由于情景模糊，被访问者将做出基于自己偏好的回答。在理论上，被访问者将自己的情感"投射"在无限制的情景上。因为被访问者并不直接谈论自己，所以就绕过了防御机制，在谈论其他事情或者其他人的同时，也流露了自己内心的想法。

（1）投射技法的分类　统计与心理调查专家将投射技法发展为4种解决方案：

1）联想技法，即访问者向被访问者展示一个"词语"或者"一件物件"，然后要求其说出自己的感受。这种方法通常用于产品品牌的选择、广告主题测试等方面。最常用的联想技法是词语联想法。

▶ 例4-1　调查问题：提到国产智能手机，你会想到哪3个品牌？（被调查者可能会说"华为、联想、小米"，这就说明了这3个品牌在被调查者心目中的地位或直观感受。）

▶ 例4-2　调查问题：提到"牙膏"，你脑海里首先联想到的一个词是什么？（如果被调查者迅速回答是"洁白"，则说明其对牙膏的洁齿功效比较看重；如果迅速联想到"佳洁士"，则说明被调查者比较偏好"佳洁士"品牌的牙膏。）

2）完成技法，即给出一个不完全的刺激场景或者语句，由被调查者来完成，常用的完成技法有句子完成法和故事完成法。句子完成法是被访问者拿到一些不完整的句子，由被访问者根据自己的意愿补充完整。故事完成法是给被访问者一个有限制的和有情节的剧情，让其投射在剧情中假定的人物上。

▶ 例4-3　调查问题：以下是一些产品的广告语，请根据你的记忆，将下面的空格填充完整：①我们不生产水，＿＿＿＿＿＿＿＿；②小米，＿＿＿＿＿＿＿＿；③人类失去联想，＿＿＿＿＿＿＿＿；④科技以人为本，＿＿＿＿＿＿＿＿。

3）结构技法，即让被访问者看一些内容模糊、意义模棱两可的图画，然后要求其根据图画编一段故事并加以解释。通过被访问者的解释，了解其性格和态度及潜在需求。

▶ **例 4-4** 调查问题：图片上是一位同学看到小米平板电脑上市时发表的议论，如果他是你的同学，且你就在他的旁边，你会说_____。

4）表现技法，即给被访问者提供一种文字或形象化的情景，请他们将其他人的态度和情感与该情景联系起来，具体方法有角色扮演法和第三者技法。

（2）投射技法的运用　多数的投射测试是很容易的，调查问题像其他无规定答案的问题一样被列成表格。投射测试收集的资料比一般的提问方法收集的更丰富，而且更具有揭示性。投射技法经常与印象调查问卷、观念测试法以及广告测试法一并使用。

4. 家庭访谈法

这种方法是指经被访问者同意，访问小组深入到被访问者家中进行观察及访问，甚至在被允许的情况下进行拍摄，主要用于了解被访问者这类人群所处的生活环境，了解其价值观念的产生根源。

5. 专家意见法

专家意见法（也称德尔菲法）也是一种常用的市场定性调查方法，它是 20 世纪 60 年代由美国兰德公司推出的。专家意见法采用函询或现场深度访问的方式，反复征求专家意见，经过客观分析和多次征询（一般要通过几轮征询才能达到目的），逐步使各种不同意见趋于一致。这种征询专家意见的方法，能够真实地反映专家们的意见，并能给决策者提供很多事先没有考虑到的丰富的信息。同时，不同领域的专家可以提供不同侧面极有价值的意见，为决策者决策提供充分的依据。

课堂自我测评

测评要素	表现要求	已达要求	未达要求
知识目标	能掌握定性调查的含义		
技能目标	能初步认识定性调查具体方法的运用		
课程内容整体把握	能概述并认识定性调查的准备与实施工作		
与职业实践的联系	能描述定性调查的实践意义		
其他	能联系其他课程、职业活动等		

4.3 访问调查

由于调查目标的特殊性或受客观条件的限制，所收集的二手资料往往不够用、不好用，这就必须通过实地调查去收集原始资料。访问调查就是实地调查方法之一，收集的资料可以量化处理。访问调查也属于定量调查方法，它是怎么回事？具体怎么操作呢？

访问调查常用的方法主要有入户访谈、拦截访问、电话调查、邮寄调查等几种类型。在西方国家，大约有 55% 的调查访问是通过电话完成的，入户访谈大约占 10%，邮寄调查约占 5%，这表明电话调查的应用较广泛。另外，还有一些是将各种调查方法结合起来进行的调查。

4.3.1 入户访谈

在调查实践中,入户访谈是十分有效的访问方式。对于被访问者来讲,可以轻松地在一个自己感到熟悉、舒适、安全的环境里接受访问;对于访问者来说,面对面的访谈能够直接得到信息反馈,还可以对复杂问题进行解释,从而加快访问速度、提高数据质量。入户访谈是定量调查中最常见的调查方法。

> **重要概念 4-3 入户访谈**
>
> 入户访谈是指被访问者在家中(对企业用户是在单位中)单独接受访问的一种调查方式,是调查员按抽样方案的要求,到抽中的家庭或企业单位中,按照事先规定的方法,选取适当的被访问者,依照问卷或调查提纲进行面对面的直接提问,以获取信息的一种调查方法。

然而,随着人们家庭结构的变化、生活节奏的加快和观念的更新,在家中进行的面对面访谈越来越少了,取而代之的是,大多数访谈改在购物场所、商业街区中进行。另外,入户访谈也广泛运用于与工业、企业用户进行的访谈,这类访谈主要指对商务人员在自己的办公室中进行有关工业品或服务的访问,所以也称经理访谈。

1. 入户访谈的特点

(1)入户访谈的优点 ①信息获取的直接性。进行面对面的访谈时,调查者可以采取一些方法来激发应答者的兴趣。②调查组织的灵活性。调查者依据调查的问卷或提纲,可以灵活掌握提问的次序,并及时调整和补充内容,弥补事先考虑的不周。③调查过程的可控制性。整个调查过程有调查人员的监督,调查人员可直接观察被调查者的态度,判别数据的真实可信度。④调查数据的准确性。由于程序较为标准和具体,调查人员还可以充分解释问题,从而提高了数据的准确性。

(2)入户访谈的缺点 ①时间限制。现代社会生活节奏快,人们来去匆匆,很难有人有时间回答完全部规定的问题,调查人员不得不费力寻找合格的应答者,这就提高了调查成本。对于大规模、复杂的市场调查来说,更是如此。②调查者的影响。调查者的素质、人际交往能力、语言表达能力、责任感和道德观念等都会影响调查的质量。③拒访率较高。人们保护隐私的意识加强,导致拒访时有发生。

> **课堂讨论** 目前,我国家庭结构形式的变化对入户访谈的影响有哪些?你认为在我国开展入户访谈的主要障碍有哪些?

2. 入户访谈的运用

(1)访问前的准备工作 首先是基本情况方面的准备。访问员要了解被调查者的一些基本情况,如生活环境、工作性质及由此形成的行为准则和价值系统。其次要做好工具方面的准备,最常用的有照相机、录像机、录音机、纸张文具以及测量用的表格问卷等。

(2)访问的步骤 入户访谈通常应遵循以下步骤:

1)首先要把自己介绍给被调查者。

▶ **例 4-5 自我介绍**:"您好!我是××公司的市场调查员。我们正在进行一项关于××型号汽车的市场调查,在众多消费者随机抽样,您家正好被抽中,我想占用您一点时间,希望没有打扰您!"

★提示:自我介绍时要做到不卑不亢,使对方尽快了解你的身份,并认为你的访问是善意的,他的答复是有价值的,或这项调查研究是与他的切身利益有关的。语气一定要彬彬有礼,同时可递上介绍信或学生证、工作证,以消除被调查者的戒心。

2)要详细说明这次访问的目的与意义。

▶ 例 4-6 说明主题:这次调查的主要目的是了解您对我们公司××型号汽车的售后服务的意见或建议,您的回答将为我们服务范围的拓展、服务质量的提高、服务措施的改进提供重要的参考。

★提示:言简意赅,尽快说明调查的主题范围,与被调查者初步建立起一种互相信任的关系。

3)提问开始。按照预先的设计,开始向被调查者发问。

▶ 例 4-7 提问开始:这是一份我们印制的问卷,我们按顺序开始问答,好吗?

★提示:发问开始,一般按问题的先后次序一一提问,可以适当地活跃气氛,避免使被访问者因感到枯燥、机械而影响情绪。即使被调查者答非所问,也要耐心地听,同时设法切入正题,但要选择有利的机会,避免被对方察觉而感到不快。有些问题需要进一步"追问"的,应使用"立即追问""插入追问""侧面追问"等方法,以被访问者不感到厌烦为限度。

(3)特殊情况的处理 正在进行的访问也可能出现被调查者拒绝接受访问、因事忙碌或不想继续接待、身体不适、突然有事外出等情况。遇到这种情况,调查人员不必气馁,除耐心说明调查目的外,还要了解拒访的原因,以便采取其他方法进行访问,也可以另约时间;或者帮助被调查者干点力所能及的事,以争取继续调查;对于一些较敏感的问题或者被调查者认为有关其自身安全或隐私的问题,应该耐心解释或通过其他途径了解。

4.3.2 拦截访问

拦截访问,又称街头截访,一般有两种方式:一种是由访问员在事先选定的若干个地点选取访问对象,征得其同意后,在现场依照问卷进行面访调查;另一种是先确定地点,然后由访问员在事先选定的若干个地点选取访问对象,征得其同意后,再引领到确定的地点进行面访调查。

拦截访问是一种十分流行的调查方法,通常被用于定量问卷调查的环节中,约占个人访问总量的 1/3。在美国,大约有 500 家超市中设有调查机构的访谈室。作为入户访谈的替代方式,拦截访问是一种十分流行的询问调查方法,约占个人访谈总数的 1/3。拦截访问的程序如图 4-3 所示。

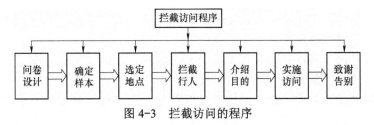

图 4-3 拦截访问的程序

1. 拦截访问的特点

（1）拦截访问的优点

① 节省费用。由于被访问者出现在访问员的面前，访问员可将大部分时间用于访谈，从而节省入户访谈的行程时间及差旅费用。

② 避免入户困难。在公开场所，被调查者没有过度的私密感，相对来讲比较容易接受访问。

③ 便于监控访问员。拦截访问是在选好的地点进行，可以指派督导进行现场监督，以保证调查的质量。

（2）拦截访问的缺点

① 不适合内容较多和可能会有一些较复杂或不能公开回答的问题的调查，那样会引起被访者的反感而遭到拒访。

② 调查的精确度可能很低。由于所调查的样本是随机拦截，调查对象在调查地点的出现带有偶然性，这可能会影响调查的精确度。

③ 拒访率较高，因为调查对象有非常多的理由来拒绝接受调查。

2. 拦截访问的运用

为了获得适合大多数消费者的研究总体样本，购物中心、广场或商业街区往往是街头拦截访问最普遍的地方。在大多数街头拦截访问中，市场调查人员被派到购物中心寻找可能适合调查的人员。访问员接近被访问者，并请求他们参与现场采访。如果被访问者同意，就开始调查访问，并且要表示感谢。如果被访问者拒绝，调查人员则要继续寻找下一个人。

街头拦截访问的方法如下：

（1）地点选择　一般选择繁华的交通路口、户外广告牌前、商场或购物中心内（外）、展览会场内（外）等。

（2）对象选择　在这一环节，调查人员必须有足够的耐心，通过运用自己所具备的知识、经验和职业素养，依据过往行人的言行、举止、穿着、大致年龄段等要素大致选定符合调查目标的对象。

（3）拦截对象　调查人员要有礼貌，并具有一定的说服力，同时为了保证随机性，应该按照一定的程序和要求进行拦截，如每隔几分钟拦截一位，或每隔几位行人拦截一位等。

▶ **例 4-8**　拦截对象：女士/先生：您好！可以打扰您一下吗？我是××公司的市场调查访问员，这是我的证件！耽误您几分钟时间，有几个问题想问您一下，可以吗？

（4）面谈调查　征得调查对象同意后，在现场按照问卷内容进行简短的面谈调查。

3. 拦截访问质量的控制

为了保证拦截访问质量，调查活动必须按照一定的规范进行。

（1）专人现场监控　按其特点划分不同的区域开展工作，不同的区域均有专人负责现场监控。

（2）调查督导人员随时巡查　由负责督导及复核人员共同负责巡场工作，不定时巡视，以便及时发现问题并及时解决。

（3）确认被访问者资格　由复核人员负责现场的二次甄别工作，确保被访问者符合被访条件。根据经验布置测试室，减少被访问者间的相互干扰，便于收集更多的信息。

（4）详细审核调查问卷　现场对问卷进行百分之百审核，审核无误后才让被访问者离开并赠送礼品,以便及时补充访问,以确保问卷质量。

拓展阅读 4-6　如何降低拒访率

(1)精心准备　调查人员要衣着得体、精神饱满、言语诚恳、胆大心细、材料证件齐全;还要做好访问前的准备工作,如培训工作、试访演练、证件制作。

(2)按照被调查者的心理活动进行询问。

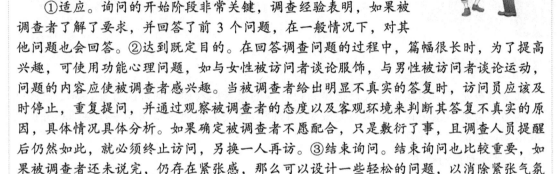

①适应。询问的开始阶段非常关键,调查经验表明,如果被调查者了解了要求,并回答了前3个问题,在一般情况下,对其他问题也会回答。②达到既定目的。在回答调查问题的过程中,篇幅很长时,为了提高兴趣,可使用功能心理问题,如与女性被访问者谈论服饰,与男性被访问者谈论运动,问题的内容应使被调查者感兴趣。当被调查者给出明显不真实的答复时,访问员应该及时停止,重复提问,并通过观察被调查者的态度以及客观环境来判断其答复不真实的原因,具体情况具体分析。如果确定被调查者不愿配合,只是敷衍了事,且调查人员提醒后仍然如此,就必须终止访问,另换一人再访。③结束询问。结束询问也比较重要,如果被调查者还未说完,仍存在紧张感,那么可以设计一些轻松的问题,以消除紧张气氛和进一步融洽访谈双方的感情。

4.3.3　电话调查

电话调查是指调查者通过电话进行语言交流,从被调查者那里获取信息的一种调查方法。这种方法在西方发达国家应用较为普遍,也最受欢迎,在我国还处于起步阶段。电话调查通常以电话号码簿为基础进行随机抽样,如果抽样恰当、回访程序科学,就可能获得高质量的样本。

1. 电话调查的优点

(1)效率较高　电话调查省去了花费在路途上的时间,与入户访谈相比,时间短、速度快。电话调查能及时收集被调查者的答案,跟邮寄调查相比速度快,因而是效率较高的调查方式。而且与入户访谈相比较,还可以访问到不易接触到的对象。

(2)可以获得更为有效的应答　电话铃响起,人们一般都会接听,这就大大降低了拒访的可能;对于一些比较敏感的问题,如受教育水平、收入、分期付款等问题,在进行面对面的入户访谈和拦截访问时,被访问者会感到有些不自然,因此回答率较低;而在电话访问中,则能获得较坦诚的回答。

(3)易于控制实施质量　访问员集中在同一房间中拨打电话,督导可以随时检查访问情况、访问技巧等,也可以随时对问题进行更改。与入户访谈和邮寄调查相比较,其调查质量可以大大提高。

(4)费用较低　电话调查与入户访谈相比,入户访谈需要的调查人员多,产生的费用也高,而电话调查相对来说费用较低。

2. 电话调查的缺点

(1)访问成功率受限制　电话号码的编制采用的是随机数表的方法,有些号码可能未开通,或是空号,或已经停用。另外,受访对象如果正在忙于其他事务,或误以为是一般推销商的电话,都可能拒绝接受访问。这些原因导致电话访问的成功率较低。

(2) 电话调查时间受限制　设计的问题不宜过长,电话调查的时间一般应控制在20分钟以内,以免引起被调查者的反感。

(3) 电话普及率不高会影响调查　特别是边远地区、农村的电话普及率很低,从而影响了样本的代表性。

(4) 对被调查者提示受限　由于无法提供直观教具,不能对被调查者进行现场启发。

> **课堂讨论**　在我国,开展电话调查的主要障碍有哪些?移动电话的普及对电话访问有哪些影响?

4.3.4　邮寄调查

邮寄调查是指由市场调查人员把事先设计好的调查问卷通过邮寄的方法,寄给已经联系好的被调查者,由被调查者填写完成后再寄回,调查人员通过对问卷进行整理和分析来获取市场信息的一种调查方式。

1. 邮寄调查的优点

(1) 费用较低　邮寄调查不需要专门进行调查人员的招聘、培训、监控以及支付报酬,调查的成本不是很高。

(2) 调查者的影响较小　该方式避免了由于调查人员的干扰而产生的信息失真。

(3) 调查区域广泛　该方式被调查的对象广泛、调查面广。

(4) 应答更确切　被调查者匿名性较强,又可以有充分的时间来考虑,填写较为灵活、自由、方便。

2. 邮寄调查的缺点

(1) 问卷回收率低　即调查问卷没有被收回或未答完就寄回。

(2) 缺乏对被调查者的控制　被调查者可以在回答任何问题前浏览和思考所有问题,所以调查者无法控制问题呈现的顺序,造成结果的真实度降低。

(3) 应答者会有选择偏见　这是指那些有别于没有填完问卷就归还问卷的被调查者,他们反馈回来的问卷存在答非所问的情况。因此,通过这种方法获得的样本就不具有普遍意义上的典型性。

3. 增加邮寄调查反馈的方法

邮寄调查存在着回收率低、回收时间长等问题,这些问题一直困扰着市场调查人员。为了提高邮寄调查的反馈率,从事市场调查的机构和个人做了许多探索,也总结出不少方法,如物质刺激、贴上回程的邮票、电话提醒等。

课堂自我测评

测评要素	表现要求	已达要求	未达要求
知识目标	能掌握访问调查的含义		
技能目标	能初步认识访问调查具体方法的运用程序		
课程内容整体把握	能概述并认识访问调查的准备与实施工作		
与职业实践的联系	能描述访问调查的实践意义		
其他	能联系其他课程、职业活动等		

4.4 观察与实验调查

观察与实验调查也是比较典型的实地调查方法，收集的资料同样可以量化处理，也属于比较重要的定量调查方法。那么，观察与实验调查是怎么回事？具体怎么操作呢？

4.4.1 观察调查认知

人们每天都在有意无意地对事物进行观察和审视，将这种方法引入市场调查工作领域，再规定一定的条件和操作规程，就成为实地收集市场信息的方法之一。

观察调查主要观察人们的行为、态度和情感，记录调查对象的活动或现场事实，调查者可以用眼看、耳听，也可以利用摄录设备一起来捕捉一些重要信息。

1. 观察调查的含义

观察调查的具体形式体现为对现象的观察和对顾客的观察，其基本概念解释如下。

> **重要概念 4-4　观察调查**
>
> 观察是调查人员在现场通过自己的感观或借助影像摄录器材，直接或间接观察和记录正在发生的行为或状况，以获取第一手资料的一种实地调查方法。
>
> 有些情况下，观察是唯一可用的调查方法，比如对于因年龄小而不能准确表达自己偏好和动机的幼儿，就只能使用观察法去判断他们所要表达的意思。但是，观察法只能观察到一些表面状况，不能了解到一些内在因素的深刻变化。在实践中，观察法需要较多地与其他调查方法结合运用，才能取得更好的效果。
>
> 要想成功使用观察法，必须具备以下条件：①所需要的信息必须是能观察到并能够从观察的行为中推断出来的；②所观察的行为必须是重复的、频繁的或者是可预测的；③被调查的行为是短期的，并且是可获得结果的。

2. 观察调查的类型

观察有多种形式，从事市场调查的人员可以根据不同的情况，采取不同的观察方法。作为收集资料的主要方法之一，观察法可以根据不同的标准划分为以下类型：

（1）参与观察与非参与观察　①参与观察是指观察者直接加入某一群体之中，以内部成员的角色参与他们的各种活动，在共同生活中进行观察，收集与分析有关的资料。②非参与观察是指观察者不参与被观察者的任何活动，而是以旁观者的身份，置身于调查群体之外进行的观察。这种观察取得的结果可信度高，但无法了解被观察者的内心世界。

（2）公开观察与非公开观察　①公开观察是指被观察者知道自己正在被观察。通常情况下，观察员的公开出现将影响被观察者的行为，被观察者可能会表现出与平常有所偏差的特征。②非公开观察是在不为被观察者所知的情况下观察他们行动的过程。非公开观察最常见的形式是装扮成普通顾客在现场观察人们的行为，这样得出的观察结果相对真实、可信。

> **课堂讨论**　被调查者如果是处在非自然状态下接受观察调查，会怎么样？如果观察者没有任何目的，只是随便看看，能否得出观察结论？为什么？

(3) 结构式观察与非结构式观察　①结构式观察是指调查者事先制定好观察的范围、内容和实施计划的观察方式。由于观察过程标准化，能够得到比较系统的观察材料，以供分析和研究使用。②非结构式观察是指对观察的范围、内容和计划事先不做严格限定，而是根据现场的实际情况随机决定的观察方式。表 4-1 为某书店服务评价表，属于结构式观察。

表 4-1　某书店服务评价表

店　名：_____	日　期：_____
服务员：_____	购买者：_____
进入书店的时间：_____	离开书店的时间：_____

等候服务员的时间：_____分钟
问题（三项全部做到得 5 分）
_____微笑迎接顾客
_____主动提问"今天我能为你做什么？"
_____至少提出一个附加性的问题来帮助顾客

否□	是□	带领顾客到相应的图书区
否□	是□	向顾客介绍两种以上的相应书籍

注：这是某书店为了调查店员的服务情况所设计的调查表格。

(4) 直接观察与间接观察　①直接观察是指观察者直接到现场查看被观察者的情况，即观察者直接"看"到被观察者的活动。②间接观察是指观察者通过对与被观察者关联的自然物品、社会环境、行为痕迹等事物进行观察，来间接获知被观察者的状况和特征。

案例 4-4　美国某大型超市的垃圾分析

美国某大型超市聘请美国亚利桑那大学人类学教授威廉·雷兹对垃圾进行研究。威廉·雷兹教授和他的助手在垃圾收集日从垃圾堆中挑选数袋垃圾，然后把袋中的垃圾依照其原产品的名称、重量、数量、包装形式等予以分类。如此反复地进行了近一年的收集垃圾的研究分析。雷兹教授说："垃圾袋绝不会说谎和弄虚作假，什么样的人就丢什么样的垃圾。查看人们所丢弃的垃圾，是一种很有效的研究方法。"他通过研究垃圾，获得了有关当地食品消费情况的信息。

【启示】这是一种典型的间接观察。从垃圾种类、数量、包装等多个方面可以看出垃圾的主人对于食品的消费情况。

(5) 其他类型的观察　①自我观察。自我观察就是个人按照一定的观察提纲自己记载自己的行为和行动。进行自我观察时，观察者既是主体，又是被观察对象。②设计观察。设计观察是指观察者没有扮演任何角色，被观察的人没有意识到自己受到观察，在这种经过设计的环境中进行的调查活动。③机器观察。机器观察是指借助机器完成的调查活动。在特定的环境中，机器观察比人员观察更客观、更精确，也更容易完成任务。

3. 观察调查的特点

(1) 观察法的优点　①实施简便易行。观察法灵活性较强，观察者可随时随地进行调查，对现场发生的现象进行观察和记录，通过一些影像手段，还可以如实反映和记录现场的特殊环境和事实。②过程排除干扰。调查人员不会受到被调查者回答意愿、回答能力问题的困扰。特别是在非参与观察的情况下，调查人员不需和被调查者进行语言交流，从而可以排除语言交流、人际交往给调查活动带来的干扰。③信息直观可靠。观察法可以在被观察者不知情的情况下进行，避免了对被调查者的影响，被调查者的行为能够保持正常的活动规律，所观察到的信息客观准确、真实可靠。

（2）观察法的缺点　①耗时过长导致调查成本提高。在实践中，一些特殊的调查项目需要大量观察员进行多次、反复的观察，调查费用随之提高；有时还需要一些特定环境的设计，也会出现调查时间的延长。②只看表象导致观察深度不够。观察法只能观察表面现象，而无法了解一些市场因素发生变化的内在原因，因此观察的深度往往不够。③人员素质导致观察结论误差。观察法对观察人员的素质提出了较高的要求：观察者必须具备丰富的市场营销知识和熟练的操作技能、敏锐的观察力、必要的心理学理论及良好的道德规范。

案例 4-5　观察决定货品陈列

你知道吗？超市的商品不是随便摆放的！经营者常常通过观察超市里顾客的行踪来决定货品的陈列。调查者通常会在通道示意图上标出购物者的行走路线。通过对有代表性的购物者的行走路线进行比较，就可以确定摆放能引起顾客购物冲动的商品的最佳地点。

一般来说，零售商希望商品能够尽可能多地暴露在购买者面前。例如，超市往往将必需品摆放在商店的后部，目的就是希望购物者在走到通道的另一端去选购牛奶、面包及其他必需品的过程中能够产生购物冲动，将更多的商品放进购物篮里。

4．观察法的应用

观察法主要用于以下一些领域：①车站、码头、商场顾客流量的测定。②主要交通要道车流量的测定。③对竞争对手进行跟踪或暗访观察。④消费者购买行为、动机、偏好调查。⑤产品跟踪测试。⑥商场购物环境、商品陈列、服务态度调查；⑦生产经营者现场考察与评估。⑧与询问调查法结合使用。

4.4.2　实验调查认知

实验调查是将自然科学中的实验求证理论移植到市场调查中来，在给定的条件下，对市场经济活动的某些内容及其变化加以实际验证，再配合调查分析，从而获得市场资料的一种调查方法。

1．实验调查的含义

实验调查也称试验调查，既是一种实践过程，又是一种认识过程，它将实践与认识统一为调查研究过程。调查者经常通过改变某些因素（自变量）来测试对其他因素（因变量）的影响，再通过实验对比分析，收集市场信息资料。

重要概念 4-5　实验调查

实验调查是指从影响调查问题的许多因素中选出一个或两个因素，将它们置于一定的条件下进行小规模的实验，然后对实验结果做出分析，研究是否值得大规模推广的一种实地调查法。

实验调查属于因果关系研究的范畴。例如，用于调查产品的品质、价格（自变量）等改变后，企业产品的销售量、市场份额（因变量）有什么样的变化。

2．实验调查的特点

实验调查是一种具有实践性、动态性、综合性的直接调查方法，它具有其他调查方法所没有的优点，同时也有自身的局限性。

(1) 实验调查的优点　①能够揭示市场变量之间的因果关系，从而采取相应的营销措施，提高决策的科学性。②能够控制调查环境和调查过程，而不是被动、消极地等待某种现象的发生。③能够提高调查的精确度。

(2) 实验调查的缺点　①在实验过程中，经常会出现随机的、企业不可控的因素和现象，这些因素会在市场上发生作用，并对实验进程产生影响，进而影响到实验效果。②调查的时间较长。③实验调查的风险较大，费用也相对较高。④实验调查的实施需要专业人员操作，难度较大。

3．实验调查的运用

实验调查的应用范围很广，如改变商品包装、改变产品价格、改进商品陈列以及进行新产品试验等，均可以用到该方法。

(1) 实验调查的基本要素　实验调查有3个基本要素：①实验者。实验者是进行实验调查的有目的、有意识、有计划的行动主体。②实验对象。实验对象是实验调查所要认识分析研究的客体。③实验环境。实验环境是实验对象所处的各种条件的总和。实验调查的过程，就是实验者控制这些条件（使一些条件发生变化，另一些条件不发生变化），或使某几个条件相互作用、相互影响的过程。

(2) 实验调查的实施程序　实验调查的操作程序如图4-4所示。

图4-4　实验调查实施程序

(3) 实验调查的主要方法　实验调查的具体方法主要有以下3种：

1) 实验前后无控制对比实验。这种实验方法是指通过对实验单位在实验前和实验后的情况进行测量、对比和分析，引入实验因素（自变量和因变量）来了解实验效果的一种方法。

▶ **例4-9**　某品牌手机制造商为了扩大销售，计划将手机的Android 7.0操作系统进行升级。但该手机制造商对手机操作系统升级后销量能否大幅度提高没有把握，因此决定采用实验前后无控制对比实验的方法进行调查。具体操作步骤如下：

① 选定实验对象，即将该企业A、B两种规格的手机作为实验单位。
② 对实验前一段时间，如一个月内的手机销售额进行统计。
③ 然后再销售系统升级的手机。
④ 统计相同时间内新功能手机的销售额。
⑤ 分析实验结论，见表4-2。

表4-2　某品牌手机系统升级前后销售额统计表　　　　（单位：元）

实验单位	实验前销售额（Y_1）	实验后销售额（Y_2）	前后变化（Y_2-Y_1）
A	35 600	54 600	+19 000
B	18 900	25 800	+6 900
合　计	54 500	80 400	+25 900

通过表4-2的数据可知，实验变量效果为Y_2-Y_1，可以看出手机功能的提升使销售额增加了。经分析，在手机销售额上升的过程中无其他因素影响或影响甚少，因此可以判定是功能的提升带来了销售量的提高，可以做出提升手机功能的决策。

2）实验前后有控制对比实验。这种实验方法可以消除实验期间一些外来因素（如季节变化、供求关系等）的影响，提高实验结果的准确性。在同一时间周期内，随机抽取两组条件相似的单位作为实验单位，一组为实验组，另一组为参照组或对比组，也称控制组。在实验时，要对这两组分别进行实验前测量和实验后测量，一般将实验前实验组的销售量或销售额设定为 X_1，控制组的销售量或销售额设定为 Y_1；将实验后实验组的销售量或销售额设定为 X_2，控制组的销售量或销售额设定为 Y_2。然后进行事前、事后对比，以得出实验结论，为营销决策提供依据。

$$实验变量效果=(X_2-X_1)-(Y_2-Y_1)$$

▶ **例 4-10** 某食品销售企业为了扩大市场份额，欲对其主要产品——某品牌的巧克力进行包装调整，但对广告公司提供的包装设计样品是否能够扩大市场份额没有太大把握。于是，公司决定在市区内选择 6 家市场规模及消费水平非常接近的超市做对比测试。其中，A、B、C 为实验组，销售更换包装后的巧克力；E、F、G 为控制组，继续销售未更换包装的巧克力，实验期为 1 个月。

具体销售数据见表 4-3。

表 4-3 某品牌巧克力更换包装前后销售额统计表　　　　（单位：元）

组　别	实验前 1 个月的销售额	实验后 1 个月的销售额	变　动　量
A、B、C 实验组	X_1=2 400	X_2=3 100	700
E、F、G 控制组	Y_1=2 400	Y_2=2 600	200

从表 4-3 中可以看出，实验组和控制组在实验前的销售额都是 2 400 元；实验组在实验后的销售额为 3 100 元，控制组为 2 600 元。对比实验前后的数据可知，实验组的销售额增加了 700 元，控制组增加了 200 元。

$$实验变量效果=(X_2-X_1)-(Y_2-Y_1)=700-200=500（元）$$

该企业设计的新型外包装使巧克力销售额增加了 500 元，由此可以判断，外包装的改变对销售有促进作用，企业可以做出改变外包装的决策。

3）控制组与实验组连续对比实验。在实际生活中，控制组与实验组的条件是不相同的，往往会影响实验结果。为了消除非实验因素的影响，可以采用控制组与实验组连续对比实验。控制组在实验前后均经销原产品；实验组在实验前经销原产品，实验期间销售新产品，然后通过计算得出实验结果。

▶ **例 4-11** 某食品厂为了检测某品牌巧克力糖果新包装的市场效果，选择了 3 家商场作为实验组，再另选 3 家商场作为控制组，实验期为 1 个月，其销售量统计见表 4-4。

表 4-4 某品牌巧克力新旧包装销售量测试统计表　　　　（单位：吨）

组　别	实验前销售量	实验后销售量	变　动　量
A、B、C 实验组	6.5（旧包装）	9.8（新包装）	3.3
E、F、G 控制组	6.38（旧包装）	7.5（新包装）	1.12

实验组的销售量在实验后增加了 3.3 吨，扣除控制组增加的 1.12 吨，以及实验前两组相差的 0.12 吨，可以得出如下结论：更换新包装后巧克力的销售量增加了 2.06 吨，改进后的新包装的市场效果十分明显。

课堂自我测评

测评要素	表现要求	已达要求	未达要求
知识目标	能掌握观察与实验调查的含义		
技能目标	能初步认识观察与实验调查方法的运用程序		
课程内容整体把握	能概述并认识观察与实验调查的实施工作		
与职业实践的联系	能描述观察与实验调查的实践意义		
其他	能联系其他课程、职业活动等		

4.5 网络调查与大数据分析

伴随着互联网的迅速发展，网络调研已经成功取代计算机辅助电话调研，成为收集数据信息的流行方式。许多企业开始运用网络进行数据收集和挖掘，以便发现新的市场。那么，网络调查与大数据分析分别指什么呢？

2019 年 8 月，中国互联网络信息中心（CNNIC）发布《第 44 次中国互联网络发展状况统计报告》。报告显示，截至 2019 年 6 月，中国网民规模达 8.54 亿，较 2018 年底增长 2 598 万，互联网普及率为 61.2%，较 2018 年底提升 1.6 个百分点。手机网民规模达 8.47 亿，较 2018 年底增长 2 984 万，我国网民通过手机接入互联网的比例高达 99.1%，较 2018 年底提升 0.5 个百分点。

4.5.1 网络调查

网络调查是指企业利用互联网了解和掌握市场信息。与传统的调查方法相比，网络调查在组织实施、信息采集、调查效果方面具有明显的优势。网络调查正从新生力量向主流方向发展，并将最终取代传统的入户调查和街头随访等调查方式。

1. 网络调查的含义

网络调查是一种新兴的调查方法，它的出现是对传统调查方法的一个补充。随着我国互联网事业的进一步发展，网络调查将会被更广泛地应用，并将最终取代传统的入户调查和街头随访等调查方式。

> **重要概念 4-6　网络调查**
>
> 网络调查是指通过互联网平台发布问卷，由上网的消费者自行选择填答的调查方法。网络调查是互联网日益普及的背景下经常采用的调查方法，其主要优势是访问者与被访问者可以互动，即访问者可以即时浏览调查结果。从样本来源角度看，网络调查可以在更为广泛的范围内、对更多的人进行数据收集。

2. 网络调查的特点

与其他传统调查方法相比，网络调查具有以下特点。

（1）网络调查的优点　组织简单方便，费用相对低廉，匿名性好，数据质量相对较高，不受时空与地域限制，速度快。

（2）网络调查的缺点　网民的代表性、准确性差；网络的安全性和个人隐私的保密问题不容忽视；受访对象难以限制；网络调查需要一定的网页制作水平。

3. 网络调查的方法

网络调查常采用网上问卷调查法。目前，网上问卷调查主要有4种基本方法：网站或网页调查、E-mail问卷调查、交互式CATI（计算机辅助电话访问）系统和网络调研系统。

（1）网站或网页调查　即将问卷放在网络站点或网页上，由访问者自愿填写。

（2）E-mail问卷调查　这类问卷就是一封简单的E-mail，并按照已知的E-mail地址发出，被访问者回答完毕后回复调研机构。

（3）交互式CATI系统　即利用一种软件语言程序在CATI系统上设计问卷结构，并在网上进行传输。

（4）网络调研系统　即利用专门为网络调研设计的问卷链接和传输软件进行调查。

除网上问卷调查之外，还有网上讨论法、网上实验法和网上观察法等。

4. 网络调查的流程

网上直接调查是企业主动利用互联网获取信息的重要手段。与传统调查类似，网上直接调查必须遵循一定的步骤进行。

（1）确定调查目标。互联网是企业与顾客之间有效的沟通渠道，企业可以充分利用该渠道直接与顾客进行沟通，以了解企业的产品和服务是否满足顾客的需求，同时了解顾客对企业潜在的期望和改进的建议。在确定网上直接调查目标时，需要考虑的是被调查对象是否上网，网民中是否存在着被调查群体以及规模有多大。只有网民中的有效调查对象足够多时，网上调查才可能得出有效结论。

（2）确定调查方法。网上直接调查方法主要是问卷调查法，因此，设计网上调查问卷是进行网上直接调查的关键。由于互联网交互机制的特点，网上调查可以采用调查问卷分层设计。这种方式适合过滤性的调查活动，因为有些特定问题只限于一部分调查者，所以可以借助层次的过滤寻找适合的回答者。

（3）选择调查方式。进行网上直接调查时，采取较多的方法是被动调查方法，即将调查问卷放到网站等待被调查对象自行访问和接受调查。因此，吸引访问者参与调查是关键，为提高受众参与的积极性，可提供免费礼品、调查报告等。另外，必须向被调查者承诺并且做到有关个人隐私的任何信息不会被泄露和传播。

（4）分析调查结果。这一步骤是市场调查能否发挥作用的关键，可以说与传统调查的结果分析类似，并且要尽量排除不合格的问卷，这就需要对大量回收的问卷进行综合分析和论证。

（5）撰写调查报告。撰写调查报告是网上调查的最后一步，也是调查成果的体现。撰写调查报告主要是在分析调查结果的基础上，对调查的数据和结论进行系统的说明，并对有关结论进行探讨性的说明。

4.5.2　大数据分析

在现今的社会，大数据的应用越来越具有优势。电子商务、O2O、物流配送等各种利用大数据进行发展的领域正在协助企业不断地发展新业务，创新运营模式。有了大数据这个概念，企业对于消费者行为的判断、产品销售量的预测、营销范围的锁定以及存货的补给都会得到全面的改善与优化。

1．大数据分析的含义

"大数据"在互联网行业指的是这样一种现象：互联网公司在日常运营中生成、累积的用户网络行为数据。这些数据的规模是如此庞大，以至于不能用G或T来衡量。

> **重要概念 4-7　大数据分析**
>
> 大数据分析是指对规模巨大的数据进行分析。大数据的特点可以概括为 4 个 V：Volume（规模性）、Velocity（高速性）、Variety（多样性）、Value（价值性）。"大数据"是时下火热的 IT 行业的词汇，随之而来的数据仓库、数据安全、数据分析、数据挖掘等围绕大数据的商业价值的利用逐渐成为行业人士争相追捧的利润焦点。随着大数据时代的来临，大数据分析也应运而生。

2．大数据分析的数据类型

大数据分析的数据类型主要有以下四大类：

（1）交易数据。通过大数据平台能够获取时间跨度更大、更海量的结构化交易数据，这样就可以对更广泛的交易数据类型进行分析，不仅仅包括 POS 终端或电子商务购物数据，还包括行为交易数据，例如 Web 服务器记录的互联网点击流日志数据。

（2）人为数据。人为数据属于非结构数据，包括电子邮件、文档、图片、音频、视频，以及社交媒体产生的数据流。这些数据为使用文本分析功能进行分析提供了丰富的数据源泉。

（3）移动数据。能够上网的智能手机和平板电脑越来越普遍。这些移动设备上的应用程序能够追踪和沟通事件，从应用程序内的交易数据（如搜索产品的记录事件）到个人信息资料或状态报告事件（如地点变更即报告一个新的地理编码），不一而足。

（4）机器和传感器数据。这包括功能设备，如智能电表、智能温度控制器、工厂机器和接入互联网的家用电器等创建或生成的数据。这些设备可以配置为与互联网中的其他节点通信，还可以自动向中央服务器传输数据，这样就可以对数据进行分析。机器和传感器数据来自新兴的物联网，可以用于构建分析模型，连续监测预测性行为（如当传感器值表示有问题时进行识别），发出规定的指令（如在真正出现问题之前提示技术人员检查设备）。

> **拓展阅读 4-7　大数据时代的信息特征**
>
> 大数据时代的信息具备以下 5 个特征：
>
> （1）数据量大，大数据的起始计量单位至少是 P（1 000 个 T）、E（100 万个 T）或 Z（10 亿个 T）。
>
> （2）类型繁多，包括网络日志、音频、视频、图片、地理位置信息等。多类型的数据对数据处理能力提出了更高的要求。
>
> （3）价值密度低。随着物联网的广泛应用，信息感知无处不在，信息海量，但价值密度较低，如何通过强大的机器算法更迅速地完成数据的价值"提纯"，是大数据时代亟待解决的难题。

（4）速度快，时效高，这是大数据区分于传统数据挖掘最显著的特征。现有的技术架构和路线已经无法高效处理如此海量的数据了，而对于企业来说，如果投入巨大，而采集的信息无法通过及时处理反馈有效信息，将得不偿失。可以说，大数据时代对人类的数据驾驭能力提出了新的挑战，也为人们获得更为深刻和全面的洞察能力提供了前所未有的空间与潜力。

（5）数据的真实性是成功制定决策最坚实的基础。利用优秀的数据清理方法，结合数据融合技术，可以使来源可靠性较低的数据也能形成高质量的产出。

3. 大数据分析的6个方面

大数据分析包括以下6个方面。

（1）可视化分析。不管是对数据分析专家还是普通用户而言，数据可视化是数据分析工具最基本的要求。可视化分析可以直观地展示数据，让数据自己说话，让观众看到结果。

（2）数据挖掘。可视化是给人看的，数据挖掘是给机器看的。集群、分割、孤立点分析还有其他的算法让研究分析人员深入数据内部，挖掘价值。这些算法不仅要处理大数据的量，还要处理大数据的速度。

（3）预测性分析。数据挖掘可以让分析员更好地理解数据，而预测性分析可以让分析员根据可视化分析和数据挖掘的结果做出一些预测性的判断。

（4）语义引擎。非结构化数据的多样性给数据分析带来了新的挑战，因此数据研究分析人员需要一系列的工具去解析、提取和分析数据。语义引擎需要被设计成能够从"文档"中智能提取信息。

（5）数据质量和数据管理。数据质量和数据管理是一些管理方面的实践。通过标准化的流程和工具对数据进行处理，可以保证一个预先定义好的高质量的分析结果。假如大数据真的是下一项重要的技术革新的话，数据研究分析人员最好把精力集中在大数据能给我们带来的好处上，而不仅仅是挑战上。

（6）数据存储，数据仓库。数据仓库是为了便于多维分析和多角度展示数据，并按特定模式对数据进行存储所建立起来的关系型数据库。在商业智能系统的设计中，数据仓库的构建是关键，是商业智能系统的基础，承担着对业务系统进行数据整合的任务，也为商业智能系统提供数据抽取、转换和加载服务，并按主题对数据进行查询和访问，为联机数据分析和数据挖掘提供数据平台。

案例 4-6　阅读习惯

随着2019年世界读书日的临近，当当网联合易观发布了《书香中国二十年——中国图书零售市场发展历程分析 2019》。该报告汇集了当当网、读者访谈、易观千帆等行业内权威数据信息。

报告显示，北上广深是通勤族最多的四个城市，同时也是电子书阅读时长排名前四位的城市。在不同城市的市民购书偏好方面，各个地区也表现出一定的差异：北京海淀区的读者爱研读历史，朝阳人民渴望从小说中获取爱与温暖，而东城区、西城区的不少人更喜欢购买旅行类书籍。由此看来，北京人不仅酷爱历史，还爱游玩。上海作为较早开埠的城市，对时代发展的动向更为敏感：浦东新区群众在儿童教育上倾注不少心力，黄浦区群众看重自我提升，徐汇区群众则热衷研究当下流行的区块链。

课堂自我测评

测评要素	表现要求	已达要求	未达要求
知识目标	能掌握网络调查与大数据分析的含义		
技能目标	能初步认识网络调查与大数据分析的运用程序		
课程内容整体把握	能概述并认识网络调查与大数据分析的实施工作		
与职业实践的联系	能描述网络调查与大数据分析的实践意义		
其他	能联系其他课程、职业活动等		

小结

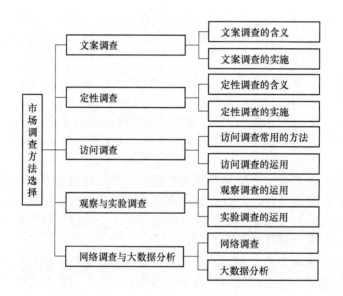

教学做一体化训练

一、解释下列重要概念

文案调查　定性调查　入户访谈　观察调查　实验调查　网络调查　大数据分析

二、课后自测

(一) 选择题

1. 文案调查的优点是（　　）。
   A. 受到时空的限制较少，获取的信息资料较丰富
   B. 操作起来方便、简单，能够节省时间、精力和调查的费用
   C. 内容比较客观，适合纵向比较
   D. 可为实地调查提供经验和大量背景资料

2. 文案调查应该遵循的原则包括（   ）。
   A. 广泛性原则   B. 针对性原则
   C. 时效性原则   D. 连续性原则
3. 定性调查的缺点是（   ）。
   A. 定性调查的代表性不如定量调查，很难有把握地断定参加座谈会的消费者或专家能够代表他们所属的总体
   B. 不能提供具体详细的信息，也不能体现市场机会或细分市场间的细微差异
   C. 对访谈者和受访者的要求比较严格，双方的条件有任何不足都可能会影响调查的质量
   D. 不能单独运用
4. 入户访谈的优点是（   ）。
   A. 信息获取的直接性   B. 调查组织的灵活性
   C. 调查过程的可控制性   D. 调查数据的准确性
5. 拦截访问的缺点是（   ）。
   A. 不适合内容较多和可能会有一些较复杂或不能公开回答的问题的调查
   B. 调查的精确度可能很低
   C. 拒访率较高
   D. 问卷长度不能超过 15 分钟
6. 邮寄调查的优点是（   ）。
   A. 费用较低   B. 调查者的影响较小
   C. 调查区域广泛   D. 应答更确切
7. 怎样才能做到降低拒访率？（   ）
   A. 调查者要衣装得体、精神饱满
   B. 调查者要言语诚恳、胆大心细
   C. 调查者要证件齐全
   D. 调查者要依据被调查者的心理活动过程进行访谈
8. 网络调查方法除网上问卷调查之外，还有（   ）。
   A. 网上讨论法   B. 网上实验法
   C. 网上观察法   D. 网页站点法
9. 观察调查根据不同的标准可分为（   ）。
   A. 结构式观察和非结构式观察   B. 公开观察与非公开观察法
   C. "神秘顾客"   D. 人员观察与机器观察

（二）判断题（正确的打"√"，错误的打"×"）
1. 实地调查是收集二手资料的方法之一。   （   ）
2. "神秘顾客"是非公开观察的一种方法之一。   （   ）
3. 实地调查采用的方法不同，所必需的费用也不同。   （   ）
4. 在面对面访谈调查活动中，调查人员应该灵活变通、因地制宜，以求随时掌控访谈进程，取得较好的调查效果。   （   ）
5. 文案调查可以使调查人员在足不出户的情况下收集相关信息资料。 （   ）

6. 实验调查能够揭示市场变量之间的因果关系,从而采取相应的营销措施,提高决策的科学性。   (   )
7. 定性调查没有科学依据,属于一种猜测与估计。   (   )

(三) 简答题
1. 为什么要进行实地调查?
2. 入户访谈前应该做好哪些准备?
3. 结构式观察和非结构式观察各指什么?二者有哪些区别?
4. 简述拦截访问的程序。
5. 简述实验调查法的原理。
6. 简述网络调查的特点。

三、案例分析

案例 4-1 观察的效力

美国恩维罗塞尔市场调查公司有个叫帕科·昂得希尔的人,是著名的"商业密探"。在进行调查时,他一般会坐在商店的对面,静静地观察来来往往的行人;与此同时,他的同事则在商店里进行调查工作,他们负责观察在货架前徘徊的顾客,主要调查目的是找出商店生意惨淡的原因,了解顾客走进商店以后如何行动,以及为什么许多顾客在对商品进行长时间挑选后还是失望地离开。根据他们的调查,许多商店都在日常经营过程中制定了多项实际的改进措施。

有一家音像商店由于地处学校附近,所以有大量青少年经常光顾。恩维罗塞尔市场调查公司调查后发现,这家商店把磁带放置在较高的货架上,身材矮小的孩子们往往拿不到,从而影响了销售。昂得希尔指出应把商品降低 0.5 米摆放,结果销售量大大增加。

伍尔沃思的公司发现商店的后半部分区域的销售额远远低于其他区域,昂得希尔通过观察现场解开了这个谜:在销售高峰期,顾客排着长长的队伍等待付款,一直延伸到商店的另一端,妨碍了顾客从商店的前面走到后面,针对这一情况,商店专门安排了结账区,结果使商店后半部分区域的销售额迅速增长。

阅读材料,回答以下问题:
1. 音像商店的磁带应该怎样摆放,才能尽可能地"暴露"在各年龄段的消费者面前?
2. 为了缓解人们排队结账而产生的无聊情绪,商店还可以怎样做?

案例 4-2 调查研究铸就肉类王国

19 世纪 50 年代,美国西部出现了"淘金热"。17 岁的菲利普·亚默尔也满载着"黄金梦"离开家乡的农庄,加入到了淘金大军中。当他风餐露宿、日夜兼程地赶到加利福尼亚后,才知道采金太难了。在他之前,加州的荒野上已接纳了成千上万的来自美国各地的人。

骄阳似火,汗水滴在干涸的土地上,不留下一丝痕迹。峡谷里没有风,在干燥、炎热、水源奇缺的环境里苦干,采金人的嘴上都燎起一串串水泡。矿工们边干边愤愤地吼道:"谁要是给我一碗凉水,我就给他 1 块钱!""要是能让我痛饮一顿,我出 2 块钱!"大汗淋漓的采金人太需要水了,可是在黄金的诱惑下,谁也不愿浪费时间去找水。说者无意,听者有心,浑身疲惫的亚默尔不由得心中一动。他想,这么多人在此挖了两个月,仍然一无所获,与其这样漫无目地地挖金子,还不如搞些水来卖,这里人人都要喝水。亚默尔说干就干,他花费了整整两天时间在峡谷里四处走动,找距离工地最近的水源。第四天黄昏,他终于发现了一个野草丛生、密林苍翠的地方。峡谷中到处是干裂的土地，唯有这里的地面是潮湿的。经过仔细勘察，亚默尔在密草深处发现了几眼泉水，清澈的泉水汩汩向外涌出。他欣喜若狂，立即动手，清理泉眼，并将不远处一块凹地中的泥沙挖去，再铺上石块筑成蓄水池。然后，他在泉眼和蓄水池之间挖了一条小水沟，并在沟底铺上一层洁净的细沙。泉水从水沟流出，经过细沙的过滤，源源不断地流进蓄水池。

亚默尔擦去额头的汗珠，摘下随身携带的水壶，灌了一壶泉水，坐在一旁痛饮起来。他的手突然停在半空中，望着手中的水壶，顿觉眼前一亮。"对，就用水壶装水"，他不禁为自己的发现得意洋洋。亚默尔顾不上劳累，立刻到不远的镇上去买水壶。当甘甜的泉水运送到工地上时，口干舌燥的矿工们争先恐后上前抢购。这时，和亚默尔一起采金的矿工挖苦他说："你千辛万苦地跑到这儿，不挖金子却卖水，真是个大傻瓜！"

亚默尔淡淡地一笑，他明白自己在做什么。当许许多多憧憬着发财梦的挖金人一无所获、空手而归时，亚默尔已经赚取了一笔不小的财富。

菲利普·亚默尔带着赚来的 6 000 美元回到了故乡斯达克乔，可待了没多久，他就决心到外面的世界开辟自己的天地。亚默尔再次离开故乡，奔向繁华的密尔沃基城。在那里，有一位他的朋友，开着一间杂货店。亚默尔请教朋友，自己该从何做起。朋友告诉他，做小生意只能糊口，只有做大生意，比如纺织、钢铁等，才能赚钱。亚默尔边听边筹算资金，他一时还不能决定做什么生意。正在这时，陆续进来几个人要买肥皂，亚默尔看在眼里，乘势向朋友打听肥皂的行情。"肥皂的销路怎么样？""每个家庭都离不开它，销路自然不错。不过，肥皂本钱低、周转快，竞争非常激烈。"亚默尔听后，有了主意，他决定就生产肥皂，只要销路好，不愁不赚钱。亚默尔说干就干，找到住处后就立刻报名去学习肥皂制造技术。一切准备就绪后，亚默尔用自己卖水得来的钱建起了一家小型肥皂工厂。在生产过程中，他不断去做市场调查，再经过反复实验，终于制造出一种独特的肥皂，外形美观、气味芬芳，去污效果也非常理想，吸引了大量家庭主妇前来购买。

肥皂事业之后，他最终成美国肉类加工工业的巨子。淘金者的抱怨、消费者的咨询、普通的报纸新闻都成了他事业的契机。

阅读材料，回答以下问题：

1. 菲利普·亚默尔在成就事业的过程中，分别用到了哪些调查方法？
2. 结合菲利普·亚默尔卖水成功的例子，归纳他是怎样通过仔细观察获得自己的发展契机的？哪些是对现象的观察，哪些是对顾客的观察？

同步实训

实训1：文案调查

实训目的：认识文案调查的操作要领以及现实意义。

实训内容：

1. 设定某一调查主题，如2018年中国汽车产销状况、2018年中国对外贸易状况等，围绕这一主题，通过文案调查来收集相关资料。
2. 讨论分析所收集到资料的来源及权威性。

实训组织：学生分小组，讨论资料收集路径与方法，开始收集资料；讨论资料的来源渠道及其权威性；讨论分析文案调查过程中会遇到的问题及如何加以克服，并写出书面的讨论报告。

实训总结：学生小组间交流资料收集结果，教师根据讨论报告、PPT 演示，以及学生讨论分享中的表现，分别对每组进行评价和打分。

▶ 实训 2：定性调查

实训目的：掌握定性调查的科学原理。

实训内容：
1. 围绕市场调查目的，进行资料收集。
2. 尝试运用定性调查方法。

实训组织：结合身边实际，选择某一著名厂家、某一品牌的产品，可以是家电或自己和朋友们使用比较多的手机、手环等熟知的产品，收集这些产品或厂家的广告语，设计出投射技法问题，在学生之间进行模拟调查，然后进行相互评价，揭示不同回答背后隐含的意思。

实训总结：学生小组间交流不同调查结果，教师根据调查问题的设计、回答的情况、对回答问题的分析、PPT 演示，以及学生在讨论分享中的表现，分别对每组进行评价和打分。

▶ 实训 3：观察调查体验

实训目的：掌握观察调查的操作。

实训内容：
1. 尝试运用观察调查法。
2. 运用观察调查解释现实问题。

实训组织：学生分组，自己当一回"用心的顾客"，观察一些小的零售商店、超市，看看能发现什么问题，针对问题提出改进建议，并在一定时间后总结改进的效果。

实训总结：学生小组间讨论调查方案，教师根据讨论结果、PPT 演示，以及学生在讨论分享中的表现，分别对每组进行评价和打分。

学生自我学习总结

通过完成任务 4 的学习，我能够做如下总结：

一、主要知识点

任务 4 中，主要的知识点有：

    1. _____。
    2. _____。

二、主要技能

任务 4 中，主要的技能有：

    1. _____。

2. _____。

三、主要原理
实地调查在市场调查活动中的地位与作用是：
　　1. _____。
　　2. _____。

四、相关知识点
任务4涉及的主要相关知识点有：
　　1. 文案调查与市场调查成本的关系是：_____。
　　2. 定性调查的科学原理有：_____。
　　3. 访问调查解决的特定问题是：_____。

五、学习成果检验
完成任务4学习的成果：
　　1. 完成任务4的意义有：_____。
　　2. 学到的知识有：_____。
　　3. 学到的技能有：_____。
　　4. 你对市场调查方法选择的初步印象是：_____。

任务 5

市场调查抽样设计

学习目标

知识目标

1. 了解抽样调查的含义。
2. 掌握抽样调查的特征。
3. 掌握抽样调查的程序。
4. 了解抽样调查的意义。

能力目标

1. 能选择抽样方式。
2. 能说明抽样误差及其影响。
3. 能结合实际进行简单抽样。

任务描述

在市场调查活动中，受限于财力、人力，不可能对所有被调查对象进行信息采集，调查人员只能从众多被调查对象中选取出部分有代表性的样本，通过对其进行调查，进而推及全体。在这一活动中，应注意抽样活动的精心准备与组织实施。

任务解析

根据市场调查职业工作活动顺序和职业能力分担原则，"市场调查抽样设计"学习活动可以分解为以下子任务：

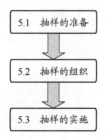

调查故事

20世纪30年代早期，美国有位学者名叫盖洛普，制订了一套抽样方案。他举例说，7 000个白豆子和3 000个黑豆子十分均匀地混在一起，装在一只桶里，当舀出100个豆子时，大约可以拿到70个白豆子和30个黑豆子，而且失误的概率可以用数学方法计算出来。他将这套方法运用于民意测验。1932年，一家广告代理商邀请他去纽约创立一个评估广告效果的调查部门。同年，盖洛普利用他的民意测验法帮助其岳母竞选艾奥瓦州议员。这使他确信他的抽样调查方法不仅在数豆子和报刊读者调查方面有效，而且有助于选举人，前提是了解抽样范围具有广泛性：白人、黑人、男性、女性、富有、贫穷、城市、郊区、共和党、民主党。只要有一部分人代表他们所属的总体，他就可以通过采访相对少的一部分人，来预测选举结果或反映公众对其关心问题的态度。盖洛普证实，通过科学抽样，可以准确地估测出总体的指标。同时，这种抽样方法可节省大量资金。

抓一把豆子，估计一下有多少粒

【启示】通过数豆子发明了抽样调查，这就是现代抽样调查方法先驱——盖洛普的经历。今天，抽样调查已经成为一种比较科学的调查方式，发挥着越来越重要的作用。

5.1 抽样的准备

一家玻璃制品企业为了检验最新一批产品的抗震性，总会从中选取几只，然后打碎，来推断出这批产品的整体质量水平，而非全部打碎用以进行验证。这就是生活中最常见的抽样调查。那么，什么是抽样，抽样又该如何组织实施呢？

如前所述，根据调查对象的涵盖面大小，市场调查可分为全面调查和非全面调查。全面调查指的是通过对总体中的每个个体信息进行调查，并汇总得到其特征的一种调查方式，具体形式主要是普查，如我国以2010年11月1日零时为标准时进行的全国第六次人口普查。非全面调查是指按照一定的方式，从总体中抽选出一部分个体作为样本进行调查，并据此推断总体特征和趋势的调查活动，具体的形式就是抽样调查。

5.1.1 抽样调查认知

作为一种非全面调查，抽样调查是从全部调查研究对象中，抽选一部分单位进行调查，并据此对全部调查研究对象做出估计和推断的一种调查方法。其目的在于取得反映总体情况的信息资料，因而也可起到全面调查的作用。

1. 抽样调查的含义

作为目前国际通行的一种比较科学的现代调查方式，抽样调查的理论基础是概率论。在实践中，设计科学、合理的抽样调查也具有其他调查方法无法比拟的优点。

> **重要概念 5-1　抽样调查**
>
> 抽样调查也称为抽查，是指从所要调查的总体中挑选出一部分个体作为样本，对样本进行调查，并根据抽样所得到的结果推断总体的一种专门性的调查活动。抽样调查的使用范围非常广泛，且作用很大。

从广义上看，抽样调查是一种专门组织的非全面调查，包括随机抽样与非随机抽样；从狭义上看，抽样调查就是指随机抽样。日常生活中所说的抽样调查大多是指随机抽样调查。

2．抽样调查的特点

与普查相比，抽样调查具有以下优点：

（1）费用低，易广泛应用　样本容量只是总体中的一小部分，确定合理的样本容量既可以把调查对象降低到较小的程度，又能保证调查的有效性，减少调查工作量，降低费用开支。同时，由于抽样调查只需要较少的人力、财力和物力，企业易于承担且容易组织和实施。

（2）质量可控，可信度高　由于抽样调查是建立在科学的数理统计分析基础之上的，因此，只要能够按照科学合理的程序进行抽样，就可以排除个人主观因素的影响，保证样本的代表性，将误差控制在一定的范围内，确保获取信息资料的可靠性和准确性。同时，由于调查样本的数量较少，可以最大限度地减少工作性误差，从而提高调查的质量。

（3）时间短，收效快　对市场营销预测和决策来说，要求在较短的时间内得到相关信息，就特别适合用抽样方式来调查部分总体，从而使企业迅速适应市场的变化。

当然，抽样调查也有缺点，如抽样技术方案设计比较复杂，对于设计人员的要求较高。如果抽样方案设计存在比较严重的缺陷，就会导致整个调查工作的失败。

> **课堂讨论**　为什么说抽样调查是一种较为科学的调查方式？

5.1.2　抽样术语认知

为了进一步理解抽样的含义，我们首先应该了解以下基本术语：

1．总体和抽样总体

总体又称全及总体、母体，是指所要调查对象的全体，有有限和无限之分。有限总体的数量可以确定，无限总体的具体数量则无法确定。抽样总体又称为样本量或样本，是指从总体中抽取出来的要直接观察的全部单位。每一个被抽到的个体或单位就是一个样本。

▶ **例 5-1**　某高职院校想要了解全校大学生平板电脑的使用情况，可以按照抽样理论从全体学生中抽取部分学生进行分析。其中，全校大学生就是总体，抽取出来的部分学生就是抽样总体。

2．样本容量与样本个数

样本容量又称"样本数"，是指一个样本的必要抽样单位数目。必要的样本单位数目是保证抽样误差不超过某一给定范围的重要因素之一。样本个数是指从一个总体中可能抽取的样本数目。当样本容量一定时，样本的可能数目便由抽样方法决定。

3．抽样框

抽样框就是所有总体单位的集合，是总体的数据目录或全部总体单位的名单，是抽样调查中的基础工作。抽样框往往只是我们脑海中的理想情况，多数情况下，这种理想状况是不存在的，调查者只能寻找一些事物来代替，如现成的电话簿、企业名录、企事业单位员工名单、工商局企业数据库、行业年鉴等。

在可供选择的抽样框中，一个尽可能与理想的完整抽样框相近的抽样框，应具备以下几个条件：①包含尽可能多的样本单位，而且总体是清晰的、易确定的；②所有样本单位出现在这一集合中的概率相等，即在这一抽样框中每个样本单位出现的机会相同。当以上条件难以在现实中得到满足时，可以按照一定的原则和方法进行人为的假定。

4．抽样单元

为了方便抽样，人们常常将总体划分成互不重叠且又有限的若干部分，每个部分称为一个抽样单元。

▶ 例 5-2　某高职院校在为了解学生信用卡的使用情况进行抽样时，可以先按照年级划分全校学生，作为一级抽样单元；再按照学院（系部）划分出二级抽样单元；然后再按照专业进一步细分为三级抽样单元。

5．重复抽样与不重复抽样

按抽取样本的方式不同，抽样可以分为重复抽样和不重复抽样。

重复抽样又称"放回抽样"，是指每次从总体中抽取的样本单位，经检验之后又重新放回总体，参加下次抽样，这种抽样的特点是总体中每个样本单位被抽中的概率是相等的。

不重复抽样也叫作"不放回抽样""不重置抽样"，是指从全及总体中抽取第一个样本单位，记录该单位有关标志表现后，这个样本单位不再放回全及总体中参加下一次抽选的方法。

可见，不重复抽样时，总体单位数在抽选过程中是在逐渐减少的，各单位被抽中的可能性前后不断变化，而且各单位没有被重复抽中的可能。

5.1.3　抽样误差的确定

抽样调查的基本原理就是用少量样本去推断总体，而在这一过程中，抽样误差是衡量抽样调查准确性的一个重要指标，抽样误差越大，表明抽样总体对全及总体的代表性越小，抽样检查的结果越不可靠；反之，抽样误差越小，说明抽样总体对全及总体的代表性越大，抽样检查的结果越准确可靠。

1．抽样误差的含义

要了解抽样误差的含义，我们应该首先认识市场调查活动中引发抽样误差的其他一些概念或术语，并理解它们之间的关系。

（1）统计误差　统计误差是指调查结果所得的统计数字与调查总体实际数量之间的离差。例如，对某市的工业增加值进行调查的结果为 84 亿元，而该市工业增加值实际为 83 亿元，那么，统计调查误差就是 1 亿元。

（2）登记性误差与代表性误差　根据产生原因的不同，统计调查误差可分为登记性误差和代表性误差。登记性误差是由于主观原因引起的登记、汇总或计算等方面的错误而发生的误差，不管是全面调查还是非全面调查，都会产生登记性误差。代表性误差只有非全面调查中才有,全面调查中不存在这类误差。非全面调查由于只对调查现象总体的一部分单位进行观察,并用这部分单位算出的指标来估计总体的指标,而这部分单位不能完全反映总体的性质,它与总体的实际指标会有一定差别,这就发生了误差。

(3)偏差与随机误差 代表性误差又可以分为偏差和随机误差。偏差是指抽样过程中违反随机原则或抽样方式不恰当而产生的误差。随机误差是指抽样过程中由于按照随机原则从总体中抽取部分单位作为样本,这一活动本身就具有一定的随机性与偶然性,因此样本和总体在结构上就不可能一致,据此计算的样本指标数值与总体指标数值之间存在误差。

(4)实际误差与抽样平均误差 随机误差又可分为实际误差和抽样平均误差。实际误差是指某一次抽样结果所得的样本指标数值与总体指标数值之间的差别,一般无法获知。抽样平均误差是指一系列抽样可能结果的样本指标的标准差,即我们通常所说的抽样误差,它反映了样本统计量与相应总体参数的平均误差程度,也表示用样本统计量推断总体的精准程度。

(5)抽样误差 抽样误差是指因抽样的随机性而引发的样本指标与全及总体指标之间的平均误差。

2.抽样误差的影响因素

(1)被调查总体各单位标志值的差异程度 被调查总体各单位标志值的差异程度越大,即总体的方差和均方差越大,抽样误差也就越大,反之抽样误差越小。如果被调查总体各单位标志值之间没有差异,抽样指标和总体指标相等,抽样误差也就不存在了。

(2)抽取的调查个体数目 在其他条件不变的情况下,抽样单位数越多,抽样误差就越小,反之抽样误差就越大。当抽样单位数大到与总体单位数相同时,也就相当于全面调查,抽样误差也就不存在了。

(3)抽样调查的组织方式 抽样误差也受到抽样调查组织方式的影响。通常,按照系统抽样和分层抽样方式组织抽样调查,由于经过排队或分类可以缩小差异程度,因而在抽取相同数目样本的情况下,其抽样误差要比用简单随机抽样方式小。

案例 5-1　样本设计带来的误差

1936年,美国正从大萧条(The Great Depression)中复苏,但全国仍有900万人失业。当年的美国总统大选,罗斯福作为民主党总统候选人与共和党候选人兰登进行角逐,《文学摘要》(Literary Digest)杂志对结果进行了调查预测。杂志社的工作人员根据当时的电话号码簿及该杂志订户俱乐部会员名单,邮寄1000万份问卷调查表,回收约240万份。

工作人员获得了大量的样本,对此进行了精确的计算。根据数据的整理分析结果,他们断言:在总统选举中,兰登将以370:161的优势,即以57%:43%,击败罗斯福。与之相反,乔治·盖洛普对《文学摘要》调查结果的可信度提出质疑,他也组织了抽样调查,进行民意测验。他的预测结果与《文学摘要》截然相反,认为罗斯福必胜无疑。结果,罗斯福以62%:38%的优势,压倒性地大胜兰登。这一结果使得《文学摘要》销声匿迹,而盖洛普则名声大噪。

1936年,能装电话或订阅《文学摘要》杂志的人,在经济上都相对富裕,而《文学摘要》杂志忽略了许多没有电话及不属于任何俱乐部的低收入人群。因为当时政治与经济分歧严重，收入不太高的大多数选民支持罗斯福，占投票总数比例较小的富人则倾向于支持兰登，所以选举结果导致《文学摘要》一蹶不振。

【启示】《文学文摘》的教训告诉我们，抽样调查时既要关注样本的多少，又要关注样本的代表性。

课堂自我测评

测评要素	表现要求	已达要求	未达要求
知识目标	能掌握抽样调查术语的含义		
技能目标	能初步认识抽样的原理		
课程内容整体把握	能概述并认识抽样准备工作		
与职业实践的联系	能描述抽样调查的实践意义		
其他	能联系其他课程、职业活动等		

5.2 抽样的组织

由于多种原因，抽样工作人员往往会带来抽样误差。与此同时，不同的抽样组织形式所导致的抽样误差的大小也是不同的。那么，抽样工作应该怎样组织？具体需要做些什么呢？

5.2.1 抽样误差的控制

抽样误差尽管是客观存在的，却是可以控制的，而且也必须要控制在一定范围内。为了减小误差，可以从以下几个方面着手：

1．精心选择抽样组织形式

为了减小抽样误差，在抽样之前，可以采用分类或排队的抽样组织形式，来对误差加以控制。在概率抽样时，根据调查经验，按有关标志排队的等距抽样方式的误差最小，其次是类型抽样（也称分层抽样）的误差，再次是按无关标志排队的等距抽样的误差，然后是简单随机抽样的误差，整群抽样的抽样误差最大。

> **重要概念 5-2　概率抽样**
>
> 概率抽样也称随机抽样，是指随机从总体中抽取一定数量的单位作为样本来进行调查分析。在这种方式下，每个单位都具有同等被选为样本的可能性和机会。

2．合理确定样本数量

通常情况下，样本数量与抽样误差之间是一种反方向变动关系，即样本数目越多，抽样误差越小，反之亦然。因此，确定样本数目时，应该在调查经济性的前提下，尽可能地使样本数目多一些。

3．保证人员的专业性

为了保证抽样调查的质量，减少误差，一般应由专门的市场调查人员负责抽样工作，并严格按照规范操作，尽可能地减少由于抽样系统本身引起的误差和人员因素造成的误差。

5.2.2 抽样操作的程序

市场调查抽样，特别是随机抽样，有比较严格的程序，只有按一定程序进行调查，才能保证调查顺利完成，取得应有的效果。通常，抽样调查程序（如图5-1所示）包括以下环节：

图5-1 抽样调查程序

1. 界定调查总体及样本单位

为了满足调研目的，应该详细说明和描述提供信息或与所需信息有关的个体或实体所具有的特征，确定调查范围及总体单位。

调查总体是指市场调查对象的全体，它可以是一群人、一个企业、一个组织、一种情形或一项活动等。调查总体界定不准确，轻则使调研无效，重则误导调研。调查总体的界定就是确定在实施抽样时哪些对象应包括在内，哪些对象不应包括在内。调查总体应根据个体、抽样单位、范围和时间来界定。

样本单位是对总体划分成的互不相交的各个部分，也就是说，总体中的每一个个体应该属于而且只属于一个单位。样本单位是抽样的基本单位，有时是个人，有时为家庭或公司等。假设某公司想了解其目标消费者群"25周岁以下的青年人"对某新型移动电话的评价，一种选择是直接对25周岁以下的青年进行抽样调研，此时样本单位与个体相同；另一种选择是对所有包含25周岁以下青年的家庭进行抽样，然后再访问18周岁以下的青年人，这里的样本单位是家庭，范围指的是地理界限。

> **拓展阅读5-1 调查总体描述**
>
> 调查总体通常可以从以下几个方面进行描述：
>
> （1）地域特征 这是指总体单位活动的范围或区域，可能是一个城镇、一个城市、一个国家或是许多国家。有时指的是总体单位的户籍所在地或长期居住地，如向山西人推介北京的房地产项目前进行的市场调查，山西即为此次调查活动的地理区域。
>
> （2）人口统计学特征 考虑到调查目标和企业产品的目标市场，我们要着重考虑人口统计学变量方面具有某些特征的总体单位。例如，在调查卷烟市场时，被访者主要为男性，而其中18岁以上、50岁以下被调查者的意见是最关键的，其他年龄段的受访者的意见相对意义不大。
>
> （3）产品或服务使用情况 同质产品的共同特征通常根据产品或服务的需求情况来定义。例如，调查本企业产品的满意程度时，被调查者应该是其产品的使用者，甚至还要根据其使用本产品的频率和次数的描述来判断和确定。
>
> （4）对产品或服务的认知度 企业在传递其产品信息时，所采取的方式有很多种，而企业总是想了解每一种信息传递方式的效果如何、消费者对产品的理解状况等。

2. 确定抽样框

如前所述，理想状态下的完整抽样框是很难获得的，往往需要其他的事物来代替，如果无可替代物，可由调查员自行编制。

需要注意的是，在这些可选择的替代物中，有的可能包括了部分非总体单位，调查人员仍然可以使用它，但是要注意应对样本按照确定的总体单位特征进行过滤。

抽样框的作用是准确、方便地抽样。通常，总体和抽样框之间不一定完全一致，某些情况下，这种不一致性可以忽略不计，但在大多数情况下，调研人员必须处理抽样框误差。这里介绍两种处理方法：

（1）根据抽样框重新界定总体　如果抽样框是电话簿，则家庭成员总体可以被重新界定为在指定区域内被正确地列入电话簿中的那部分家庭的成员。

（2）筛选个体　在数据收集阶段，通过筛选被调查对象来解释说明抽样框误差。可以依据人口统计特征、产品的使用习惯特征等筛选回答者，该做法的目的是剔除抽样框中不适当的个体。

3．选择抽样方法

抽样方法的选择取决于调查研究的目的、调查问题的性质，以及调研经费和允许花费的时间等客观条件。调研人员应该掌握各种类型和各种具体的抽样方法，只有这样才能在各种环境特征和具体条件下及时选择最为合适的抽样方法，以确定每一个具体的调查对象。

有多种抽样方法可供选择，可以在放回抽样和不放回抽样中选择，也可以在随机抽样和非随机抽样中选择。放回抽样是一种完全重复抽样的方法，在放回抽样中，工作人员先将一个个体从抽样框中抽出，并记录有关的数据，然后再将该个体放回抽样框。这种抽样方法不能避免某一个体被多次抽中的情况。在不放回抽样中，一旦一个个体被抽中，它就将从抽样框中永久地消失。抽样技术从大的范围可分为随机抽样和非随机抽样。

随机抽样的抽样单位是按照已知概率随机抽取的，所以可以应用统计方法来估计抽样误差。当抽样资料的有效性需要用统计方法去验证时，应尽量使用随机抽样方法。经常采用的随机抽样方法包括简单随机抽样、系统抽样、分层抽样和整群抽样等。

非随机抽样依据的是调研人员的主观判断，即由调研人员确定哪些个体应包括在样本中。非随机抽样有时可以对总体特征做出较好的估计。但是，由于每一个个体被抽中的概率未知，所以不能估计抽样误差。经常采用的非随机抽样方法包括方便抽样、判断抽样、配额抽样和滚雪球抽样。

4．确定样本容量

对于一个特定的抽样调查，当样本容量达到一定数量后，即使再有增加，对提高调查的统计准确度也起不了多大的作用，而现场调研的费用却成倍地增加。因此，在选择好抽样方法以后，就要确定合适的样本容量。对于随机抽样，我们需要在允许误差的目标水平（抽样结果与总体指标的差异绝对值）、置信水平（置信区间的概率值，置信区间是样本结果加减允许误差形成的一个能涵盖总体真实值的范围）和研究对象数量特征波动水平下计算样本容量。而对于非随机抽样，通常只依靠预算、抽样原则、样本的大致构成等来主观地决定样本容量。总之，样本容量确定的原则是控制在必要的最低限度，但要能够尽可能准确和有效地推断总体特征，获得调研信息。

样本容量的确定较复杂，要从定性、定量的双重角度考虑。一般来说，决策越重要，所需要的信息量就越大，信息的质量要求也应更高，此时就需要较大的样本容量。但是，样本容量越大，单位信息的获取成本就越大。此外，调研的性质对样本容量的确定也有影响。探索性调研所需样本容量较小，而描述性调研则需要较大的样本容量。同样，当变量较多时，或需要对数据详细分析时，也需要较大的样本容量。

> **课堂讨论** 确定样本容量应该考虑哪些因素？

5. 制定抽取样本的操作程序

为保证抽样资料的可靠性，必须在具体操作过程中对调查者的行为进行规范，所以只有制定一个明确的操作程序，才能保证抽样调查结果的可信度。对于随机抽样，这一程序显得尤为重要。

在实施抽样计划前，应先对其进行充分的研究。在调查现场，要完全熟悉抽样背景、抽样区域，然后再进行抽样。遇到特殊情况拿不定主意时，要多问，还要把取样的详细情况清楚地记录下来，以保证调查实施时有据可查。

案例 5-2　调查方式取胜

英国一家房产代理商为了了解顾客心理，决定发布公告，通过招投标的形式聘请一家市场调查公司来为其进行顾客心理调查。

AB 调查公司通过竞标击败了其他调查公司，并最终获得了这份合同。它所出的标价大约只有竞标最低标价的 50%左右。AB 公司敢这样做的主要原因在于其所选择的抽样方法。在调查项目建议书中，AB 公司说明自己可以雇用大学生来收集调研数据，并称将在全英国范围内随机选择20所大学，然后与每一所学校的商业或管理系的系主任进行联系，并要求每位主任提供有兴趣做调研同时还愿意打工赚钱的 10 名学生的名单，然后该公司的高级顾问再与每一名学生进行接触，确定调查事宜。

很显然，这家调研公司的报价和做法赢得了企业的信任。

【启示】抽样方法的合理性和科学性可以保证调查结论的科学性。在校大学生是一个相对较负责任的市场信息收集群体，且所要报酬也较低。

课堂自我测评

测评要素	表现要求	已达要求	未达要求
知识目标	能掌握抽样调查的程序		
技能目标	能初步认识抽样误差控制的方法		
课程内容整体把握	能概述并认识抽样组织工作		
与职业实践的联系	能描述抽样误差控制的实践意义		
其他	能联系其他课程、职业活动等		

5.3 抽样的实施

如前所述，抽样活动中，不同抽样方式的选用关系到所抽取样本的代表性，进而影响到整个调查做出结论的准确性。那么，抽样调查中，抽样方式有哪些？具体怎样去做呢？

从大的角度分，抽样实施方式可以分为随机抽样与非随机抽样两大类，每一类又可以进一步细分为若干具体的调查方式，如图 5-2 所示。

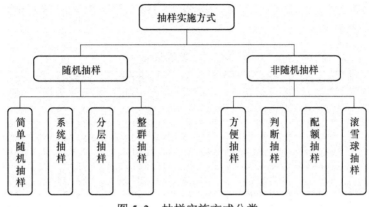

图 5-2　抽样实施方式分类

5.3.1　随机抽样

随机抽样也称概率抽样，是指按照随机的原则，即保证总体中每个单位都有同等机会被抽中的抽取样本的方法。这种方法的最大优点是，在根据样本资料推论总体时，可用概率的方式客观地测量推论值的可靠程度，从而使这种推论建立在科学的基础上。因此，随机抽样在社会调查和社会研究中应用较广泛。常用的随机抽样方法包括简单随机抽样、系统抽样、分层抽样和整群抽样等。

1．简单随机抽样

简单随机抽样也称为单纯随机抽样，是指从总体的 N 个单位中任意抽取 n 个单位作为样本，使每个可能的样本被抽中的概率相等的一种抽样方式。简单随机样本是从总体中逐个抽取的，是一种不放回抽样。其概率公式为

$$抽样概率 = \frac{样本单位数（n）}{总体单位数（N）}$$

简单随机抽样是抽样技术中最简单也是最完全的随机抽样，这种方法一般应用于调查总体中各个体之间差异程度较小的情况，或者调查总体数量不太多的情形。如果市场调查的范围较大，总体内部各个体之间的差异程度较大，就要与其他概率抽样技术结合使用。

常用的简单随机抽样方法主要有直接抽取法、抽签法、随机数表法。

（1）直接抽取法　直接抽取法，即从总体中直接随机抽取样本，如从货架商品中随机抽取若干商品进行检验，从农贸市场摊位中随意选择若干摊位进行调查或访问等。

（2）抽签法　先将调查总体的每个个体编上号码，然后将号码写在卡片上混合均匀，任意从中选取，抽到一个号码，就对上一个个体，直到抽足预先规定的样本数目为止。此方法适用于调查总体中的个体数目较少的情况，如从全班学生中抽取样本时，可以利用学生的学号、座位号等。

（3）随机数表法　随机数表法也称为乱数表法，是指含有一系列级别的随机数字的表

格,一般利用特制的摇码设备摇出随机数字,也可以用电子设备自动产生随机数字。随机数表是这样形成的:对 0 到 9 这 10 个数字进行重复抽样,记录每一次的结果,进行成千上万次后,就形成了一个庞大的数表。数表中数字的排列是随机的,毫无规律可言,因而也称为乱数表,见表 5-1。

表 5-1 随机数表

行数	第1列	第2列	第3列	第4列	第5列	第6列	第7列	第8列
1	39657	64545	19906	96461	20263	63162	58249	71493
2	73712	37090	65967	01211	31563	41919	47837	55133
3	72204	73384	51674	79719	98400	71766	23050	95180
4	75172	56917	17952	17858	24334	57748	69818	40929
5	37487	98874	63520	63430	01316	01027	35077	97153
6	02890	81694	85538	32995	56270	92443	21785	50982
7	87181	57007	37794	91238	48139	35596	41924	57151
8	98837	17015	89093	95924	00064	14120	14365	92547
9	10085	80704	76621	64868	58761	71486	59531	15221
10	47905	63731	71821	35041	27551	02492	28046	75344
11	93053	10307	34180	45235	74133	93522	68952	39235
12	21891	14799	11209	94518	76519	48486	13799	33755
13	95189	40697	27378	32871	79579	51391	09618	72521
14	97083	15573	10658	19259	77316	19546	20449	03264
15	69268	88613	59717	41732	48387	59329	73373	20405
16	41471	02503	87639	39517	81838	30449	77458	55051
17	91941	46362	08617	45169	92794	38979	29189	45123
18	80065	41847	08528	50840	48403	59422	72657	10886
19	67727	76399	89858	44606	64710	62166	89372	07001
20	59402	41375	42297	22319	06947	61008	81301	53914

▶ **例 5-3 随机数表法操作**:从 300 人中抽取 10 人,用随机数表法,如何抽取?

【分析】总体单位数目为 300,样本单位数目为 10。利用随机数表法进行抽样,其程序如下:

(1) 给总体各单位编号,号码的位数要一致,都是三位,不够位的在前加"0",总体各单位编号是从 001~300。

(2) 以随机数表中第 8 行、第 13 列的数字"0"作为起点,往后取两位数字,构成一个与总体所有单位具有相同位数的号码"093"作为起始号码。

(3) 从起始号码开始,从左到右依次抽取 10 个不重复的位于 001~300 之间的号码,分别是:093、240、006、120、143、254、008、216、115、221。这 10 个号码对应的 10 个人就是抽取的样本。

随机抽样法的优点表现在哪些方面?

2. 系统抽样

系统抽样又称等距抽样法,它根据一定的抽样距离从母体中抽取样本,抽样距离是由母体总数除以样本数而得的。经常作为简单随机抽样的替代方式。

(1) 系统抽样的操作 在系统抽样中,先将总体从 1~N 相继编号,并计算抽样距离 K($K=N/n$,式中 N 为总体单位总数,n 为样本容量)。然后在 1~K 中抽一随机数 k_1,作为样本的第一个单位,接着取 k_1+K、$k_1+2K+\cdots$,直至抽够 n 个单位为止。

▶ **例5-4　系统抽样操作**：母体若为10 000个消费者,抽200人作为样本进行调查,则样本区间为10 000÷200=50,假定从01到50中随机抽出07,则样本单位的号码依次为07、57、107、157……直到抽出200个样本为止。

（2）系统抽样的优缺点　系统抽样最主要的优势就是其经济性,方便简单,省去了一个个抽样的麻烦,适用于大规模调查,还能使样本均匀地分散在调查的总体中,不会集中于某些层次,增加了样本的代表性。最大的缺陷在于总体单位的排列上,一些总体单位数可能包含隐蔽的形态或者是"不合格样本",调查者可能疏忽,把它们抽选为样本。由此可见,只要抽样者对总体结构有一定了解,并充分利用已有信息对总体单位进行排队后再抽样,就可以提高抽样效率。

3. 分层抽样

分层抽样方法是一种优良的随机调查组织形式。它是将总体按其属性不同划分为若干层次（或类型）,然后在各层次（或类型）中随机抽取样本的技术,常见分析标志为年龄、收入、职业等,其实质是科学分组与抽样原理的结合。

分层抽样的方式一般有等比例抽样与非等比例抽样两种。

（1）等比例分层抽样　等比例分层抽样是按各层（或各类型）中的个体数量占总体数量的比例分配各层的样本数量。

▶ **例5-5**　某城区共有居民2万户,按经济收入高低进行分类,其中高收入居民为4 000户,中等收入居民为12 000户,低收入居民有4 000户。要从中抽取400户进行购买力调查,采用等比例分层抽样,如何抽取?

【分析】因为购买力是与家庭的收入水平密切相关的,所以以收入水平作为分层变量是合适的。按此变量将总体分为高收入户、中等收入户和低收入户3层。具体的抽样程序如下:

① 计算各层在总体中的比例。

高收入户：4 000÷20 000=20%

中等收入户：12 000÷20 000=60%

低收入户：4 000÷20 000=20%

② 各层在总体中所占的比例与各层在样本中所占的比例是一样的。因此,计算样本在各层中的具体分布数目。

高收入户：400×20%=80（户）

中等收入户：400×60%=240（户）

低收入户：400×20%=80（户）

③ 在各层中采取等距抽样方法抽取样本单位。

这种方法的优点是简便易行、分配合理、方便计算、误差较小,适用于各类型之间的个体差异不大的分类抽样调查。但如果各类型之间的个体差异过大,则应采用非等比例分层抽样。

（2）非等比例分层抽样　非等比例分层抽样不是按照各层中个体数占总体数的比例分配样本个体,而是根据各层的变异数大小、抽取样本的工作量和费用大小等因素决定各层的样本抽取数。结果表现为,有的层可能多抽些样本个体,有的层可能会少抽些样本个体。此方法能够适用于各类总体的个数相差悬殊的情况。

> **拓展阅读 5-2　分层抽样的应用**
>
> （1）分层抽样的程序　①找出突出的与所调查项目相关的分类特征，如人口统计学特征。②按照所选定的特征，把总体各单位分成两个或两个以上的相互独立的完全的层（组），其中分层所用的标志，一般根据常识来判断。③在每个层中进行简单随机抽样，在同一层的所有个体被抽取的概率要相同。④各层中抽出的子样本共同构成调查样本。
>
> （2）分层抽样的优点　①该方法相对简单，且比随机抽样等其他方法更为精确，能够通过较少的抽样单位调查，得到比较准确的推断，总体越大、越复杂，其相对优越性越大。②分层抽样在对总体进行推断时，还可以对每一层进行推断。
>
> （3）分层抽样的局限　①分层抽样中的分组工作并不容易，尤其是在选择适当的标志方面要有一定的经验，还需收集许多必要的信息，耗时耗力。②分层抽样要求每层的大小都是已知的，当它们不精确时，就需估计，必然会增加抽样设计的复杂性，从而带来新的误差。

4. 整群抽样

整群抽样也称为分群抽样，是指当总体所在基本单位自然组合为或被划分为若干个群后，从中随机抽取部分群并对抽取的群内全部或部分单位进行调查的一种抽样组合方法，如图 5-3 所示。

图 5-3　整群抽样后的各群

（1）整群抽样的操作　在整群抽样中，目标整体被无遗漏且无重复地划分成若干个部分或群，每个群内的个体差异较大，而群体与群体之间的差异性较小。在进行抽样时，不是一个一个地抽取个体，而是一次抽取一个群体或几个群体，对于每个被抽取到的群体，内部所有的个体都包含在样本中。

▶ **例 5-6　分群抽样操作**：某高职院校有学生 2 000 名，计划从中抽 160 名进行调查。这里可将学生宿舍作为抽样单位。假设该校共有学生宿舍 250 个，每个宿舍住 8 个学生。我们可以从 250 个宿舍中随机抽取 20 个，其中男生宿舍 10 个，女生宿舍 10 个；对抽中的每个宿舍的所有学生进行调查，这 20 个宿舍的共 160 名学生就是此次抽样的样本。

（2）整群抽样的优缺点　与以前的抽样方法相比，整群抽样主要是为了便于调查，节省人力、时间和费用，提高抽样的效率。缺点是不同群之间的差异较大，样本分布面不广、样本对总体的代表性相对较差，由此而引起的抽样误差往往大于简单随机抽样。

（3）整群抽样的适用　整群抽样常用于两种情况：①调查人员对总体的组成很不了解。②调查人员为了省时、省钱而把调查局限于某一地理区域内。例如，对北京市区的家庭进行调查，可把北京市按行政区域分为几个群体，如东城区、西城区、朝阳区、海淀区、丰台区、石景山区等；或将各个区进一步按居委会分群，抽取所需样本数进行调查。

整群抽样是假定样本群中单位特征与总体特征一样存在着差异性，其可靠程度主要取决于群与群之间的差异大小，各群之间的差异性越小，抽样调查的结果越精确。所以，当进行较大规模的市场调查时，群体内个体间的差异性越大，而各群之间的差异性越小时，最适合用分群抽样方式。

5.3.2 非随机抽样

在实际市场调查中，出于某种原因，常常要用到非随机抽样。例如，受客观条件的限制，无法进行严格的随机抽样；为了快速得到调查结果；调查对象不确定或其总体规模无法确定；调查人员比较熟悉调查对象，且有较丰富的经验，据此快速推断，做到快、准、省。

常用的非随机抽样方法包括方便抽样、判断抽样、配额抽样、滚雪球抽样。

1. 方便抽样

方便抽样又称为便利抽样、任意抽样或偶遇抽样，是根据调查者方便与否（随意性原则）来抽取样本的一种抽样方法。方便抽样的基本理论依据是：认为被调查总体的每个单位都是相同的，因此把谁选为样本进行调查，其调查结果都是一样的。而事实上，并非所有调查总体中的每一个单位都是一样的，只有在调查总体中各个单位大致相同的情况下，才适宜应用方便抽样法。

方便抽样常用的形式有拦截访问、利用客户名单访问等，被访问者一般与调查者比较接近。

（1）方便抽样的操作　运用方便抽样技术进行抽样，一般由调查人员从工作方便的角度出发，在调研对象范围内随意抽选一定数量的样本进行调查。

1)"街头拦人法"，是在街上或路口任意找某个行人，将他（她）作为被调查者进行调查。例如，在街头向行人询问对市场物价的看法，或请行人填写某种问卷等。

2)"空间抽样法"，是对某一聚集的人群，从空间的不同方向和方位对他们进行抽样调查。例如，在商场内向顾客询问对商场服务质量的意见，在劳务市场调查外来务工人员的打工情况等。

（2）方便抽样的优缺点　方便抽样的优点是对于调查条件要求低、难度小、简便易行；接受访问的成功率较高，容易得到受访者的配合；省时省力，且对访问的进度容易控制。方便抽样的不足之处在于，由于没有概率论作为理论基础，所以无法推断总体，且代表性差、偶然性强。

2. 判断抽样

判断抽样也称为目的抽样，是指主要凭借调查者的主观意愿、经验和知识，从总体中选取具有代表性的个体样本作为调查对象的抽样方法。判断抽样要求调查者对总体的有关特征有相当程度的了解。

判断抽样法广泛应用于商业市场调查中，特别是在样本量小且不易分类时，更具优势。它方便快捷、成本低，只是需要调查者具有一定的知识、经验和判断力，结果的可靠性不易控制。

判断抽样的方法通常有以下两种：

（1）典型调查　选择最能代表普遍情况的调查对象，常以"平均型"和"多数型"为标准。例如，了解一国的民风，应该入乡随俗，和当地的普通人一起生活一段时间。

（2）重点调查　对那些被调查总体内较重要的个体进行抽取调查。例如，调查消费者满意度时，对大客户或贵宾进行调查。

3. 配额抽样

配额抽样也称"定额抽样",是指调查人员将调查总体样本按一定标志分类或分层,确定各类(层)单位的样本数额,在配额内任意抽选样本的抽样方式。

配额抽样和分层随机抽样既有相似之处,又有很大区别。二者的相似之处在于,都是事先对总体中所有单位按其属性、特征进行分类,我们称这些属性、特征为"控制特性",如市场调查中消费者的性别、年龄、收入、职业、文化程度等。然后按各个控制特性,分配样本数额。区别在于,分层抽样是按随机原则在层内抽选样本,而配额抽样则是由调查人员在配额内主观判断选定样本。

按照配额抽样的要求不同,可分为独立控制配额抽样和交叉控制配额抽样两种。

(1) 独立控制配额抽样 根据调查总体的特性不同,对具有某种特性的调查样本分别规定单独分配额。因此,调查员有较大的自由去选择总体中的样本。例如,在购买电视机时,按收入、年龄、性别这三个属性分别规定三者之间的关系。每种属性控制下的配额都不必考虑其他因素的影响,简单易行,调查员选择余地大。但要注意,不要过多地抽取某一种属性的样本。

(2) 交叉控制配额抽样 交叉控制配额抽样是对调查对象的各个特性的样本数额交叉分配,也就是任何一个配额都会受到两个以上的控制属性的影响,从而提高了样本的代表性。

控制配额的目的是以相对较低的成本来获取有代表性的样本,成本低,且调查者可根据每一配额方便地选择个体。其缺点是:选择偏见问题严重,也不能对抽样误差进行估计。

4. 滚雪球抽样

滚雪球抽样又称推荐抽样,是指先随机选择一些被访者并对其实施访问,再请他们提供另外一些属于所研究目标总体的调查对象,根据所形成的线索选择此后的调查对象。

▶ **例5-7 滚雪球抽样**:对劳务市场中的保姆进行调查,但其总体总处于不断流动之中,因此难以建立抽样框,研究者因一开始缺乏总体信息而无法抽样,这时可先通过各种渠道,如街坊邻居或熟人介绍、家政服务公司、街道居委会等,找到几名保姆进行调查,并让她们提供所认识的其他保姆的资料,然后再去调查这些保姆,并请后者也引荐自己所认识的保姆。依此类推,可供调查的对象便越来越多,直到完成所需样本的调查,如图5-4所示。

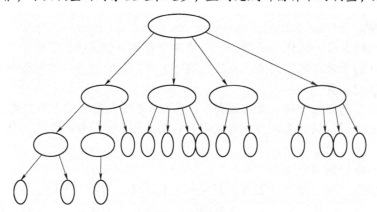

图 5-4 滚雪球抽样

市场调查人员可以先找到一个符合条件的受访者,在对其进行访问后,再请其推荐或介绍其他符合条件的受访者。充分利用同一类人通常有着某种联系这个因素,快速找到足够的样本进行调查。

滚雪球抽样的主要目的是估计在总体中十分稀有的人物特征,其优点是可以大大增加接触总体中所需群体的可能性,便于有针对性地找到被调查者,并且大大降低调查费用,其抽样误差也较低。其局限性主要表现在要求样本单位之间必须有一定的联系,并且愿意保持和提供这种关系,否则将会影响这种调查方法的使用和结果。

课堂自我测评

测评要素	表现要求	已达要求	未达要求
知识目标	能掌握随机抽样与非随机抽样的含义		
技能目标	能初步认识两种抽样方法的运用		
课程内容整体把握	能概述并认识抽样实施工作		
与职业实践的联系	能描述不同抽样方式的实践意义		
其他	能联系其他课程、职业活动等		

小结

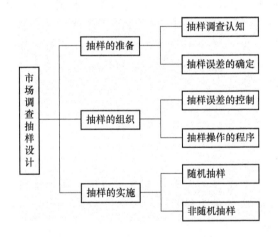

教学做一体化训练

一、解释下列重要概念

抽样调查　　样本容量　　概率抽样　　整群抽样

二、课后自测

(一)选择题

1. 随机抽样调查包括(　　)。
　　A. 简单随机抽样　　　　　　　　　　B. 分层抽样
　　C. 整群抽样　　　　　　　　　　　　D. 系统抽样

2. 非随机抽样调查包括（　　）。
   A. 判断抽样　　　　　　　　　　　B. 方便抽样
   C. 配额抽样　　　　　　　　　　　D. 滚雪球抽样
3. 抽样误差的影响因素有（　　）。
   A. 被调查总体各单位标志值的差异程度　B. 抽取的调查个体数目
   C. 抽样调查的组织方式　　　　　　D. 抽样时间
4. 样本设计误差产生的原因有（　　）。
   A. 抽样框误差　　　　　　　　　　B. 调查对象范围误差
   C. 抽选误差　　　　　　　　　　　D. 回答误差
5. 常用的简单随机抽样方法有（　　）。
   A. 直接抽取法　　　　　　　　　　B. 抽签法
   C. 随机数表法　　　　　　　　　　D. 判断抽样法
6. 分层抽样的方式一般有（　　）。
   A. 等比例抽样　　　　　　　　　　B. 非等比例抽样
   C. 等距抽样　　　　　　　　　　　D. 配额抽样

（二）判断题（正确的打"√"，错误的打"×"）
1. 抽样调查的结果是从抽取样本中获取的信息资料中推断出来的。（　　）
2. 对于那些有必要进行普查的调查项目，运用抽样调查一样可以达到目的。（　　）
3. 样本数量在一般情况下与抽样误差成正比例关系。（　　）
4. 随机抽样调查对总体中每一个个体都给予了平等的抽取机会。（　　）
5. 使用非随机抽样调查的主要不足是可以判断其误差的大小。（　　）
6. 放回抽样是一种完全重复抽样方法。（　　）

（三）简答题
1. 抽样调查可以分为哪些类型？各有哪些特点？
2. 怎样运用简单随机抽样技术进行抽样？
3. 如何运用分层抽样法？
4. 什么是抽样误差？影响误差大小及数量多少的因素有哪些？
5. 抽样调查的实施包括哪些程序？

三、案例分析

案例 5-1　百货店的调研

谢经理开了一家服装商店，他的客户是中等或中等以上收入的群体，商店以经营质量上乘、耐穿的服装著称。该商店同时也出售流行的化妆品。像所有声誉良好的百货店一样，该商店出售各种各样的商品，从瓷器、珠宝到软家具与陈列品等。该商店还一度销售过主要的家用电器，但是由于竞争太激烈，最终决定从该市场撤离出来。

在过去一年里，该商店经历了服装销售的缓慢下滑。管理层感到也许是由于该店所提供的服装不太新潮，或者是电商竞争的结果。于是，该店决定进行市场调查，以确定是否应在男士、女士、儿童服装部多储备一些服装。该商店计划在消费者家中进行调查访谈，调查将持续一个半小时左右。谢经理计划向调查对象展示所能增加的许多潜在产品线，包括服装设计师的服装样板及相关信息。调查成本是管理层关心的问题，因此，管理层特别关注应该进行的调查数量,因为这将显著影响调查的整体成本。

阅读材料,回答以下问题:

1. 谢经理应如何着手进行市场调查?
2. 该公司可以采用哪种抽样方法?

案例5-2 错误的抽样

市场营销老师给学生们布置了一项任务:想出一种新产品的创意,然后对此进行市场调研。学生们可以使用任何一种看起来可行的调研方法,但是在设计他们的一手调研计划之前,希望学生们进行二手调研。大多数学生发现,想出产品创意很有趣,但市场调研却很困难;另外,他们很珍惜把自己的一些想法付诸行动的机会。

共计有42项关于新产品的创意,但是有些想法在技术上不可行,或是不能获利。然而,有些想法却是可行的。无论如何,作业是有关调研的,而不是产品的技术设计,因此产品创意的可行性或其他因素与调研无关。

学生们进行了必要的二手调研,然后自主设计了一手调研计划。大多数学生使用了问卷调查方法,极少数学生使用了深入面谈、观察、实验或其他方法。

在某种程度上,让学生自行想办法的目的是让他们从自己的错误中发现市场调研的陷阱。在大多数情况下,学生竭力想获得相当好的调研结果,但是很明显,他们中的一些人犯了严重的错误。

结果表明,问卷调查是导致更多困难的调研方法之一。除了设计问卷的问题外,大多数学生犯了最基本的抽样错误。以下是一些摘自学生书面报告的实例:

- 我们星期六上午在街头拦截行人,做了一个购物者的随机抽样。
- 为了探明年轻人的观点,我们访问了大学的23名志愿者。
- 我们调查了10名女士和10名男士。喜欢该产品的女士比男士多20%左右,有60岁以上的人喜欢该产品。总计:40%的调查对象喜欢该产品。
- 对100个调查对象进行的电话调研表明,32%的调查对象将会购买屋顶密封帆布。遗憾的是,进一步的调查显示,其中8个人是家中的成年孩子而不是房屋的主人。
- 我们在调查中碰到的主要问题是大多数人太忙,没有时间停下来接受我们的访问,无论如何,我们最终努力完成了70份有效的问卷。
- 在托儿所进行了调研。在母亲接孩子的时候,我们给她们分发了问卷,我们将在第二天进行回收。不幸的是,我们只收回了一半问卷,但这足以使我们得出某些结论。
- 我们的小组由6名男生和2名女生组成,年龄在18～20岁之间。我们向他们展示了产品的模型,并要求他们对模型进行评论。一开始,他们好像说得并不是很多,但得到一些鼓励之后,他们便开始自由地讨论了。
- 当我们向他们展示产品时,他们中的大多数人感到很迷惑。一组有六个家庭主妇,所有的人都来自在早上聚在一起喝咖啡的朋友群体。
- 我们组常常偏离主题。我们有一个具有代表性的样本,其中有3名青少年(1名男生和2名女生)、2名中年人和3名退休的老年人。

虽然学生们(大多数情况下)能弄清楚是哪儿出现了问题,但他们并不能总是知道如何把事情做好。这意味着,老师需要花费大量的时间与他们在一起更正错误的概念,并帮助他们理解在调研中出现的问题。但是尽管如此,所有的参与者,包括老师和学生,仍感觉到这种实习对市场调研提供了有益的指导。

阅读材料，回答以下问题：
1. 你认为这里面的抽样方法存在哪些错误？
2. 你认为学生们应该怎样做？
3. 在以后的调查中如何避免这些抽样误差？

同步实训

➤ 实训 1：抽样准备

实训目的：认识抽样准备工作及相关术语。

实训内容：

1. 设定某一调查主题，如本校或某一班级的智能手机、电脑等电子设备购买使用情况的调查。围绕这一主题，尝试运用抽样调查方式收集相关资料。
2. 讨论、分析，并写出对应的抽样术语。

实训组织：学生分小组讨论抽样方式，并开始进行抽样设计；讨论在这一调查活动中，对应的抽样术语分别指什么；分析抽样设计过程中会遇到的问题，思考如何加以克服，并写出书面的讨论报告。

实训总结：学生小组间交流抽样术语认知结果，教师根据讨论报告、PPT 演示，以及学生在讨论分享中的表现，分别对每组进行评价和打分。

➤ 实训 2：抽样设计

实训目的：认识抽样设计的原理。

实训内容：

1. 自行设定市场调查主题，进行抽样设计。
2. 尝试运用抽样原理。

实训组织：学生分小组，观察班级、学院（系部）的学生手机使用情况，并尝试运用抽样调查中的某一种方式设计抽样方案，并以样本指标推断总体指标，描述学生手机的购买和使用情况。

实训总结：学生小组间交流不同的设计成果，教师根据抽样的设计、对回答问题的分析、PPT 演示，以及学生在讨论分享中的表现，分别对每组进行评价和打分。

➤ 实训 3：抽样方式运用

实训目的：认识不同抽样方式的运用范围。

实训内容：

1. 尝试运用随机抽样与非随机抽样。
2. 分析讨论两种方式的不同之处。

实训组织：学生分小组，观察班级、学院（系部）的学生手机使用情况，并尝试运用随机抽样、非随机抽样方法设计抽样方案。讨论并分析两种抽样方式的不同结果。

实训总结：学生小组间讨论调查方案，教师根据讨论和评价结果、PPT 演示，以及学生在讨论分享中的表现，分别对每组进行评价和打分。

学生自我学习总结

通过完成任务 5 的学习，我能够做如下总结：

一、主要知识点

任务 5 中，主要的知识点有：

1. _____。
2. _____。

二、主要技能

任务 5 中，主要的技能有：

1. _____。
2. _____。

三、主要原理

抽样设计在市场调查活动中的地位与作用是：

1. _____。
2. _____。

四、相关知识点

任务 5 涉及的主要相关知识点有：

1. 抽样调查与市场调查成本的关系是：_____。
2. 抽样调查的科学原理有：_____。
3. 抽样调查解决的特定问题是：_____。

五、学习成果检验

完成任务 5 学习的成果：

1. 完成任务 5 的意义是：_____。
2. 学到的知识有：_____。
3. 学到的技能有：_____。
4. 你对抽样设计的初步印象是_____。

任务 6

市场调查问卷设计

学习目标

知识目标

1. 了解问卷设计的含义。
2. 掌握问卷设计的原则。
3. 掌握问卷设计的程序。
4. 了解问卷设计的意义。

能力目标

1. 能进行问卷问题设计。
2. 能对问卷进行有效编排。
3. 能结合实际对问卷进行评价。

任务描述

在市场调查活动中,问卷几乎成为调查者收集市场信息、进行数据分析处理的基本思路和重要载体。调查人员必须在认知问卷的概念、基本框架、设计技术要求的基础上,根据调查目标和信息特征设计出一份规范而富有创造性的问卷。

任务解析

根据市场调查职业工作活动顺序和职业能力分担原则,"市场调查问卷设计"学习活动可以分解为以下子任务:

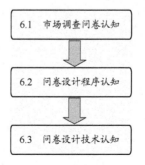

6.1 市场调查问卷认知

6.2 问卷设计程序认知

6.3 问卷设计技术认知

> **调查故事**

我们走在街头,经常会被一些调查人员拦住并问及若干问题,如"你用某某产品吗""某某产品怎么样"等;买了一些书,书后面会附有一些连邮票都事先贴好的"读者调查表"或"读者反馈卡"……这就是我们最常见的问卷调查形式。

有一家肉类经销商拟对肉类销售市场进行调查,在设计好问卷后,派营销调查人员进行了街头拦截调查。一位调查员将调查地点选在了一个商业闹市区,正巧迎面走来了四个人,一个意大利人、一个南非人、一个韩国人和一个墨西哥人。调查人员马上上前问道:"对不起,打扰一下,您对目前肉类供应短缺有什么看法吗?"结果四人的回答让人啼笑皆非。意大利人说:"短缺是什么?"南非人说:"肉指的是什么?"韩国人说:"什么是看法?"墨西哥人说:"什么是打扰了?"这个例子说明了在实施问卷调查时,在问卷的设计、问题的提问等环节必须充分运用一定的技巧。在市场调查活动中,询问调查的每一种方法都用到了问卷,问卷几乎成为调查者收集市场信息、进行数据分析处理的基本途径和重要载体。

【启示】问卷调查是目前国际上进行市场营销管理活动时较常用的一种调查方式,也是近年来我国发展最快、应用最广泛的一种调查方式。有效地设计并实施问卷调查,是获取市场信息的重要手段。

6.1 市场调查问卷认知

问卷调查是目前调查业中广泛采用的调查方式,是调查机构根据调查目的设计各类调查问卷,通过调查员对样本的访问,完成事先设计的调查项目,并经统计分析后得出调查结果的一种方式。那么,什么是调查问卷?问卷调查又是怎么回事呢?

6.1.1 问卷的含义

问卷调查源于中国古代和古埃及以课税和征兵为目的所进行的调查活动。现代意义上的问卷调查始于20世纪30年代美国新闻学博士乔治·盖洛普发起的美国总统选举预测调查。也正是这一事件之后,问卷调查开始迅猛发展,被运用于多个领域。我国自20世纪80年代引入问卷调查,目前已有了长足的发展。

1. 问卷的概念

问卷调查中,调查者依据心理学原理,将精心设计的各种问题全部以询问的形式在问卷中排列出来,许多问题还给出了多种可能的答案,提供给被调查者进行选择。这种方式提高了调查的系统性和准确性。

重要概念 6-1 问卷

问卷是指调查者事先根据调查的目的和要求所设计的,由一系列问题、说明以及备选答案组成的调查项目表格,所以又称调查表。

2．问卷的类型

根据不同的分类标准，市场调查问卷可以分为以下类型：

（1）自填式问卷和访问式问卷　①自填式问卷，是指向被调查者发放，并由被调查者自己填写答案的问卷。这种问卷适合于面谈调查、邮寄调查、网络调查及媒体发放的问卷调查。②访问式问卷，是指向被调查者进行询问，由调查人员根据被调查者的回答代为填写答案的问卷。这种问卷适合于面谈调查、座谈会调查和电话调查。

（2）结构式问卷和开放式问卷　①封闭式问卷，也称结构式问卷，是指问卷中不仅设计了各种问题，还事先设计出了一系列各种可能的答案，让被调查者按要求从中进行选择。这种问卷适合于规模较大、内容较多的市场调查。例如，请选择两者中其一作为回答，如"您家有汽车吗？"回答只能是"有"或"没有"。②开放式问卷，又称为无结构式问卷，是指问卷中只设计了询问的问题，而未设置固定的答案，被调查者可以自由地用自己的语言来回答和解释有关想法。这种问卷适合于小规模的深层访谈调查或试验性调查，如"您为什么喜欢某产品的广告呢"？

> **课堂讨论**　开放式问卷与封闭式问卷有哪些区别？

（3）传统问卷和网络问卷　①传统问卷，是指目前在一些以传统方式（如面访调查、邮寄信函调查、电话调查、媒体刊载问卷及书籍后附问卷）进行的调查中仍在大量使用的纸质问卷。②网络问卷，是指随着计算机和互联网技术的发展而出现的网上调查所采用的无纸化问卷。

拓展阅读 6-1　问卷的作用

问卷的诞生使市场调查获得了质的飞跃，使问题的用语和提问的程序实现了标准化，大大降低了统计处理的难度。具体作用表现如下：

（1）使调查活动简单易行。问卷提供了标准化和统一化的数据收集程序，使问题的用语和提问的程序标准化。每一个访问员询问完全相同的问题，每一个应答者看到或听到相同的文字和问题。只要被调查者有一定的文化水平和语言表达能力，就能完成问卷。由于此种方法简单易行，因此问卷调查的适用面非常宽。

（2）方便调查资料的统计分析。问卷调查的结果统计可以用计算机将每一个被选择的答案进行汇总、归类，这就极大地方便了数据资料的整理和分析。通过提问和回答的方式，问卷将消费者实际的购买行为体现出来，同时也揭示出了消费者的态度、观点、看法等定性的认识，并将其转化为定量的研究，这样就使得调查人员既了解了调查对象的基本状况，又可以对与调查对象有关的各种现象进行相关分析。如果不用问卷，对不同应答者进行比较的有效基础就不存在了，从统计分析的角度看，收集到一大堆混乱的数据也难以处理。所以说，问卷在这里是一种作用非常大的控制工具，它使得数据资料的收集、整理和分析工作变得有章可循。

（3）节约调查时间，提高作业效率。经过调查人员的工作，许多项目被设计成由被调查者以备选答案的形式回答的问题，调查人员对调查问卷只需稍做解释，说明意图，被调查者就可以答卷。而且一般不需要被调查者再对各种问题做文字方面的解答，只需对所选择的答案做上记号或标识即可，因此可以节省大量时间，使调查者能在较短的时间内获取更多有用的信息，而且不需要访问人员做大量记录，在加快调查进度的同时，调查的内容更全面、更准确，更能反映出被调查者的意愿。

6.1.2 问卷的结构与内容

一份完整的市场调查问卷具有特定的结构与内容要求，只有这样，问卷才能在调查实践中发挥出应有的作用。

1．问卷的结构

从结构来讲，问卷主要包括 3 个部分：介绍部分、问卷主体部分和基础数据部分。

（1）介绍部分　这一部分的主要作用是为了使调查活动获得被调查者的认同，被调查者的资格得到确认，调查活动得以有效展开。因而，除了必须具有说服力外，还要提一些识别合格应答者的问题，即设置甄别部分，也称过滤性问题。

> **拓展阅读 6-2　问卷中的甄别部分**
>
> 问卷中的甄别部分也称过滤性问题，是指在对被访者做一项正式完整的问卷调查之前，首先对被访者是否符合自己问卷调查的人群做出一个筛选。它是一个成功的问卷调查中十分重要的一步。如果没有经过甄别而直接开始问卷调查的话，得出的结论很可能就是毫无意义的。

（2）问卷主体部分　问卷主体部分包括了各种问题，这些问题中蕴含着大量用以解决市场营销中存在问题的信息，问题的具体内容应与被调查对象所具备的知识背景相一致，主要目的是为了提高调查结论的有效度。

（3）基础数据部分　基础数据主要是指被调查者的重要信息，主要作用是了解被调查者的人口统计特征以及有关生活方式和心理测量方面的问题，以方便后期分析。

> **课堂讨论**　问卷中为什么要设计过滤性问题？

2．问卷的内容

市场调查问卷通常是由标题、说明词、填表说明、问题与备选答案、被调查者的背景资料、编码、调查作业记录等项内容组成的。

（1）标题　标题是对调查主题的大致说明，和我们写论文一样，标题应该醒目、吸引人。问卷标题就是让被调查者对所要回答的问题先有一个大致的印象，从而唤起被调查者积极参与调查的兴趣。问卷的标题要开门见山，直接点明调查的主题和内容。

▶ **例 6-1　问卷标题的举例**
　A．关于智能手机系统升级需求的调查
　B．麦当劳外卖市场需求状况调查
　C．2018 年中国家电市场消费状况调查

（2）说明词　说明词主要用来说明调查目的、需要了解的问题及调查结果的用途。有些问卷还要有问候语，以引起被访者的重视。同时还要向被调查者介绍调查组织单位，请求被调查者合作，向被调查者表示感谢等。说明词在问卷调查中非常重要，它可以消除被调查者的顾虑，激发他们参与调查的意愿。

▶ **例 6-2　调查问卷的说明词**
　女士/先生：您好！
　我是××的市场调查员，目前，我们正在进行一项有关北京市郊区旅游需求状况的问卷

调查，希望从您这里得到有关消费者对郊区旅游需求方面的市场信息，请您协助我们做好这次调查。本问卷不记名，回答无对错之分，请您如实回答。

下面我们列出一些问题，请在符合您情况的项目旁的"( )"内打"√"。占用了您的宝贵时间，向您致以真挚的谢意！

★操作要点：语气应礼貌、热情、诚恳；简要介绍调查目的、需了解的问题及调查结果的用途；对涉及被调查方的隐私或商业机密做保密承诺，以争取被访者的积极参与。这样才能提高调查的有效性，降低调查成本。

(3) 填表说明 填表说明的目的在于规范和帮助受访者对问卷的回答。填表说明可以集中放在问卷前面，也可以分散到各有关问题之前。尤其对自填式问卷，填表说明一定要详细清楚，而且格式位置要醒目。否则，即使被调查者理解了题意，也可能回答错误，引起数据偏差或误差，比如，可能造成单选题被当作多选题，排序题被当作选择题，该跳答处没有跳答，要求填写的数量单位是"克"却回答成"盒"等。填表说明如果是仅针对问卷中个别的复杂问题，则要紧跟在该问题之后列出；如果是针对问卷中全部的问题和答案，可以单独作为问卷的第三部分，在说明词后列出，如专门用来识别合格应答者的内容，即问卷的甄别部分。

▶ 例6-3 自填式问卷的填表说明
 A. 凡符合您的情况和想法的项目，请在相应的括号中打"√"；凡需要具体说明的项目，请在横线上填写文字。
 B. 每页右边的阿拉伯数字和短横线是计算机汇总资料用的，不必填写。
 C. 请回答所有问题。如有一个问题未按规定回答，整个问卷会作废。

★操作要点：填表说明是为了帮助和规范被调查者对问卷的回答，应该做到格式位置醒目、内容详细清楚，语言表述要求通俗易懂，忌用生僻的、过于专业的词或词句。

▶ 例6-4 在过去6个月内，您是否购买过打印机耗材？
 A. 是   中止访问
 B. 否   继续

(4) 问题与备选答案 问题与备选答案是问卷的主体部分，也是问卷中的核心内容。它主要以提问的方式提供给被调查者，让被调查者进行选择和回答。显然，这部分内容设计得是否合理关系到整个问卷的成败，也关系到调查者能否很好地完成信息资料的收集，以实现调查目标。

问卷中所要调查的问题可分为3类：①事实、行为方面的问题，主要是了解市场中已发生或正在发生的客观现象、人们的行为和结果；②观点、态度和动机等方面的问题，主要是了解被调查者的主观认识、消费偏好等；③未来的可能行为，主要是了解被调查者未来的一种态度，而不是一种准确的行为预测。这3类问题的性质、作用不同，使用的询问方式和询问技术也不一样。

▶ 例6-5 问卷中的问题与备选答案
请在您选中答案的方框内打"√"：
 A. 您通过什么途径知道的这本书？□别人介绍 □书店 □杂志 □网络 □报纸 □培训班 □其他
 B. 您认为这本书的质量怎么样？□好 □中 □差
 C. 您的性别：□男 □女
 D. 您所从事的行业：□制造业 □咨询业 □金融业 □服务业 □机关 □教育

（5）被调查者的背景资料　被调查者的背景资料也称问卷中的基础数据，是指被调查者的一些主要特征。被调查者的有关背景资料也是问卷的重要内容之一，被调查者往往对这部分问题比较敏感，但这些问题与研究目的密切相关、必不可少。例如，在消费者调查中，消费者的性别、年龄、婚姻状况、家庭的类型、人口数、文化程度、职业、经济情况等，单位的性质、规模、行业、所在地等，具体内容要依据研究者先期的分析设计而定。又如，在企业调查中的企业名称、企业类型、所有制性质、商品销售额、利润总额、员工人数情况等。通过这些项目，可以对调查资料进行分组、分类，以方便后期的分析。

▶ 例6-6　调查问卷中所列的背景资料

请填写您所在单位的基本情况：

A. 单位名称：＿＿＿＿＿＿＿＿＿＿

B. 单位规模：□大　□中　□小

C. 所有制类型：＿＿＿＿＿＿＿＿＿＿

D. 通信地址：＿＿＿＿＿＿＿＿＿＿

E. 2019年销售额：＿＿＿＿＿＿＿＿＿＿

F. 2019年利润总额：＿＿＿＿＿＿＿＿＿＿

G. 2019年所得税额：＿＿＿＿＿＿＿＿＿＿

H. 2019年年末员工人数：＿＿＿＿＿＿

（6）编码　编码是指问卷中事先确定了一个数字作为每一个问题及答案的代码。这是为了方便调查后期数据的处理。一般情况下，市场调查问卷都应该编码，以便分类整理，方便计算机处理和统计分析。编码工作一般在问卷设计时完成，即将代表相应变量的阿拉伯数字标在答案的最右边，在调查结束后直接输入计算机。与此同时，问卷本身也需要进行编号，该编号除了表示问卷顺序之外，还应包括与该样本单位有关的抽样信息。

▶ 例6-7　调查问卷中的编码

在目前的市场环境中，贵公司所追求的主要经营目标是什么？

① 完成当年的销售额和利润计划　　　　　　　　（　　）①

② 提升自己的社会责任感，重塑商业伦理　　　　（　　）②

③ 大幅度提高主要产品的市场占有率　　　　　　（　　）③

④ 进一步加快国际化的步伐　　　　　　　　　　（　　）④

（7）调查作业记录　调查作业记录主要包括记录调查人员的姓名、访问日期、访问时间、访问地点等（如果有必要，还可以将被调查者的一系列资料也进行登记，但必须是在征得被调查者同意的情况方可列入），其目的是为了核实调查作业的执行和完成情况，以便对调查人员的工作进行监督和检查。有些重要的调查还需要记录调查过程中有无特殊情况发生，以及被调查者的配合情况等，因为这些情况的发生和处理方式都将影响调查结果。

▶ 例6-8　简要的作业记录

被调查者电话：＿＿＿＿＿＿＿　　调 查 日 期：＿＿＿＿＿＿＿

调查员姓名：＿＿＿＿＿＿＿　　调查结束时间：＿＿＿＿＿＿＿

调查开始时间：＿＿＿＿＿＿＿　　问卷审核日期：＿＿＿＿＿＿＿

课堂自我测评			
测评要素	表现要求	已达要求	未达要求
知识目标	能掌握调查问卷的含义、作用		
技能目标	能初步认识问卷的不同类型		
课程内容整体把握	能概述并认识市场调查问卷的框架、内容		
与职业实践的联系	能描述市场调查问卷的实践意义		
其他	能联系其他课程、职业活动等		

6.2 问卷设计程序认知

一份完整合理的问卷，有赖于设计者的精心构思和辛勤劳动，也有赖于设计者的知识、能力、经验和创造性思维。所以，问卷设计既是一门科学，又是一门艺术。那么，问卷设计程序究竟是怎样的呢？

市场调查问卷设计应遵守一定的设计原则，按照规范的程序和基本格式要求，有序地进行。首先，我们来了解市场调查问卷设计的含义。

> **重要概念 6-2　问卷设计**
>
> 问卷设计是依据市场调查的目标，明确调查所需的信息，设计问题的格式和措辞，并以一定的格式将其有序地排列组合成调查表（问卷）的活动过程。

6.2.1 问卷设计的原则

调查问卷设计的根本目的是设计出符合调研与预测需要并能获取足够、适用和准确信息资料的调查问卷。为实现这一目的，调查问卷设计必须遵循以下原则：

1．目的性原则

问卷设计人员必须了解调研项目的主题，能设计出可从被调查者那里得到最多资料的问题，做到既不遗漏一个问句以致需要的信息资料残缺不全，又不浪费一个问句去取得不需要的信息资料。因此，问卷设计必须从实际出发拟题，问题目的明确、重点突出，没有可有可无的问题。

2．逻辑性原则

一份设计成功的问卷，问题的排列应有一定的逻辑顺序，符合应答者的思维程序。一般是先易后难、先简后繁、先具体后抽象。只有这样才能使调查人员发问顺利、记录方便，并确保所获得的信息资料正确无误。

3．简明性原则

问卷设计用词应该简明扼要、表述准确，使应答者一目了然，并愿意如实回答。问卷中语气要亲切，符合应答者的理解能力和认识能力，避免使用专业术语。对敏感性问题要运用一定的技巧进行调查，使问卷具有合理性和可答性，避免主观性和暗示性，以免答案失真。

4. 非诱导性原则

非诱导性指的是问题要设置在中性位置、不参与提示或主观臆断,完全将被访问者的独立性与客观性摆在问卷操作限制条件的位置上。如果问题设置具有了诱导性和提示性,就会在不自觉中掩盖了事物的真实性。

5. 方便整理分析原则

成功的问卷设计除了应考虑到紧密结合调查主题与方便信息收集外,还要考虑到调查结果是否容易得出和调查结果的说服力,这就需要考虑到问卷在调查后的整理与分析工作。例如,要求调查指标是能够累加和便于累加的、指标的累加与相对数的计算是有意义的、能够通过数据清楚明了地说明所要调查的问题等。

6.2.2 问卷设计的流程

在设计调查问卷的过程中,设计者必须注意各个环节、各个项目及内容的相关性,并依据一定的程序进行,才能保证问卷的科学性和易操作性。调查问卷设计的具体程序可分为准备阶段、主体设计阶段、验证复核阶段等步骤,如图6-1所示。

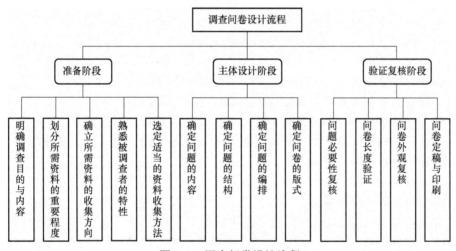

图 6-1 调查问卷设计流程

1. 准备阶段

问卷设计的准备阶段,主要工作包括以下内容:

(1)明确调查目的与内容 在问卷设计之前,调查者必须明确调查课题的范围和项目,并将所需资料全部列出。为此,调查者需首先将所要了解的信息划分类别,列出资料清单,并归纳出具体的调查项目。

(2)划分所需资料的重要程度 设计人员应该划分哪些是主要资料,哪些是次要资料,以确定调查人员分工收集资料时的着力点。

(3)确立所需资料的收集方向 设计人员应该依据调查项目确定资料的收集方向,即解决向谁收集,从哪儿收集的问题。例如,要了解企业的市场营销行为,调查者就需要了解市场调查、市场细分、目标市场选择、市场定位、市场拓展、市场竞争等宏观资料,还应该了解产品、价格、渠道、促销等微观项目资料。依据所列的调查项目，调查者就可以设计出一系列具体的需要被调查者回答的问题，从而获得所需要的信息资料。

（4）熟悉被调查者的特性　在此阶段，调查者还需要区分和了解被调查者的各种特性，如被调查者的社会阶层、收入水平、行为习惯等社会经济特征，文化程度、知识结构、理解能力等文化特征，需求动机、购买心理、消费意向等心理特征，以此作为拟定问卷的出发点和基础。同时应该广泛听取有关人员意见，做到问卷符合客观实际，以满足未来分析的需要。

（5）选定适当的资料收集方法　市场资料可以分为原始资料和二手资料。调查目的不同，需收集的资料也不同，调查者所选择的调查方式和方法也会随之不同。例如，在面谈调查中，由于可以与被调查者面对面地交谈和沟通，故可以询问一些较长和较复杂的问题；在电话调查中，由于时间限制，调查者只能问一些较短和简单的问题；邮寄问卷由于是被调查者自己填写，故询问的问题可以多一些，但要给出详细的填表说明；网络调查收集资料的速度快，且多是匿名访问，故可以询问一些社会热点问题和敏感问题。

2. 主体设计阶段

在确定了调查需要收集的资料和调查方法的基础之上，设计准备工作已经基本就绪。调查者就可以根据收集的资料并遵循设计原则开始设计问卷的初稿，即主要对提问的问题和答案进行设计与编排。

（1）确定问题的内容　在这一阶段，调查者首先应将调查项目细分，即把调查的项目转化成具体的调查细目，并根据调查细目来确定问题的具体内容。例如，如果调查项目是"了解新生对学校的基本印象"，那么可以将学生对学校的印象细化为对学校教学设施设备、公寓服务、餐饮服务、文娱活动设施、整体校园环境等方面的印象。在此基础上，就可以依据不同方面印象的典型特征来确定问卷问题的主要内容。

（2）确定问题的结构　问卷问题的内容决定了所需资料的提问方式，这在一定程度上也决定了问题的结构。问题的结构一般指封闭式问题与开放式问题，大多数问卷以封闭式问题为主，辅以少量开放式问题。

（3）确定问题的编排　设计问卷时，应站在被调查者的角度，顺应被调查者的思维习惯，使问题容易回答。问题编排的一般原则是：①排序应注意逻辑性。问题的编排应该注意尽量符合人们的思维习惯，这样才可能使调查有一个良好的开端。②排序应该先易后难。甄别部分的问题放在最前面，一般性问题、简单易回答的问题紧随其后，逐渐增加问题的难度。③特殊问题置于问卷的最后。许多特殊问题，如收入、婚姻状况、宗教信仰等一般放在问卷的后面，因为这类问题非常容易遭到被调查者的拒答，从而影响回答的连续性。如果将这类问题放在后面，即使这些问题被拒答，前面问题的回答资料仍有分析的价值。并且，此时应答者与访问者之间已经建立了融洽的关系，被调查者的警惕性降低，有助于提高回答率，从而提升获得回答的可能性。

（4）确定问卷的版式　问卷的设计工作基本完成之后，便要着手问卷的排版和布局。问卷排版和布局总的要求是整齐、美观，便于阅读、作答和统计。

> **课堂讨论**　问卷问题编排的主要原则有哪些？

3. 验证复核阶段

一般来说，在问卷的初稿完成后，调查者应该在小范围内进行试验性调查，了解问卷初稿中存在哪些问题,以便对问卷的内容、问题和答案、问题的排列顺序进行检测和修正。

(1) 问题必要性复核　调查人员应该根据调查目标确定问卷中所列的问题是否都是必需的,能否满足管理者决策的信息要求。每个调查目标都应该有相应的提问,不能有遗漏。每一个问题都必须服从一定的目的,比如过滤性、培养兴趣、用于过渡。更多的问题是直接与调查目的有关。如果问题不能达成上述目的中的任何一个,就应当删除。

(2) 问卷长度验证　调查人员应该通过实验来确定问卷的长度。一般情况下,对于拦截调查,问卷的长度应控制在15分钟之内,否则应考虑适当删减;对于电话调查,应控制在20分钟之内;对于入户访问,如果超过45分钟,则应当给应答者提供一些有吸引力的刺激物,如电影票、钢笔、铅笔盒、现金或其他小礼品等。

(3) 问卷外观复核　针对邮寄问卷和留置问卷等自填式问卷,外表要求质量精美;适当的图案或图表会调动被调查者的积极性;正规的格式和装订、高质量的印刷、精心设计的封面等是很有必要的。被访者能感觉到研究者的认真态度,也更愿意予以合作。开放式问题在问卷内部要留出足够的空间,方便提问、回答、编码以及数据处理;文中重要的地方应注意加以强调,以引起被调查者的注意。

(4) 问卷定稿与印刷　对问卷进行了修订以后,就可以定稿并准备印刷了。在问卷定稿阶段,调查者要确定问卷说明词、填表说明、计算机编码等,再一次检查问卷中各项要素是否齐全,内容是否完备。在印刷阶段,调查者要决定问卷外观、纸张质量、页面设置、字体大小等。问卷只有做到印刷精良、外观大方,才能引起被调查者的重视,才能充分实现调查问卷的功能和作用。

课堂自我测评			
测 评 要 素	表 现 要 求	已 达 要 求	未 达 要 求
知识目标	能掌握问卷设计的含义、原则		
技能目标	能初步认识问卷设计的程序		
课程内容整体把握	能概述并认识市场调查问卷设计工作流程		
与职业实践的联系	能描述市场调查问卷设计原则的实践意义		
其他	能联系其他课程、职业活动等		

6.3　问卷设计技术认知

6.3.1　问卷问题的设计

问题是问卷的核心内容,问题设计不仅要考虑调查目的和被调查者的类型,还要考虑访问的环境和问卷长度,最为重要的任务之一是适合于应答者或潜在的应答者。那么,问卷问题有哪些类型?究竟该怎样设计呢?

设计者如果仅从自己设计提问角度来决定问卷形式,忽略被调查者的感受,主观假定被调查者对不同形式问题的反应无显著差异,结果必然导致计量误差。调查问卷中的问题一般涉及以下几种类型：

1. 问题的类型

（1）直接性问题和间接性问题

1）直接性问题是指通过直接的提问立即就能够得到答案的问题。直接性问题通常是一些已经存在的事实或被调查者的一些不很敏感的基本情况。

▶ **例 6-9** 你喜欢在哪些场所购买衬衫？（可多选）

□品牌专卖店　□大型百货商场　□超市品牌专柜　□就近的商店　□大卖场品牌专柜

这种类型的问题应该是事实存在，一般不涉及态度、动机方面的问题，应答者回复时不会感觉到有压力和威胁。

2）间接性问题是指敏感的、会令被调查者感到尴尬、有威胁或有损自我形象的问题。对于此类问题，应答者往往有顾虑，不愿或是不敢真实地表达自己的意见。这类问题一般不宜直接提问，必须采用间接或迂回的询问方式发问，才可能得到答案。

▶ **例 6-10** 你的月收入是：□3 000～4 000 元，□5 000～7 000 元，□7 000～9 000 元。

例如，家庭人均收入、消费支出、婚姻状况、政治信仰等方面的内容，如果不加思考地直接询问，可能会引起被调查者的反感，导致调查过程因不愉快而中断。因此，应该采取间接询问的方式，获得应答者的回复。如例 6-10 中的收入问题，可以请应答者在相应的收入区间进行选择。

（2）开放式问题和封闭式问题

1）开放式问题是指调查者对所提出的问题不列出具体的答案，被调查者可以自由运用自己的语言来回答和解释有关想法的问题。

▶ **例 6-11** 开放式问题

　A. 你认为目前大学生就业难的主要原因有哪些？（自由回答法）
　B. 看到"电视"，你会想起什么食品？（词语联想法）
　C. 请说出你所知道的学生手机品牌？（回忆法）
　D. 你购买智能手机最主要的考虑是什么？（句子完成法）
　E. 看到这幅图片，你最直接的感受是什么？（视觉测试法）

开放式问题的优点：①比较灵活，能调动被调查者的积极性，使其充分、自由地表达意见和发表想法；②对于调查者来说，能收集到原来没有想到的或者容易忽视的资料。同时由于应答者以自己的想法来回答问题，调查者可以从中得到启发，使文案创作更贴近消费者。这种提问方式特别适合于那些答案复杂、数量较多或者各种可能答案尚属未知的情形。

开放式问题的缺点：被调查者的答案可能各不相同，标准化程度较低，资料的整理和加工比较困难，同时还可能会因为回答者表达问题的能力差异而产生调查偏差。

2）封闭式问题是指事先将问题的各种可能答案列出，由被调查者根据自己的意愿选择回答。

▶ **例 6-12** 你购买这款智能手机的主要原因是什么？

　A. 价格便宜　B. 玩游戏不卡　C. 整机性能良好　D. 售后服务好　E. 外观造型别致
　F. 性价比高

封闭式问题的优点：①标准化程度高，回答问题较方便，调查结果易于处理和分析；②可以避免出现无关问题，回答率较高；③可节省调查时间。

封闭式问题的缺点：①被调查者的答案可能不是自己想准确表达的意见和看法；②给出的选项可能对被调查者产生诱导；③被调查者可能猜测答案或随便乱答，使答案难以反映自己的真实情况。

（3）动机性问题和意见性问题

1）动机性问题是指为了了解被调查者的一些具体行为的原因和理由而设计的问题。

▶ **例 6-13** 你为什么购买某一品牌的化妆品？

动机性问题所获得的调查资料对于企业制定市场营销策略非常有用，但是收集难度很大。调查者可以将多种询问方式结合使用，尽最大可能将被调查者的动机揭示出来。

2）意见性问题主要是为了了解被调查者对某些事物的看法、想法或态度，也称态度性问题。

▶ **例 6-14** 你对学校餐厅服务的总体满意程度为：□非常满意 □满意 □一般 □不满意 □非常不满意

意见性问题在营销调查中也经常遇到，它是很多调查者准备收集的关键性资料，因为意见常常影响动机，而动机决定着购买者的行为。

在实际市场调查中，几种类型的问题常常是结合使用的。在同一份问卷中，既会有开放式问题，又会有封闭式问题，甚至同一个问题也可能隶属于多种类型。调查者可根据具体情况选择不同的提问方式，使用不同的询问技巧。

2. 问题设计的用词

不管采用什么样的询问技巧，最终都会归结到问题的措辞上。从语言文字的表述来讲，问题的提出又有以下要求：

（1）清晰、简明扼要 问题设计用词要求简明扼要、直截了当，措辞通俗并为被调查者所熟悉。忌用一些技术性很强的专业术语。

▶ **例 6-15** 你觉得这一品牌的饮料分销充分吗？（差的提问）

【分析提示】分销是市场营销工作中的专门术语，对于一般意义上的消费者来讲，对市场营销工作本身不一定了解，对一些专业词汇可能更加陌生。如果这样设计问题，调查结果显然会出现误差。所以在决定问题措辞时，应避免使用过于专业的一些术语。

▶ **例 6-16** 当你想购买这一品牌的饮料时，你是否容易买到？（好的提问）

【分析提示】剔除专业术语"分销"，将问题设计为消费者购买活动的切身感受，应答者易理解问题的意思，回答的真实性与效率都会有所提高。

（2）意思明确 问题设计要意思明确，避免一般化、笼统化，否则应答者提供的答案资料没有太大的意义。一个表述清楚的问题应尽可能地把人物、事件、时间、地点、原因和方式 6 个方面的信息具体化。

▶ **例 6-17** 某大学在军训结束后对新生进行了入学调研，问卷中有一个问题：你对我们学校印象如何？□好 □不好 □不了解

【分析提示】这样的问题提法过于笼统，意思不很明确，使刚入学的新生不好回答。因为对于新生来讲，学校的第一印象可能来自宿舍条件、就餐环境、社团生活、校园环境等方面。

▶ **例 6-18** 你最常去购物的商店是哪家？（差的提问）

在最近两个月内，你最常去购物的东城区的商店是哪一家？（好的提问）

▶ 例6-19 你通常每周锻炼多少次?(差的提问)
　　　　　你在过去的一周内锻炼了多少次?(好的提问)

(3) 避免诱导性或倾向式问题 诱导性或倾向式问题是指明确暗示出答案或者揭示出调查人员的观点的问题。这样的问题设计会影响应答者最终作答的客观性。

▶ 例6-20 目前,大多数人认为商品房价格偏高,你认为呢?
　　　　　□是 □不是 □不清楚

【分析提示】这是一个诱导性问题,问题中已经包含了建议答案或推荐被调查者在该问题上应该采取的立场。

▶ 例6-21 你对"韩流文化"给我国本土文化发展造成的冲击有什么看法?

【分析提示】这是一个倾向式问题,这种提问已经揭示了调查人员的基本观点,对被调查者的回答有诱导作用。

(4) 不用要求评价或假设性的问题

▶ 例6-22 你每月在饮食方面的消费金额是多少?

【分析提示】这是一个要求总结或评价的问题,作为消费者,一般很难在短时间内精确地统计出自己每月饮食方面的消费金额。

▶ 例6-23 你毕业后是否会马上进入大公司工作?

【分析提示】对于在校生而言,这是一个假设性的问题。被调查者可能会因假设不成立说"不",也可能会因为选择自由职业而说"不"。

6.3.2 问题答案的设计

在问卷调查实践中,无论是哪种问题类型,都要进行答案设计,尤其是封闭性问题,必须进行全面、系统、详尽的设计,才可以将调查内容信息准确地传输给被调查者,使对方能够充分合作,使其不带偏见地去回答有关问题。一般较常用的答案设计方法有以下类型:

1. 二项选择法

二项选择法也称是非法,是指所提出的问题只有两种对立、互斥的答案可供选择,被调查者只能从两个答案中选择一项。

▶ 例6-24 "你已经购买了人身保险吗?"答案只能是"是"或"否"。

【分析提示】这样的答案设计态度明朗,利于选择,可以得到明确的回答,能迫使倾向不定者偏向一方,能够在较短的时间内得到答案,统计处理方便。缺点是不能反映意见的差别程度,调查不够深入,由于取消了中立意见,结果有时不准确。

2. 多项选择法

多向选择法是指所提出的问题有两个以上的答案,让被调查者在其中进行选择。采用多项选择法时,要求答案尽可能包括所有可能的情况,避免应答者放弃回答或随意回答。

▶ 例6-25 你在毕业后选择就业时考虑的主要因素是什么?(应注明可选数量)
A. 工资福利 B. 经济发达城市 C. 有利于自身今后发展 D. 专业对口 E. 才能得以施展 F. 积累社会经验 G. 其他

【分析提示】多项选择法的优点是可以缓和二项选择法强制选择的缺点,应用范围广,能较好地反映被调查者的多种意见及其程度差异,由于限定了答案范围,因此统计比较方便。缺点是回答的问题没有顺序,且答案太多,不便归类,对问卷设计者的要求较高。

3．顺序法

顺序法又称排列法，是指提出的问题有两个以上的答案，由被调查者按重要程度进行顺序排列的一种方法。在实践中，顺序法主要有两种：有限顺序法和无限顺序法。

▶ **例 6-26** 请按重要程度排列出你在购买文具用品时考虑的前三位的影响因素：
A．价格　B．品牌　C．包装　D．使用方便　E．商场促销　F．同学推荐　G．其他

▶ **例 6-27** 请按重要程度排列出你在购买文具用品时考虑的下列全部影响因素：
A．价格　B．品牌　C．包装　D．使用方便　E．商场促销　F．同学推荐　G．其他

【分析提示】顺序法不仅能够反映出被调查者的想法、动机、态度、行为等多个方面的因素，还能比较出各因素的先后顺序，既便于回答，又便于分析。但是在实践应用中应注意：备选答案不宜过多，以免造成排序分散，增加整理分析难度；调查设计要求对备选答案进行排序时再使用。

4．比较法

比较法是指采用对比的方式，由被调查者将备选答案中具有可比性的事物进行比对做出选择的方法。

▶ **例 6-28** 请比较下列每组不同品牌的智能手机，哪种你更喜欢使用？（每组中只选一个）
A．联想　华为　B．小米　华为　C．华为　三星　D．联想　小米　E．小米　三星
F．联想　三星

【分析提示】这种方法采用了一一对比方式，具有一定的强制性，使被调查者易于表达自己的态度。但在实际应用时应注意：比较项目不宜过多，否则会影响被调查者回答的客观性，也不利于统计分析。

6.3.3　态度量表的设计

在市场调查工作中，经常需要对被调查者的态度、意见或感觉等心理活动进行测定和判别，这些工作需要借助各种数量方法进行度量。态度量表就是对定性资料进行量化的一种度量工具。

> **重要概念 6-3　态度量表**
>
> 态度量表是指通过一些事先确定的用语、记号和数目，来测量被调查者的态度、意见或感觉等心理活动程度的度量工具。它可以对被调查者回答的强度进行测量和区分，而且将被调查者的回答转化为数值以后，可以进行编码计算，便于进行深入的统计分析。

1．量表的类型

（1）类别量表　类别量表又称"名称量表""名义量表"，是根据被调查者的性质分类的，用来测量消费者对不同性质问题的分类。

▶ **例 6-29** 您来自我国以下哪一地理区域？
①东部　②中部　③西部

▶ **例 6-30** 您喜欢大学城的新校区吗？
①喜欢　②无所谓　③不喜欢

类别量表中所列答案都是不同性质的，每一类答案只表示分类，不存在比较关系，被调查者只能从中选择一个答案，而不必对每个答案加以比较。表中的数字分配，仅仅用于

识别不同对象或是对这些对象进行分类的标记。

（2）顺序量表　顺序量表又称"位次量表"或"秩序量表"，是比较性量表，是将许多研究对象同时展示给受测者，并要求他们根据某个标准对这些对象排序或分成等级。

▶ **例 6-31**　以下是一些手机品牌名称，请将它们按你所喜好的程度排序。（其中：1 表示你最喜欢，5 表示你最不喜欢）

联想（　）　小米（　）　华为（　）　中兴（　）　金立（　）

在测量过程中，顺序量表根据事物的某一特点，将事物属性分成等级，用数字表示。这种量表不仅能区分不同类别，而且能排出等级或顺序，如胖瘦、大小、高矮、上中下、名次等。

（3）等距量表　等距量表也称"区间量表"，用于测量消费者对于喜欢或不喜欢某种商品次序之间的差异距离。等距量表中相邻数值之间的差距是相等的，1 和 2 之间的差距就等于 2 和 3 之间的差距。有关等距量表最典型的实际例子是温度计。在市场调查活动中，给一个产品外观设计打分，某产品得 9 分与 6 分之间的差距和得 7 分与 4 分之间的差距也是相同的。要注意的是，等距量表不能计算测量度之间的比值，如某同学数学考试的成绩为 0 分，并不能简单地说他没有数学知识。在市场调查活动中，利用评比量表得到的态度数据一般经常作为等距数据来处理。

（4）等比量表　等比量表又称"比率量表"，是既具有类别、等级、等距特征，又具有绝对零点的量表。等比量表具有类别量表、顺序量表、等距量表的一切特性，并有固定的原点，如物理测量中的长度、重量、开氏温度量表（绝对温度量表）等。市场调查活动中，销售额、生产成本、市场份额、消费者数量等变量都要用等比量表来测量。

2．市场调查常用量表

目前，市场调查中常用的量表主要有以下几种：

（1）评比量表　评比量表是比较常用的一种定序量表，调查者在问卷中事先拟定有关问题的答案量表，由应答者自由选择回答。

▶ **例 6-32**　请为大学园区的新校区的整体环境打分：＿＿＿＿。

1 分—很差　2 分—较差　3 分—一般　4 分—较好　5 分—很好

评比量表用不同的数值来代表某种态度，目的是将非数量化的问题加以量化，而不是用抽象的数值随意排列。一般情况下，选项不应超过 5 项，否则普通应答者可能会难以做出选择。评比量表的优点是省时、有趣、用途广，可以用来处理大量变量。

（2）等级量表　等级量表是顺序量表的一种，就是让受访者对评价对象的不同等级予以区分，也就是说，以受访者自己心目中的评价方式给出某种顺序的相对分值。在调查品牌偏好、广告片效果比较、形象和地位评选等方面的问题时，可以使用这种方法。

▶ **例 6-33**　在你的心目中，你认为自己对下列 5 种电视机品牌的喜欢顺序依次为（顺序由 1 标到 5）：

长虹　康佳　海尔　TCL　海信

▶ **例 6-34**　请你从 A、B、C、D 4 幅图片中评选出 1、2、3、4 名，并把序号写在括号里。

图片 A（　）　图片 B（　）　图片 C（　）　图片 D（　）

（3）矩阵量表　矩阵量表也称语义差异量表，是用成对的反义形容词测试被调查者对某一事物的态度。在市场调查中，它主要用于市场比较、个人及群体间差异的比较，以及人们对事物或周围环境的态度的研究。具体做法是在一个矩阵的两端分别填写两个语义相反的术语，中间用数字划分为若干等级，由回答者根据自己的感觉在适当的位置画上记号。

（4）李克特量表　李克特量表是由李克特于 1932 年提出的，也是运用非常广泛的量表。它要求被调查者表明赞成或反对某一表述，回答者将赞成和不赞成分成若干等级，以区分他们的态度。

课堂自我测评

测评要素	表现要求	已达要求	未达要求
知识目标	能掌握调查问卷问题与答案的类型、作用		
技能目标	能初步认识问卷设计的技术要领		
课程内容整体把握	能概述并认识市场调查问卷设计的技术要求		
与职业实践的联系	能描述市场调查问卷设计技术的实践意义		
其他	能联系其他课程、职业活动等		

小结

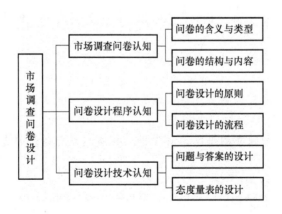

教学做一体化训练

一、解释下列重要概念

问卷　　问卷设计　　量表

二、课后自测

（一）选择题

1. 自填式问卷是指询问被调查者，由被调查者自己填写答案的问卷。这种问卷适合于

（　　）时使用。
A．面谈调查　　　B．邮寄调查　　　C．网络调查　　　D．电话调查
2．问卷中所要调查的问题可分为（　　）。
A．事实、行为方面的问题　　　B．观点、态度等方面的问题
C．未来的可能行为方面的问题　　　D．动机方面的问题
3．在问卷设计实践中，往往要求设计者（　　）。
A．用词必须清楚、简洁　　　B．选择用词应避免对被调查者的诱导
C．应考虑到被调查者回答问题的能力　　　D．应考虑到被调查者回答问题的意愿
E．避免所提出的问题跟答案不一致
4．你认为今后我国住房价格的上涨幅度将：
□加快　　　　□趋缓
这一问题属于（　　）。
A．开放式问题　　　B．多项选择问题
C．二项选择问题　　　D．比较式问题
5．量表可以测试消费者的（　　）。
A．态度　　　B．意见　　　C．感觉　　　D．行为

（二）**判断题**（正确的打"√"，错误的打"×"）
1．问卷中问题与答案的设计应该生动、新颖，以吸引被调查者的注意，有时为了使其配合调查，可以将问句偏离调查目标与内容。（　　）
2．为了保证收集到重要资料，问卷设计一定要面面俱到。时间控制在至少30分钟以上。（　　）
3．问卷中的一些词汇，如"经常""通常"等，已经成为人们有较大共识的词语，可以在设计时大量采用。（　　）
4．在现实生活中，许多人认为年龄、收入、受教育程度等都属于个人隐私，不愿意真实回答，所以在设计问卷时可以省略这些问题，以免影响整个回答的真实性。（　　）
5．对于被调查者不清楚的某些问题，调查人员可以适当加以提示，以引导被调查者完成调查来迅速达到调查目标。（　　）
6．量表可以作为一种独立的手段，对客观、具体的消费者行为进行测试。（　　）

（三）**简答题**
1．简述问卷的基本结构。
2．问卷设计的步骤有哪些？
3．问卷中问题的排序应注意什么？
4．问卷的外观设计有哪些要求？其主要目的是什么？
5．为什么对严格按照程序设计好的问卷还要进行检测与修正？可不可以省略？

三、**案例分析**
读者基本情况调查问卷
我们期待您填写的登记卡，您的回答将严格保密并进入读者数据库。届时，您可在邮购图书时享受到优惠（不但可免邮寄费，更可享受书价九折优惠）。如果您对所购书籍有任何意见，请另附纸张一并寄给我们公司，我们将十分感谢！

请在您选中答案前的方框内打"√",或将您的答案填在横线上。
1. 姓名:_____
2. 性别:□男　□女
3. 年龄:_____岁
4. 您所从事的行业:□制造业　□咨询业　□金融业　□服务业　□商业　□机关　□教育
5. 您的职位:□总经理　□营销总监　□部门经理　□职员　□教师　□公职人员　□学生　□其他
6. 您单位的员工数:□100人以下　□100~500人　□500~1 000人　□1 000~5 000人　□5 000人以上
7. 您的收入:每月_____元人民币
8. 文化程度:□高中　□高职　□本科　□硕士　□博士
9. 通信地址:_____邮政编码:_____
10. E-mail:_____
11. 您所购书的书名是:_____
12. 您每月购书消费:_____元。
13. 您知道这本书是通过:□别人介绍　□书店　□杂志　□网络　□报纸　□培训班　□其他
14. 您认为这本书怎么样? □好　□中　□差
15. 请在以下几个方面予以评价:

	很好	好	一般	不太好	差
(1) 理论、专业水平的角度	5	4	3	2	1
(2) 实用、可操作性的角度	5	4	3	2	1
(3) 内容新颖、创新的角度	5	4	3	2	1
(4) 文笔、案例生动的角度	5	4	3	2	1
(5) 印刷、装帧质量的角度	5	4	3	2	1

以上是我们最常见的问卷,仔细阅读后回答以下问题:
1. 问卷中问题的排序有无不当之处?
2. 问卷中一些问题的措辞有无不当的地方?若有,请问应怎样改正?

同步实训

实训1:问卷内容认知

实训目的:认识市场调查问卷的内容框架。
实训内容:
1. 设定某一调查主题,如本校、本班级同学智能手机、电脑等电子设备购买使用情况的调查。围绕这一主题,尝试规划一份调查问卷。

2. 讨论、分析并搭建调查问卷框架内容。

实训组织：学生分小组讨论框架内容安排，开始进行问卷设计；讨论这一调查问卷中如果有要甄别部分，过滤性问题应该怎样去设计？为什么？

实训总结：学生小组间交流问卷框架内容设计认知结果，教师根据讨论报告、PPT演示，以及学生在讨论分享中的表现，分别对每组进行评价和打分。

↳ 实训2：问卷问题设计

实训目的：认识市场调查问卷问题的设计方法。

实训内容：

1. 设定某一调查主题，如本校、本班级同学智能手机、电脑等电子设备购买使用情况的调查。在搭建起的调查问卷框架内容基础上，进行问卷问题的设计，如开放式问题、封闭式问题、直接性问题、间接性问题。

2. 尝试运用不同类型问题的设计方法。

实训组织：学生分小组，观察班级、学院（系部）同学的手机使用情况，尝试运用不同类型问题的设计思想，设计出一些问题，并说明这样设计的理由。

实训总结：学生小组间交流不同设计成果，教师根据问题的设计、对回答问题的分析、PPT演示，以及学生在讨论分享中的表现，分别对每组进行评价和打分。

↳ 实训3：问卷问题的编排

实训目的：认识问卷问题的编排技巧。

实训内容：

1. 设定某一调查主题，如本校、本班级同学智能手机、电脑等电子设备购买使用情况的调查。结合实训2设计的问题，在明确调查目的、问题编排程序的基础上，对这些设计好的问题进行编排。

2. 分析讨论编排原则的实践意义。

实训组织：学生分小组，尝试对自己小组设计出的问题进行编排。讨论并分析问卷问题编排原则是否得到体现。

实训总结：学生小组间讨论编排结果，教师根据编排、讨论、评价结果，PPT演示，以及学生在讨论分享中的表现，分别对每组进行评价和打分。

学生自我学习总结

通过完成任务6的学习，我能够做如下总结：

一、主要知识点

任务6中，主要的知识点有：

1. _____。
2. _____。

二、主要技能

任务6中，主要的技能有：

1. _____。
2. _____。

三、主要原理
问卷设计在市场调查活动中的地位与作用是：
1. _____。
2. _____。

四、相关知识点
任务 6 涉及的主要相关知识点有：
1. 问卷设计与调查资料收集的关系是：_____。
2. 问卷问题编排的科学原理有：_____。
3. 量表能够解决的特定问题有：_____。

五、学习成果检验
完成任务 6 学习的成果：
1. 完成任务 6 的意义有：_____。
2. 学到的知识有：_____。
3. 学到的技能有：_____。
4. 你对市场调查问卷设计的初步印象是：_____。

任务 7

市场调查活动组织

学习目标

知识目标

1. 了解市场调查实施过程。
2. 掌握实施主管和督导职责。
3. 掌握访问员培训内容与方式。
4. 了解市场调查组织的意义。

能力目标

1. 能进行访问员培训组织。
2. 能对访问过程进行有效控制。
3. 能结合实际对访问技巧进行评价。

任务描述

市场调查活动是一项系统性的工作，实施过程必须精心组织、高效实施，才能取得好的效果。作为调查初学者，必须在认知市场调查过程、岗位职责范围、实施技术要求的基础上，根据调查目标要求，卓有成效地开始市场调查资料的收集工作。

任务解析

根据市场调查职业工作活动顺序和职业能力分担原则，"市场调查活动组织"学习活动可以分解为以下子任务：

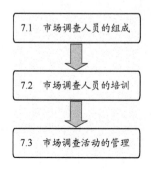

> **调查故事**
>
> 大雁有一种合作的本能,它们在飞行时一般呈V形。这些大雁飞行时会定期变换头雁,因为头雁在前面开路,非常消耗体力。科学家发现,大雁以这种形式飞行,要比单独飞行更省力。
>
> 合作可以产生 1+1>2 的效果。据统计,诺贝尔获奖项目中,因协作获奖的占 2/3 以上。在诺贝尔奖设立的前 25 年,合作奖占 41%,而现在则跃居 80%。
>
> 分工合作已成为一种工作方式并被更多的管理者所提倡,如果我们能把事情变得简单,变得容易,我们做事的效率就会提高。合作是简单化、专业化、标准化的关键,世界正逐步向简单化、专业化、标准化发展,于是合作就理所当然地成了这个时代的产物。
>
> 一个由相互联系、相互制约的若干部分组成的整体,经过优化设计后,其整体功能能够大于部分功能之和,产生 1+1>2 的效果。
>
> 【启示】完整的调查组织应包括调查领导组、调查督导、调查员三层管理结构,三者相互制约,互为监督。而一些企业在组织市场调查工作组时往往只设置调查负责人和调查人员两层结构,缺少对调查工作中监督一环和后期检查的措施,这种组织结构的欠缺往往会造成调查数据造假和调查结果偏差。

7.1 市场调查人员的组成

市场调查的组织需要做好两方面工作:一是做好实地调查的组织领导工作,二是做好实地调查的协调、控制工作。归根结底,还是要做好人的组织工作。那么,市场调查活动中有哪些人员?这些人员该如何组织呢?

7.1.1 建立市场调查领导组

不同的市场调查机构,其组织结构的形式可能不同,但是在接受委托单位的委托,开始按照委托方的要求,认真组织实施各个阶段的调查工作时,为了保证项目实施得顺利,需要在公司内部先建立项目领导小组,主要负责管理控制项目的实施,并及时向委托方反馈调查进程和调查工作的有关信息。

1. 组建市场调查领导组

一些社会市场调查公司内部都会根据专业分工、技术力量分布等情况,分别设置不同的调查业务部门,这些部门的主要职责就是执行市场数据资料的收集与分析工作。一般情况下,根据职责分工,专业调查公司会指派市场调查业务部人员组成项目领导组。

如果受托项目规模较大,涉及多个方面的工作,这时就需要调查公司内部的研究开发部、调查部、统计部、资料室等多个部门指派相关人员,一起组成市场调查项目领导组,以保证调查工作的顺利实施。

项目领导组成立之后,由项目主管负责整个项目管理,包括协调各部门的关系、起草初步计划、制定预算并监督使用情况。如果项目较大,还需根据项目的具体情况,选定多名项目实施主管,分别负责一定(区域或数量)的子项目。

2. 明确项目主管职责

对于一般规模不大的市场调查项目,市场调查项目主管也可能就是项目实施主管,其主要职责有以下几个方面:①深入了解调查研究项目的性质、目的以及具体的实施要求;②负责选择合适的实施公司(如果需要的话)并与之进行联络;③负责制订实施计划和培训计划;④负责挑选实施督导和调查员(如果需要的话);⑤负责培训实施督导和调查员;⑥负责实施过程中的管理和质量控制;⑦负责评价督导和调查员的工作。

7.1.2 选定调查督导人员

市场调查督导人员是指在数据采集过程中,负责对访问人员的工作过程进行检查、审核与验收的监督人员。监督的方式可以是公开的,也可以是隐蔽的。

1. 选出调查督导人员

督导人员实施的督导工作主要包括现场的实施、数据的编辑和编码、数据的分析等,这也是市场调查活动的基础性工作。其工作成效关系到后续调查工作的成效,甚至市场调查结论是否科学与精准。因而,督导人员应该由对工作认真负责、业务技能精湛的市场调查机构或部门人员担当。

2. 明确督导人员职责

(1)公开或隐蔽地对调查人员实行监督。对于训练有素的调查员和动机明确的调查员,在没有任何迹象表明其可能存在欺骗或错误的情况下,公开的监督是没有必要的。隐蔽的监督之所以有必要,是因为如果调查员知道受到(公开的)监督时,其行为表现可能会有所差别。隐蔽的监督可以有两种方式:①在访问的名单中或在访问的现场组织一些调查员不认识的人士,要求这些人士将受访问的情况向督导报告;②在调查员不知道的情况下对访问进行监听或录音。如果在实施的过程中有可能进行隐蔽的监督,那么一定要事先通知调查员,说明可能会有不公开的检查、监督发生。否则,如果过后调查员发现他们受到暗中监督,肯定会产生极大的不满。

(2)现场指导调查人员进行调查。督导又可以分为调查现场督导和调查技术督导。调查实施有一个良好的开端非常重要,而且督导很有必要经常到实施现场去,以确保调查员没有变得松懈,没有养成什么坏习惯,也没有投机取巧走捷径。例如,对于面访调查,督导应该对调查员开始进行的几个试调查实行陪访,并在整个实施的过程中有计划地进行陪访。对于电话调查,开始的几个访问应当有督导在场,督导可以通过分机聆听访问的对话,以便进行必要的帮助。

(3)对实施情况进行检查。督导最好要求调查员每天都将当天完成的访问结果(完成的问卷)上交督导。督导对实施的情况可以一天一检查、一天一报告,发现问题,及时纠正,以保证问卷资料的完整性与有效性。

7.1.3 选择市场调查人员

调查员是市场调查项目实施的具体执行者,因此,调查员的自身素质是调查实施能够成功的最重要保证。调查人员一般都是从申请者中经过认真挑选后选定的。

1. 选择市场调查人员

社会上，专业市场调研机构一般不可能拥有太多的专职访问人员，而兼职的访问员队伍又不太稳定。因此，调查公司常常要进行招聘大量访问员的工作。招聘市场调查人员，可以采取笔试形式，也可以采取面试形式。

在招聘过程中，调查人员应该具备的条件主要包括以下几点：

（1）责任感　责任感在市场调查中显得尤其重要。缺乏责任感的人，即使工作能力很强，专业水平很高，也很难把事情做好。

（2）普通话　普通话一般人都听得懂，所以在一般情况下，尽量选择普通话标准的人员作为市场调查人员，同时也要具体情况具体分析。比如，我国方言很多，许多地方平时习惯使用当地的方言，如果访问员能够使用方言跟受访者交谈，就容易得到受访者的认同，降低受访者的心理防御，提高访问的成功率。

此外，挑选调查员还应考虑以下因素：①访问对象的人口特征（性别、年龄、文化程度、职业等）和社会经济特征，要尽量选择能与之相匹配的调查员。②调查员完成访问工作的有效性和可靠性。③是否能够按照访问指南的要求去进行调查，并有持之以恒的决心。④善于交流。调查员的工作是与被访者进行交流，因此，能干的调查员应该既善于向他人做有效的询问，又能细心地倾听，正确地领会和理解他人的回应。虽然一般都认为调查员应该是比较合群、善于交际、性格外向、愿意并喜欢与他人接触的，但是调查员不能过于活跃。⑤调查员的信念和个人的道德是避免作弊的最重要的因素。所以，申请者应该具有诚实和勤奋的品质。

> **课堂讨论**　市场调查公司为什么会临时招聘大量的调查人员？

2. 明确市场调查人员的素质要求

市场调查活动是一项科学细致的工作，作为一名优秀的调查人员，必须具有相应的知识和技能。

（1）思想品德素质要求　思想品德素质是决定调查人员成长方向的关键性因素，也是影响市场调查效果的一个重要因素，一名具有良好的思想品德素质的调查人员，应该能够做到以下几点：①政治素质：熟悉国家现行有关的方针、政策、法规，具有强烈的社会责任感和事业心。②道德修养：具有较高的职业道德修养，表现在调查工作中能够实事求是、公正无私，绝不能满足于完成任务而敷衍塞责，也不能迫于压力屈从或迎合委托单位和委托单位决策层的意志。③敬业精神：要热爱市场调查工作，在调查工作中要认真、细致，要具有敏锐的观察力，不放过任何有价值的资料数据，也不错拿一些虚假的资料，如断定有些资料存在有疑点，要做到不怕辛苦、反复核实，保证万无一失。④谦虚谨慎、平易近人：调查人员最主要的工作是与人打交道。一些谦逊平和、时刻为对方着想的调查人员，往往容易得到被调查对象的配合，从而能够获得真实的信息，而那些脾气暴躁、盛气凌人、处处只想到自己的调查人员，容易遭到拒答或得到不真实的信息。

（2）业务素质要求　业务素质的高低是衡量市场调查员的首要条件。市场调查工作不仅需要一定的理论基础，还需要具备较强的实际经验。调查员的业务素质要求包括：①具有市场调查的一些基础知识。例如，了解调查工作中访问员的作用和他们对整个市场调查工作成效的影响，在访问中要保持中立，了解调查计划的有关信息，掌握访谈过程中的技巧，熟知询问问题的正确顺序，熟悉记录答案的方法。②具有一定的业务能力。例如，阅读能力，即理解问卷的意思；表达能力，即将要询问的问题表达清楚；观察能力，即能判断受访者回答的真实性；书写能力，即能够准确、快速地将受访者的回答原原本本地记录下来；独立外出能力，即访问员能够独自到达指定的地点，寻找指定的受访者，并进行访问；随机应变能力，因为在调查过程中遇到的是各种各样的人，所以访问员要能够随机应变，适应不同类型的人的特点。③身体素质。身体素质包括两个基本素质：体力和性格。市场调查是一项非常艰苦的工作，特别是入户访谈和拦截调查，对调查人员的体力要求较高。同时，市场调查人员的性格最好属于外向型、会交际、善谈吐、会倾听，善于提出、分析和解决问题，谨慎而又机敏。

在实际调查过程中，调查工作是通过一支良好的调查队伍来实现的。调查人员的思想道德素质是必需的，是前提条件。而调查人员的业务素质和身体素质则可以随着调查的方法不同而有所不同。

拓展阅读 7-1　市场调查人员的选择

市场调研访问员，是指在市场调研过程中执行询问与记录的调查员。在决定整个市场调研报告质量的诸多因素中，访问员的表现无疑是极为重要的。正如国外市场调研专家经常援引的一句名言所言："Rubbish in, rubbish out!"（垃圾进，垃圾出！）其含义就是，如果调查员采集来的第一手资料谬误百出，那么无论你的抽样技术多科学，数据处理多精确，分析水平多高超，最后得出来的结论仍将一文不值。因此，一些国外著名市场研究公司都将访问员的挑选、培训与管理置于其整个调查工作的首位。

课堂自我测评

测评要素	表现要求	已达要求	未达要求
知识目标	能掌握市场调查人员的组成		
技能目标	能初步认识市场调查人员的组成要求		
课程内容整体把握	能概述并认识市场调查人员的组织过程		
与职业实践的联系	能描述市场调查人员组织的实践意义		
其他	能联系其他课程、职业活动等		

7.2　市场调查人员的培训

根据不同的项目要求，市场调查公司通常会向社会招聘一部分市场调查人员。为了使这些人员能够尽快掌握调查技术与方法，以及项目本身的情况，就需要对市场调查人员进行培训。那么，该如何组织培训，培训哪些内容呢？

一般来讲，我国绝大多数中小型市场调研机构承接调研业务在时间分布上往往是既不均匀又无规律的，有时可能一个月里同时要承担好几项大业务，而有时可能一个月连一项业务也没有，这样的业务量往往无法维持一支专职的访问员队伍，而只能根据任务而随时组建并培训一批业余访问员。这样虽然能够降低调研机构的运营成本，但对于那些受聘的访问员来说，这种不定期的工作也因此有着强烈的临时工作性质。因此，市场调查人员的培训工作意义重大。

7.2.1 人员培训工作的组织

市场调查人员培训中，出于组织与管理的需要，市场调查公司管理部门相关人员还应该做好两项工作：一是及时发出培训通知，二是组织管理培训的具体运行。

1．培训工作的通知

市场调查人员培训管理者应提前发出培训通知，让受训者能就本次培训做好相应的学习准备；提前通知培训师，不但显示出调查公司对培训工作的重视，也为培训师的提前准备预留充足的时间；有的培训还会涉及其他部门或组织的配合，提前告知会给培训工作带来便利，从而保证培训如期举行。

2．培训工作的运行

在市场调查人员培训工作进行中，培训组织者应该注意以下几点：①保证组织到位，要确认培训师、学员都要按时到位，培训所需的材料发放到位，座次安排、入场次序井然有序。②确保培训进程顺利，时间控制要严密。③收集第一手培训信息。在培训具体实施过程中，培训组织者要收集第一手信息，为以后的培训安排做好准备。④按时进行培训效果调查，及时发放效果调查表，指导学员填写。要针对调查表的具体要求实施效果调查，如果是针对课程效果的调查，就要在课程实施前发放，课程结束后就要回收；而如果是针对整个培训的效果调查，就要在培训即将结束时发放调查表并马上回收，以防时间过长而遗失。⑤针对培训中可能出现的突发情况，及时做出应对。

7.2.2 人员培训方式的确定

对调查人员的培训主要有3种方式：

1．讲授

讲授是指市场调查培训者用语言传达学习内容给访问人员。这是按照一定组织形式有效传递大量信息的成本最低、最节省时间的一种培训方法。通过讲解，可以使调查人员牢记调查项目的重要性、目的和任务，并通过训练手册，熟悉各项任务要求。讲授法除了作为能够传递大量信息的主要沟通方法之外，还可作为其他培训方法的辅助手段，如市场调查行为示范和技术培训。

2．模拟

模拟是指由培训人员与有经验的访问员分别担任不同角色，模拟进行调查活动中各种问题的处理，主要方式包括情景模拟、问卷试填、案例分析等。为了确保调查结果的正确性，必须防范或克服因缺乏实际经验而可能产生的各种不良影响以及调查人员的心理挫折。因此，在尚未派出调查员进行实地调查之前，多利用模拟训练方式，使市场调查从业人员增加经验，以便其能够较好地处理未来可能遭遇的情况。

3．试访与陪访

试访与陪访是确保访问员培训效果必不可少的一环。试访是在调查项目正式开始之前，访问人员所进行的"小试身手"；陪访则是由督导人员陪同访问人员一起进行访问。具体做法是：在课堂培训结束后，先拿出少量问卷，将调查任务分派给每个访问员，让他们按正式要求去试访几份。与此同时，培训专家或督导人员则以旁观陪同者的身份，对每一个访问员的入户调查或街头访问进行一次陪访，实地观察访问员在实际工作中是否存在什么问题。在试访与陪访结束后，培训专家再对访问员进行一次集中总结，及时纠正试访中存在的问题，并及时淘汰部分难以胜任工作的访问员。这样，整个培训工作的效果才能得到基本保障。

> **课堂讨论** 为什么要进行陪访？

7.2.3 人员培训内容的确定

根据项目需要，对调查人员的培训一般包括普通性培训、专业性培训等内容。由于上述两类培训内容不同、所要解决的问题也不同，因此，通常必须分开进行，并由不同的培训教师分别培训。

1．普通性培训

普通性培训是指对访问员进行诸如自我介绍、入户方式、应变能力、工作态度、安全意识、报酬计算标准、奖惩条例、作业流程以及纪律与职业道德等内容的培训。普通性培训重点针对首次应聘的访问员，并由市场调查公司管理人员（如督导）来承担；而对于已多次参与过调查任务的老访问员，则只需就新的规定做扼要的说明，而将培训重点放在专业性培训上，以提高培训工作的效率，并避免访问员对培训工作产生厌倦情绪。

2．专业性培训

专业性培训是指针对某一份具体问卷所涉及的技术性问题，如怎样甄选被访对象、如何统一理解或向被访者解释某些专业概念与名词、如何跳问问题、如何做好记录、如何追问，以及如何自查问卷等进行的培训。除非是针对同一产品的同一份问卷的重复调查，否则任何专业问卷都会因为访问员对某一产品认识深度的差异，或对某些特殊问题理解得不一致而出现调查误差。所以，专业性培训应成为每一次培训的重点内容，最好由来自委托企业的技术专家与市场调查公司的方案设计者共同完成，这样才能最大限度地保证培训效果的准确性与高效性。

> **拓展阅读 7-2 市场调查人员的责任**
>
> （1）接触访问者　按照调查实施负责人的安排，在合适的时间接触抽样计划所要求的调查对象。为了样本的代表性，要尽己所能地沟通，不要轻易地就被拒绝了。另外，要确定受访者的资格，若为入户调查，一个家庭只能访问一个人。如果被访问者拒绝回答，则应按要求向上反映，或严格按要求寻找替代的调查对象。要切记的是，调查人员不能自作主张地访问另一个人来代替拒访者。
>
> （2）保密　保密是市场调查人员应该具备的职业道德。调查人员不能将涉及受访者个人隐私的调查结果透露给其他人员。同时，在调查过程中如果有其亲友在场，应委婉地向被调查人员说明是否要再约时间进行调查。
>
> （3）提问　对于如何向受访者提问，调查公司都有统一规定，所以调查人员一定要按要求去提问，不要太随意。

（4）记录　记录被调查者的回答，要求记录准确，填写清楚、整洁，以免编码时出差错。提问和记录的有关问题将在访谈技巧中详细说明。

（5）审查　在结束访问时，调查人员要检查整个问卷是否都准确完成了，字迹、答案是否清楚，等等。

（6）发送礼品、礼金　如果对被调查者有酬谢，要逐一发送礼品或酬金，注意不要多发或少发。

7.2.4　访谈技巧的培训

访谈技巧是指调查人员为了获得准确、可靠的调查资料，运用科学的访问方法，引导受访对象提供所需情况的各种方法和策略。根据调查方案的要求，访问者可能是入户访谈，也可能是街上拦截访问。为了保证调查过程的质量，提高访问员的工作效率，对访问员进行培训是非常必要的。例如，通常在入户访谈调查中，训练有素的访问员，其入户成功率可达到90%，没有技巧的访问员则只能达到10%，而后者所完成的访问，无论如何也不可能促成有效的调查。

1. 如何避免访谈开始就遭到拒访

访问员与被访者最初的接触，是能否获得被访者合作的关键步骤。最有效的开场白就是自我介绍，自我介绍要按规范的形式进行。通常在问卷设计中已精心编写了开场白（自我介绍词）。

访问员进行自我介绍时，应该大方、自信，如实表明访问目的，出示身份证明。有效的开场白可增强被调查者潜在的信任感和参与意愿。

▶ **例7-1**　访问员在首次面对被调查者时所使用的开场白（一）。

"您好！我叫夏华，我是中国人民大学管理学院市场营销专业的学生，这是我的学生证。我们正在做一项有关市民网上购物习惯的调查。您正好是这次调查中经过科学抽样设计选中的被访者之一，您的观点对我们的研究非常重要，我们希望您能够回答下列几个问题。"

▶ **例7-2**　访问员在首次面对被调查者时所使用的开场白（二）。

"您好！我叫索尼娅，我是佐治亚理工学院市场营销专业的学生代表，这是我的证件。我们正在进行一项关于家庭对大型购物中心偏好的研究。您是经过科学选样挑选出的调查对象之一。我们将高度重视您的意见，希望您能回答以下几个问题。"

自我介绍的另一个原则是：不要机械地请求对方准许，如"我可以耽误您几分钟吗""您能抽几分钟回答我的提问吗"等，这类问话开头很容易遭到拒绝。心理学研究表明，与不请求准许的开场白相比，请求获得准许的开场白拒访率更高。

拓展阅读 7-3　被访者拒访的原因

（1）主观的原因　①怕麻烦。随着市场调查越来越普及，被调查者会因以前有过不愉快的经历或因怕麻烦而拒绝接受访问。②怕不安全。由于社会治安方面的问题，担心随便让人进来会遭抢劫或被盗，所以拒绝接受访问。③感到调查对自己没有意义。

（2）客观的原因　①调查人员行为不当。调查人员的仪表、态度、语言、举止等令受访对象感到不舒服，因而拒绝接受访问。②回答有困难。受访对象在回答问题方面

有障碍，比如语言表达不清楚、听力不好、说方言导致调查人员听不懂等。③受访对象文化程度低，看不懂问卷、不理解问卷的意思、不会写字等。④因有事不顺心而无法配合。比如因工作不顺、生病等导致心情不好，从而拒绝接受访问。⑤家中有客人。访问员拜访时正好遇到受访对象家中有客人，此时受访对象往往会拒绝接受访问。

2．如何避免访谈中途遭到拒访

通常情况下，被访者一旦开始参与访问，就不会中途停止，除非出现一些特殊情况。

（1）选择适当的入户访问时间，可以减少或避免遭到拒访的尴尬情况。一般在工作日，访问可选择在晚上 7：00～9：00 之间进行；在双休日，可选择在上午 9：00～晚 9：00 之间进行，但应避免在吃饭和午休时间进行。

（2）被调查者如果要拒绝接受访问，通常会找出许多借口，访问员要想出不同的对策。①如果被调查者以"没有时间"为由拒访，访问员要主动提出更方便的时间，如傍晚 6 时，而不是问被访者"什么时间合适"。②如果被调查者说自己"不合格"或者"缺乏了解，说不出"，访问员应该告诉被访者："我们不是访问专家，调查的目的是让每个人有阐明自己看法的机会，所以您的看法对我们很重要"或"您把您知道的说出来就可以了"等，以鼓励被访者。③如果被调查者以"不感兴趣"为由拒访，访问员可以这样解释：这是抽样调查，每一个被抽到的人的意见都很重要，请您协助一下，否则调查结果就会出现偏差。

这一环节，访问员要随时关注受访者的理解程度与配合态度，设法调动受访者的情绪，用眼神和神情表露出对对方的欣赏与鼓励。

拓展阅读 7-4　中途拒访的原因

1）问卷太长。在回答提问的过程中，受访对象发现问卷太长，完成问卷花费的时间太多，因而产生厌烦的情绪，丧失耐心。

2）问题不好回答。问卷上的提问是受访对象不太熟悉的领域，与受访对象的生活经历相差太远，或者有些问题需要受访对象极力去回忆等。

3）问题不便回答。问卷中间涉及一些不便回答的问题，如婚姻情况、个人收入等，因而受访对象拒绝回答。

4）其他事情的打扰。比如有人拜访、电话打扰，或突然有事需要处理等。

3．如何合理控制环境

理想的访问应该在没有第三方的环境下进行，但访问员总会受到各种干扰，所以，访问员要注意控制环境的技巧。

▶ 例 7-3　如果访问时有其他人插话，应该有礼貌地说："您的观点很对，我过一会儿请教您！"

访问员应该尽量使访问在脱离其他家庭成员的情况下进行，如果由于其他家庭成员插话而得不到被调查者自己的回答，则应该中止访问。

如果周围有电脑或电视机发出很大的噪声，访问员一般很难建议把声音关小，这时，如果访问员有意识地降低说话声音，被调查者就会注意到噪声，然后主动关掉。

4．保持中立

在市场调查活动中，访问员的惊奇表情、对某个回答的赞同态度等，都会影响到被调查者的应答。所以，访问员应时刻保持冷静、中立。在访问中，除了表示出礼节性兴趣外，不要做出任何其他反应。即使对方提问，访问员也不能说出自己的观点。同时，要向被访者解释，他们的观点才是真正有用的。还要避免向被调查者谈及自己的背景资料，如果被访者执意追问，访问员应该给出一个模糊的回答，并鼓励被调查者谈他们自己的见解。

> **课堂讨论** 访问员为什么要保持中立？

5．如何进行提问与追问

访员在访问过程中应按问卷设计的问题排列顺序及提问措辞进行提问。对于开放题，一般要求充分追问。追问时，不能引导，也不要用新的词汇追问，要使被访者的回答尽可能具体。熟练的访员能帮助被调查者充分表达他们自己的意见。追问技巧不仅会给调研提供充分的信息，还能使访问更加有趣。

拓展阅读 7-5　提问的技巧

（1）提问用词。调查问卷上的提问用词往往都是经过仔细推敲的，因此，访问员对于每个问题都要严格按照调查问卷用词进行提问，若提问或用词有误，则可能影响调查结果。

（2）问题顺序。在调查问卷设计过程中，由于问题的先后次序会对问卷整体的准确性及能否顺利进行访问有重要影响，因此，调查问卷中每个问题的顺序都是经过精心编排的，访问员在提问时，要严格按照问卷上的问题顺序提问，不要随意改变问题的顺序。

（3）严格按要求询问。当被调查者不理解题意时，访问员可重复提问，但不能自行解释或加上自己的意见而影响被调查者的独立思考。

（4）调查问卷上的每个问题都应问到。访问员在访问中要注意，不可因为访问次数多、同样的问题重复遍数多或认为某些提问不重要而自作主张放弃应该询问的问题。

（5）某些问卷有一些划横线的关键词，在提问时应加重语气或予以重复。

（6）提问时的音量应控制在以被调查者能听清为宜，语速应不快不慢。

（7）提问过程应随时根据被调查者的情绪来加以调节和控制。

在访问中，有时被调查者不能很好地全面回答提问，有时是问卷本身就设定了追问问题，这都需要运用追问技巧来达到预期的目的。

▶ **例 7-4**　可以通过以下做法来追问：重复读出问题，重复被调查者的回答，停顿、沉默或使用中性追问用语。追问速记符号见表 7-1。

表 7-1　追问速记符号

标准访问员用语	缩写语	缩写符号
还有其他想法吗？	另因	（+?）
还有另外的原因吗？	他因	（△+?）
您的意思是什么？	意思	（……）
哪一种更接近您的感觉？	近似	（∽）
为什么您会这样认为呢？	原因	（⊙?）
重复问题！	重复	（<?）
您能告诉我您的想法吗？	想法	（?：）

▶ **例 7-5** 开放式问题的追问技巧

"您说得挺好/不错,指的是什么?/请具体说一下/您还喜欢什么?/您还有没有喜欢的呢?/还有呢?,等等。

6. 如何结束访问

当所有希望得到的信息都得到之后就要结束访问了。此时,可能被访者还有进一步的自发陈述,他们也可能有新的问题,访问员工作的原则是认真记录有关的内容,并认真回答被访者提出的有关问题。总之,应该给被访者留下一个良好的印象。最后,一定要对被访者表示诚挚的感谢,让被访者有良好的感觉。

调查人员要感谢被访者抽出时间给予合作,并使被访者感受到自己对这项调查研究做出了贡献。调查人员应迅速检查问卷,查看有没有遗漏的问题,问题的答案是否有前后不一致的地方,是否有需要受访者澄清的含糊答案,以及单选题是否有多选的情况等。在结束访问之前,调查人员应再次征求意见,询问受访者的想法、要求,并告诉受访者如有可能,还要进行一次回访,希望也给予合作。

课堂自我测评

测评要素	表现要求	已达要求	未达要求
知识目标	能掌握市场调查人员培训组织内容		
技能目标	能初步认识市场调查人员培训的技术要求		
课程内容整体把握	能概述并认识市场调查人员培训组织过程		
与职业实践的联系	能描述市场调查人员培训的实践意义		
其他	能联系其他课程、职业活动等		

7.3 市场调查活动的管理

在市场调查中,工作千头万绪,调查人员本身的素质、条件、责任心等参差不齐,都在很大程度上制约着市场调查作业质量的提升。因此,加强人员组织管理是市场调查中的重要工作。那么,市场调查过程管理主要包括哪些内容?该如何进行呢?

通常情况下,市场调查活动的管理主要表现为市场调查项目本身的控制和市场调查人员的管理。

7.3.1 市场调查项目管理

市场调查项目管理应该做好以下工作:

1. 实地调查工作的组织

实地调查是一项较为复杂烦琐的工作。要按照事先划定的调查区域确定每个区域调查样本的数量、访问员的人数、每位访问员应访问样本的数量及访问路线,每个调查区域配备一名督导人员;明确调查人员及访问人员的工作任务和工作职责,工作任务要落实到位,工作目标和责任也要予以明确。当需要对调查样本的某些特征进行控制时,要分解到每个访问员。例如在某调查项目中，调查样本 1 000 人，要求调查男性 600 人、女性 400 人，调查对象的男女比例为 3:2，那么就要求每名访问员所调查样本的男女比例都应控制为 3:2，从而保证对总样本中男女比例的控制。

2．监督调查计划的执行

调查工作计划是指为确保调查的顺利实施而拟定的具体工作安排，包括调查人员安排和培训、调查经费预算、调查进度日程等。

调查工作计划直接关系到调查作业的质量和效益。调查人员的工作能力、职业态度、技术水平等因素会对调查结果产生重要影响，一般要求调查人员应具备沟通能力、创造力和想象力。调查费用因调查种类和收集资料精确度的不同而有很大差异。调查组织者应事先编制调查经费预算，制定出各项费用标准，力争以最少的费用取得最好的调查效果。调查进度日程指调查项目的期限和各阶段的工作安排，包括规定调查方案设计、问卷设计、抽样、人员培训、实地调查、数据录入、统计分析、报告撰写等工作的完成日期。为保证调查工作的顺利开展和按时完成，调查者可制定调查进度日程表，对调查任务加以具体规定和分配，并对调查进程随时进行检查和控制。

3．实地调查工作的协调

调查组织人员要及时掌握实地调查的工作进度完成情况，协调好各个访问员间的工作进度；要及时了解访问员在访问中遇到的问题并帮助解决，对于调查中遇到的共性问题提出统一的解决办法；要做到每天访问调查结束后，访问员首先对填写的问卷进行自查，然后由督导员对问卷进行检查，找出存在的问题，以便在后面的调查中及时改进。

4．调查问卷的审核

在问卷的初稿完成后，调查者应该在小范围内进行试验性调查，了解问卷初稿中存在哪些问题，以便对问卷的内容、问题和答案、问题的次序进行测试和修正。试验调查的具体方法可以是这样：选择一些有代表性的调查对象进行询问，将问卷中存在的问题尽可能地表现出来，如问卷中的语言使用、问题的选项、问卷的长短等，然后依据试调查的结果，看被访者是否乐意回答或能够回答问卷中的所有问题，哪些问题属于多余，还有哪些不完善或遗漏的地方。一旦发现问题，应该立即进行修改。如果预先测试导致问卷内容发生了较大的变动，调查者还可以进行第二轮测试，以使最后的定稿更加规范和完善。

5．抽样方法的审核

抽样方法的选择取决于调查研究的目的、调查问题的性质，以及调研经费和允许花费的时间等客观条件。调研人员应该在掌握各种类型和各种具体抽样方法的基础上，对拟选择的抽样方法进行验证。只有这样，才能在各种环境特征和具体条件下及时选择最为合适的抽样方法，以确定每一个具体的调查对象，从而保证数据采集的科学性。

7.3.2 市场调查人员管理

市场调查人员所收集的被访者的问卷是研究者重要的信息来源。但是在实际中，由于各种原因，调查人员的问卷来源不一定真实可靠，因此必须对调查人员进行适当的监督，以保证调查问卷的质量。

拓展阅读 7-6　调查人员所引起的调查问卷质量问题

调查人员所引起的调查问卷质量问题情形：①调查人员自己填写了很多问卷，没有按要求去调查被访问者。②调查人员访问的对象并不是研究者指定的人选，而是其他的人。③调查人员按自己的想法自行修改问卷的内容。④调查人员没有按要求发放礼品。⑤有些问题漏记或没有记录。⑥有的问题答案选择太多，不符合规定的要求。⑦调查人员嫌麻烦，放弃有些地址不好找或家里没人的受访对象。⑧家庭成员的抽样没有按抽样要求进行。

对调查人员的监督，一般采用下列一些措施来判断调查人员访问的真实性，然后再根据每个调查人员的任务完成质量，从经济上给予相应的奖励或惩罚。

1．现场准备

（1）编写发放调查员手册。调查员手册是主要的工作指南，通常包括以下内容：①一般信息，包括陈述调查的目的、数据信息的用途、调查机构收集数据的原则；②简介；③问卷说明，包括问卷调查中所用的概念和术语的定义；④问卷的审核与整理，即调查员在访问期间或访问结束之后应立即对问卷进行现场审核；⑤单个样本单元的管理，主要内容是对无回答的被调查者的再访、调查员为了得到答案应尝试的次数；⑥作业管理，主要内容是管理的细节；⑦问题与答案。手册的最后一部分列出调查员会遇到的问题和正确的解决办法；⑧一般的调查技能和技术。

（2）编写发放督导手册。督导手册包括以下内容：①招聘和培训调查员；②向调查员分配任务；③质量和执行控制；④后勤服务；⑤特殊情况下替代数据的收集方法；⑥被调查者的安全和隐私保密承诺；⑦说服拒访者。

2．现场监督

对调查员现场监督管理的目的，是要保证调查员能按照培训的方法和技巧来实施调查。要想做好对调查员的监督管理，首先要了解调查员在调查过程中由于自身的原因可能出现的问题；其次要掌握监督的各种方法和手段，对调查员的工作过程和质量实施监督管理。

对调查员的监督管理，重点在于保证调查的真实性，同时也是衡量调查员的工作业绩、实行奖优罚劣的需要。比如，每天按15%的比例，由督导采取公开与隐蔽结合的方法，监督调查员每天的工作。如果发现操作问题，及时纠正，必要时对调查员进行进一步的培训。对问卷质量的监督工作包括由督导每天回收当天完成的问卷，并且每天对每份问卷进行检查，看是否所有该回答的问题都回答了，字迹是否清楚，跳答的问题是否按要求跳答了，等等。对检查中发现的问题，督导应及时对调查员进行正面反馈。

3．调查员的评价和报酬支付

（1）调查员的评价　对调查员进行评价是一件非常重要的工作。调查员评价的准则主要有：①费用和时间；②回答率；③访问的质量；④数据的质量。

（2）调查员的报酬支付　调查员的报酬主要有两种支付方式，即按完成调查问卷份数支付（计件制）和按工作的实际小时数支付（计时制）。在有些情况下，也按月支付工资或根据全部工作量支付工资。

4．调查进度的监督管理

调查进度的安排是否合适，直接影响到调查的完成情况和调查工作的质量。而且调查进度表经双方一致认可后，市场调查公司就必须严格按照这个进度表来执行，保证市场调查的所有工作在进度表规定的时间内完成。

调查进度与调查质量密切相关，切记要防止调查员为了赶进度，讲求经济效益，片面追求完成问卷的数量，而忽视调查的质量。为此，很有必要对调查员每天完成问卷的份数做出规定。进度的安排要综合考虑所有相关的因素。确定调查进度主要考虑的因素有客户的要求、兼职调查员和督导的数量和比例、调查员每天完成的工作量等。

5．电话回访

根据调查人员提供的电话号码，由督导或专职访问员进行电话回访。电话回访本身就是对访问员作弊行为的一个"威慑"，也是对访问结果的质量进行的复核。

> **课堂讨论**　电话回访的意义有哪些？

6．实地复访

如果电话回访找不到有关的被访问者，根据调查人员提供的真实地址，由督导或专职访问员进行实地复访。这种方法比电话回访真实可靠，但需要花很多的时间和精力。

在电话回访和实地复访过程中，通常要根据以下几个方面来判断调查人员访问的真实性：①电话能否打通或地址能否找到；②家中是否有人接受访问；③受调查的问题是否跟该调查吻合；④调查时间是否与问卷记录时间相符；⑤受访者所描述的访问员形象是否与该访问员相符；⑥访问过程是否按规定的程序和要求执行。

拓展阅读 7-7　市场调查人员伦理道德

1）注重商业信誉。商业信誉是市场调查者的行为表现和工作结果给客户和社会留下的印象，主要包括以下内容：①不折不扣地执行国家的有关法规、方针、政策；②信守合同；③诚实经营。

2）尊重客户和被调查者的意愿，并保护其利益。市场调查者有义务和职责尊重客户的意愿，保护客户的利益。要尊重客户对调查的要求，按其要求开展调查。还要注意保护客户的利益。

3）提供优质服务。市场调查者有义务和职责向客户、被调查者和信息提供者提供优质的服务。市场调查者要按照市场调查原理、原则的要求，遵循科学合理的程序，采用各种有效的、先进的方法和手段开展市场调查活动，向客户提供适用的、详尽的、正确的信息资料和高质量的市场调查报告。

4）坚持公平交易。公平交易是市场经济运行规律的体现和要求。坚持公平交易，首先要坚持公平竞争。坚决反对把同行视作敌人，给予不正当对待的做法。其次要坚持平等自愿、等价交换的原则，在法律许可的范围内，参与者可以按照自己的意愿进行有关活动。

课堂自我测评

测评要素	表现要求	已达要求	未达要求
知识目标	能掌握市场调查活动管理的含义		
技能目标	能初步认识市场调查项目管理的技术要求		
课程内容整体把握	能概述并认识市场调查活动管理过程		
与职业实践的联系	能描述市场调查活动管理的实践意义		
其他	能联系其他课程、职业活动等		

小结

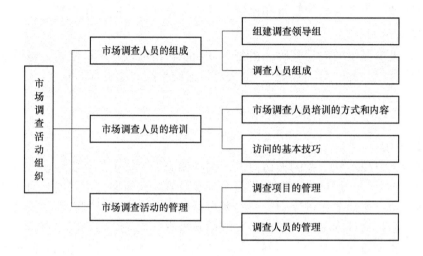

教学做一体化训练

一、解释下列重要概念

访谈技巧　　市场调查人员培训　　市场调查项目管理

二、课后自测

（一）选择题

1. 市场调查人员的思想品德素质要求包括（　　）。
   A. 道德修养　　　　　　　　　B. 政治素质
   C. 敬业精神　　　　　　　　　D. 谦虚谨慎、平易近人
2. 市场调查人员的业务能力要求包括（　　）。
   A. 阅读能力　　　　　　　　　B. 表达能力
   C. 观察能力　　　　　　　　　D. 随机应变能力
3. 对调查人员的监督，一般利用下列哪几种手段来判断调查人员访问的真实性（　　）。
   A. 现场监督　　　　　　　　　B. 审核问卷
   C. 电话回访　　　　　　　　　D. 实地复访
4. 督导手册内容包括（　　）。
   A. 招聘和培训调查员　　　　　B. 向调查员分配任务
   C. 质量和执行控制　　　　　　D. 后勤服务
   E. 特殊情况下替代数据的收集方法
5. 调查员评价的准则主要有（　　）。
   A. 费用和时间　　　　　　　　B. 回答率
   C. 访问的质量　　　　　　　　D. 数据的质量

（二）判断题（正确的打"√"，错误的打"×"）

1. 进行市场调查工作往往多用兼职人员，因为这些人比较稳定，业务水平高，也就不用再外聘市场调查员。（   ）
2. 为了保证收集、分析问题全面，我们在调查时，应该对市场调查整个项目进行科学的管理与控制。（   ）
3. 一般情况下，调查企业很难招聘到合格的市场调查人员，因此招聘进来之后都应该参加培训。（   ）
4. 在实际中，由于各种原因，调查人员的问卷来源不一定真实可靠，因此必须对调查人员进行适当的监督，以保证调查问卷的质量。（   ）
5. 对调查人员的监督，一般利用一些手段来判断调查人员访问的真实性，然后再根据每个调查人员的任务完成质量，从经济上给予相应的奖励或惩罚。（   ）
6. 电话回访本身就是对访问员作弊行为的一个"威慑"，也是对访问结果的质量进行的复核。（   ）
7. 结束访问时，给被访者留下什么印象并不重要。（   ）

（三）简答题

1. 市场调查人员培训应该注意什么？
2. 市场调查人员应该明确哪些责任？
3. 市场调查人员应遵循哪些伦理道德？
4. 调查人员引起的调查问卷质量问题有哪些？

三、案例分析

案例1：热茶、冰红茶与中国人

2014年，长春一家生产饮料的企业曾组织过这样一场市场调查活动：在一间宽大的单边镜访谈室（也称深度访谈室，里面的人看不到外面，外面的人可以观察到里面被访者的一举一动，以便得到被访问者更真实的反应）里，桌子上摆满了没有任何标签的杯子；几名被访问者被请了进去，逐一品尝着不知名的饮料，并且把口感描述出来写在面前的卡片上……这场调查的目的是：预测公司试图推出的新口味饮料能不能被消费者认同。

在这之前，大量的相关调查显示：中国人历来有喝热水、热茶的习惯，超过60%的被访问者认为不能接受"冰茶"，他们认为中国人忌讳喝隔夜茶，冰茶更是不能被接受。该企业调查项目小组认为，只有进行了实际的口味测试，才能判别这种新产品的可行性。

通过现场测试，该项目小组终于拿到了调查的结论。经过分析后，产品研发者的信心被彻底动摇了，被测试的消费者表现出对冰茶的抗拒，一致否定了装有冰茶的测试标本。就这样，刚刚试制出来的新产品在调研中被否定了。

2015年、2016年，以AA品牌为代表的冰茶在中国全面旺销，这家饮料企业再想迎头赶上为时已晚，一个明星产品就这样因一场市场调查与市场擦肩而过。说起当年的教训，该企业一位曾参与市场调查的负责人还满是惋惜："我们举行口味测试的时候是在冬天，东北的冬天异常寒冷，被访问者从寒冷的室外来到现场，没等取暖就进入测试阶段。寒冷的状态、匆忙的进程都影响了被访问者对味觉的反应。参加测试者对口感浓烈的饮品表现出了更多的认同，而对清凉淡爽的冰茶则表示排斥。测试状态与实际消费状态的偏差让结果走向了反面。"

"驾驭数据需要系统谋划。"好在这家企业并没有从此怀疑市场调查本身的价值，"第三年，我们成功组织了对饮料包装瓶的改革,通过测试我们发现,如果给塑料包装增加弧形的凹凸,不仅可以改善瓶子的表面应力,增加硬度,还可以强化消费者对饮料功能性的心理认同。"

北京一家知名调研公司的副总经理说:"调研失败如同天气预报给渔民带来的灾难,无论多么惨痛,你总还是要在每次出海之前,听预报、观天气、看海水。"

根据上述材料,回答以下问题:
1. 你觉得该公司的调查组织存在什么问题?
2. 从该案例中我们可以得出哪些启示?

案例2:错误的市场调查组织

2018年10月,某家电生产厂家进行了一次市场调查。调查目标:列举您会选择的电视机品牌。

该企业从市场调查部抽取了两组人员,设计了问卷,进行了街头拦截调查。收集到资料数据后,经整理分析发现:其中一组的结论是有15%的消费者选择该企业生产的电视机;另一组的得出的结论却是36%的消费者表示该企业的产品将成为其购买时的首选。巨大的差异让公司管理层非常恼火,为什么完全相同的调查抽样会有如此矛盾的结果呢?公司决定聘请专业的调查公司来进行调查诊断,找出问题的真相。

专业调查公司的执行小组受聘与参与调查执行的访问员进行交流,并很快提交了简短的诊断结论:首先,第二组在调查过程中存在误导行为。调查期间,第二组的成员佩戴了公司统一发放的领带,而在领带上有该公司的标志,其标志足以让被访问者猜测出调研的主办方;其次,第二组在调查过程中,把选项的记录板(无提示问题)出示给了被访问者,而本企业的名字处在候选题板的第一位。以上两个细节,向被访问者泄露了调研的主办方信息,影响了消费者的客观选择。

这家企业的老总训斥调研部门的主管:"如果按照你的数据,我要增加一倍的生产计划,最后的损失恐怕不止千万。"

市场调查是直接指导营销实践的大事,对错是非可以得到市场验证,只是人们往往忽视了市场调查本身带来的风险。一句"错误的数据不如没有数据",包含了众多中国企业家对数据的恐慌和无奈。

根据上述材料,回答以下问题:
1. 你觉得该家电企业市场调查组织中存在什么问题?
2. 从该案例中我们可以得出哪些启示?

同步实训

➘ 实训1:市场调查人员组织认知

实训目的:认识市场调查人员组织的基本要求。
实训内容:
1. 设定某一调查主题,如对本校、本班级同学智能手机、电脑等电子产品的购买使用情况的调查。围绕这一主题,尝试进行市场调查人员组织。
2. 讨论分析并搭建三层管理结构。

实训组织：学生分小组，讨论三层管理结构中各类人员的来源、基本要求；讨论市场调查督导人员的工作职责，以及对于市场调查项目本身的意义。

实训总结：学生小组间交流对调查人员组织三层结构的认知结果，教师根据讨论报告、PPT 演示和学生在讨论分享中的表现，分别对每组进行评价和打分。

↘ 实训 2：市场调查人员培训认知

实训目的：认识市场调查人员培训的基本要求。

实训内容：

1. 设定某一调查主题，如对本校、本班级同学智能手机、电脑等电子产品的购买使用情况的调查。围绕这一主题，尝试进行市场调查人员培训内容设计；
2. 讨论分析人员培训的主要内容。

实训组织：学生分小组，讨论人员培训的内容、方式；分析讨论市场调查人员培训的组织过程，以及对于市场调查项目本身的意义。

实训总结：学生小组间交流对调查人员培训内容、培训组织过程的认知结果，教师根据讨论报告、PPT 演示，以及学生在讨论分享中的表现，分别对每组进行评价和打分。

↘ 实训 3：市场调查活动管理认知

实训目的：认识市场调查活动管理的内容与要求。

实训内容：现假定学校教学管理部门要在学生中间进行一次教师教学质量、教学效果的调查活动。调查访问人员可以包括学校教务处管理人员、各系部专业教师、社会专业人士、本校在校学生、毕业生。请学生对本次调查人员组织进行初步设计（至少提出人员组成架构），并要求学生分析按照自己的设计会产生哪些调查结果。

实训组织：学生分小组，讨论本次调查人员的合理组成以及这些人员的加入对于教学效果调查活动的意义。

实训总结：学生小组间交流对调查人员选择与组成的认知结果，教师根据讨论报告、PPT 演示，以及学生在讨论分享中的表现，分别对每组进行评价和打分。

学生自我学习总结

通过完成任务 7 的学习，我能够做如下总结：

一、主要知识点

任务 7 中，主要的知识点有：

1. _____。
2. _____。

二、主要技能

任务 7 中，主要的技能有：

1. _____。
2. _____。

三、主要原理

调查活动组织在市场调查活动中的地位与作用是：

1. _____。
2. _____。

四、相关知识点

任务 7 涉及的主要相关知识点有：

1. 市场调查人员组成与调查资料收集的关系是：_____。
2. 市场调查组织三层结构的科学原理有：_____。
3. 市场调查活动的管理能够解决的特定问题有：_____。

五、学习成果检验

完成任务 7 学习的成果：

1. 完成任务 7 学习的意义是：_____。
2. 学到的知识有：_____。
3. 学到的技能有：_____。
4. 你对市场调查活动组织的初步印象是：_____。

任务 8 市场调查资料整理与分析

学习目标

知识目标
1. 了解资料整理的含义。
2. 掌握资料审核预编码的方法。
3. 掌握资料整理的程序。
4. 了解资料分析的意义。

能力目标
1. 能进行资料审核、分类。
2. 能对资料进行图表化显示。
3. 能对资料进行初步分析。

任务描述

收集数据资料的工作完成以后，呈现在调查人员面前的可能是一大堆填答完的问卷，少则几百份，多则几千份。市场调查人员应该根据一定的程序，认真回收和确认这些数据资料，并在此基础上，按照特定的目的，运用适当的技术对其做出分析，得出数据结论。

任务解析

根据市场调查职业工作活动顺序和职业能力分担原则，"市场调查资料整理与分析"学习活动可以分解为以下子任务：

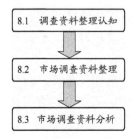

调查故事

互联网的明天会怎样？谷歌执行董事长埃里克·施密特在爱丁堡国际电视节上表示："如果我们能够明确知道你是一个真实的人，而不是一条狗、一个假冒别人的人或垃圾邮件发送者，互联网会变得更美好。"这也是前Facebook营销总监兰迪·扎克伯格的观点——她曾断言："网络匿名必须终结。"

在我国，有许多被称作"网络水军"的人，即有偿在线发帖和评论（主要出于营销目的）的一群人。学术研究发现，这些人正在降低互联网信息的质量。对于商家而言，付费发帖是影响产品公众口碑的一种方式。如果一家公司雇佣了足够多的在线用户，那么它就可以创建热点话题以获得关注。进而，这些由一群付费发帖者发布的文章或评论就很有可能获得普通用户的关注，由此影响他们的决定。

中国互联网络信息中心发布的《第44次中国互联网络发展状况统计报告》显示，截至2019年8月，我国网民规模8.54亿，较2018年年底提升1.6个百分点。其中，手机网民规模8.47亿，"手机不离手"这种说法真是一点也不夸张，这同时也说明了中国互联网已进入移动互联网时代。由于线上的国际边界消失，充满了市场营销机会，全世界的顾客将聚集在网络上。面对浩如烟海的互联网信息，该如何有效整理利用，显然是个严峻的问题。

【启示】由此可以看出，网络资料纷繁复杂、信息超载。市场调查中，资料的系统整理是为进一步的分析做准备。运用科学的方法，对整理好的资料进行分析，以做到去伪存真、由表及里、由此及彼，最终才能为调查结果的分析和确立形成一个良好的开端。

8.1 调查资料整理认知

市场调查活动结束，回收的数据资料还处于"毛坯"阶段，要想使其成为半成品、成品，尚需对其进行加工整理，进而揭示出这些数据的本来面目。这就是市场调查资料整理工作。那么，这项工作的运作程序是怎样的呢？

调查活动中，根据项目大小的不同，市场调查资料可能来自于各个分散的被调查单位，这些数据需经确认、汇总后，才能为进一步的分析研究做准备。

8.1.1 调查资料整理的含义

市场调查资料整理是根据市场分析研究的需要，对市场调查获得的大量原始资料进行审核和确认，或对所收集的二手资料进行再加工的过程。

1. 资料整理的概念

简单来讲，资料整理就是通过一系列的操作，将收集到的第一手或是第二手资料转变成为数据结果，以便于研究者了解和揭示其中的含义。在调查实践中，调查者整理的第一手资料多为问卷资料。

> **重要概念 8-1** 市场调查资料整理
>
> 市场调查资料整理是指按照一定的程序与科学的方法，对所收集到的资料加以整理、分析及统计运算，把庞大、复杂、零散的资料集中简化，使资料变成易于理解和解释的形式，为揭示和描述市场现象的特征、问题和原因提供初步加工信息的过程。

2．资料整理的内容

市场调查资料整理的基本内容包括以下 3 个方面：

（1）数据确认　数据确认是指对调查所收集到的原始数据或二手资料进行审核，查找问题、采取补救措施、确保数据质量。

（2）数据加工　数据加工是指对调查问卷或调查表提供的原始数据进行分类和汇总，或者对二手数据进行再分类和调整。

（3）数据列示　数据列示是指对加工整理后的调查数据用统计表、统计图、数据库、数据报告等形式表现出来。

3．资料整理的意义

为了理解市场调查资料整理的重要性，我们可以简要总结这一环节工作的意义。

（1）资料整理是市场调查的必要环节。市场调查的根本目的是获取足够的市场信息，为正确的市场营销决策提供依据。从市场调查的过程可知，在市场信息收集与市场信息的使用之间，必然有一个市场信息的加工处理环节。这是因为运用各种方法，通过各种途径收集到的各类信息资料，尤其是各种第一手资料，大都处于无序的状态，很难直接运用；即使是第二手资料，也往往难以直接运用，必须经过必要的加工处理。对市场信息的加工处理，可以使收集到的信息资料统一化、系统化、实用化，从而方便使用。

（2）资料整理提高了调查资料的价值。未经处理的信息资料由于比较杂乱和分散，因而使用价值有限。资料整理是一个去伪存真、由此及彼、由表及里、综合提高的过程，它能大大提高市场信息的浓缩度、清晰度和准确性，从而提升信息资料的价值。

（3）资料整理可以激发新信息的产生。在信息资料的处理过程中，通过调查人员的智力劳动和创造性思维，使已有的信息资料相互印证，从而有可能促使一些新信息的产生。应用各种过去和现在的信息资料，推测和估计市场的未来状态，这种预测信息也是一种新的信息。

（4）资料整理可以纠正调查工作偏差。在市场调查工作的各个阶段、各具体环节，都会出现计划不周或工作中的偏差等问题。比如，对市场调查问题的定义可能并不十分全面，对市场调查的设计可能忽视了某些工作，信息资料的收集可能存在遗漏或者收集方法存在欠缺，等等。这些问题有可能在实施过程中，通过检查、监督、总结等活动被发现，并加以纠正。但是，很难避免有些问题未被人们所发现。在信息加工处理过程中，往往能发现一些问题，通过及时反馈，就能够采取措施，对存在的问题加以纠正，以避免造成更加恶劣的后果。

> **课堂讨论**　市场调查资料整理过程中为什么会产生新的信息？

8.1.2　调查资料整理的程序

市场调查资料整理的一般程序如图 8-1 所示。

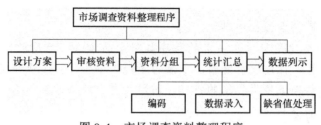

图 8-1　市场调查资料整理程序

1. 设计方案

市场调查资料整理方案一般包括整理的目的与要求、资料审核、整理的内容与方式、汇总办法、整理时间、人员安排、数据管理等方面的一些设计和规定。

2. 审核资料

审核资料主要是审核调查问卷或调查表的完备性、完整性和填答的准确性，以便发现问题进行纠正、补充或删除，防止有问题的问卷或调查表进入整理的流程。或者对二手资料的可靠性、准确性、时效性、可比性等进行评估，以决定其取舍。

3. 资料分组

待原始资料和二手资料审核无误后，即可进行分组处理。分组是根据研究的需要，按一定的标志或标准将总体各单位区分为若干组（类）的一种数据加工处理方法，用以划分市场现象的不同类型，揭示总体的内部结构和分布特征，显示市场现象之间的依存关系。市场调查资料分类的标准有属性、数量、时间、空间、关联性等，利用这些分类标准可以对问卷或调查表数据进行多方向、多层次的加工开发和交叉开发。

4. 统计汇总

统计汇总是在分组处理的基础上，利用手工汇总或计算机汇总技术求出各种分组的各组单位数、总体单位数、各组指标、总体综合指标等。其中，手工汇总技术主要有过录法、折叠法、卡片法、问卷分类汇总法等。计算机汇总一般包括编码、数据录入、缺省值处理等工作程序，它具有速度快、精度高和便于存储数据等特点，特别适合于大批量的数据处理。

5. 数据列示

市场调查资料整理的最终结果需要借助一定的形式表现出来，以供调研者和用户阅读、使用和分析研究。数据列示的形式主要有统计表、统计图、数据库、数据报告等。

拓展阅读 8-1　市场调查资料整理的原则

（1）目的性原则　市场调查资料的整理要服从于市场调查的目的要求，针对市场调研需要解决的问题，即用户管理决策的信息需求，有针对性地加工开发出总括性数据与结构性（分类的）数据相结合的语法信息。

（2）核查性原则　为确保数据处理质量，市场调查资料整理应注意事前、事中和事后都必须对数据质量进行核查，以求查找差错，发现问题，确保数据的准确性和可靠性，为进一步的分析研究提供高质量的语法信息。

（3）系统化原则　市场调查资料的整理不能停留在调查问卷或调查表数据的简单加工汇总上，应实行多方向、多层次的加工开发，以及调查项目之间的交叉开发，使加工开发的语法信息具有序列化，能最大限度地满足分析研究的需要。

（4）时效性原则　市场调查资料的整理是数据处理的过程，需耗费一定的时间，如果不提高加工整理的效率，数据的时效性就会受到影响。因此，应利用计算机自动汇总技术、数据库技术等及时对数据进行加工处理，并及时传输和反馈。

课堂自我测评

测评要素	表现要求	已达要求	未达要求
知识目标	能掌握市场调查资料整理的含义、意义		
技能目标	能初步认识调查资料整理的程序		
课程内容整体把握	能概述并认识市场调查资料的整理分析过程		
与职业实践的联系	能描述市场调查资料整理的实践意义		
其他	能联系其他课程、职业活动等		

8.2　市场调查资料整理

从大的角度划分，市场调查资料整理可以分为实地调查获取的原始资料整理和文案调查获得的二手资料的整理。资料整理有一定的要求与规范，那么，这些要求与规范是怎样的，实际操作又是如何呢？

8.2.1　原始资料整理

原始资料整理是指对问卷或调查表提供的原始数据进行加工、整理和开发，即对经过审核的问卷或调查表中的原始数据进行分类和汇总，使数据系统化、综合化和条理化，得出能够反映所研究现象总体数量特征的综合资料，并以数据表的形式反映出来。在制订整理方案的基础上，原始资料整理的基本程序如图 8-2 所示。

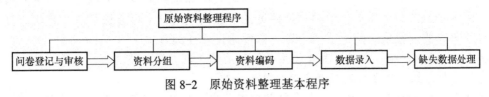

图 8-2　原始资料整理基本程序

1. 问卷登记与审核

市场调查问卷回收之后，为了评价访问员的工作成绩以及避免信息损失，要先对资料进行登记分类。分类的标准可以是时间、地区、访问员等。在登记过程中，分别记录各地区、各调查员交回的问卷数量、交付时间、实发问卷数量、丢失问卷数量等情况。在此基础上，对数据资料进行审核，以免不合格、有差错的问卷或调查表进入分类汇总作业流程。

（1）审核的内容　原始资料审核主要是指对市场调查活动的真实性、受访者条件、调查过程是否符合标准，以及收回的问卷或调查表的齐备性、完整性、准确性、时效性和真伪性进行分类汇总前的审核。问卷审核的内容如表 8-1 所示。

表 8-1　问卷审核的内容

齐备性	问卷或调查表的份数是否齐全，是否达到了调查方案设计的样本量的要求
完整性	问卷或调查表填答的项目是否完整。不完整一般有 3 种情形：①大面积无回答或者相当多的问题无回答，应作废卷处理；②个别问题无回答应视为有效调查问卷，所留空白以后补救，或直接归入"暂未决定""其他答案"中；③相当多的问卷对同一问题无回答，仍作为有效调查问卷，对此项提问可进行删除处理
准确性	问卷或调查表中的项目是否存在填答错误。填答错误一般有 3 种情形：①逻辑性错误。明显不符事实，前后不一致。可用电话核实更正，无法核实的，按"不详值"对待。②答非所问的答案。一旦发现，应通过电话询问纠正，或者按"不详值"对待。③无兴趣回答的错误。一般是被调查者对回答的问题不感兴趣。如果仅属个别调查问卷，应彻底抛弃；如果有一定数目，且集中出现，应把这些问卷作为一个独立的子样本看待，在资料分析时给予适当的注意
时效性	对调查问卷或调查表的访问时间、有关数据的时间属性进行检查，以评价调查数据是否符合时效性的要求。若延迟访问对调查结果没有什么影响，则问卷仍然是有效的；若延迟访问影响到数据的时间属性而不一致时，则应废弃这样的调查表或问卷
真伪性	对调查表或问卷的真实性进行检验，评价访问员是否存在伪造问卷或调查表的行为。一般采用抽样复检的办法进行核实

（2）审核的方式　较大规模的市场调查项目收回的问卷或调查表往往是大量的，需要聘用审核员进行集中审核。审核的作业方式应该是在问卷或调查表分配给审核员的基础上，实行一卷或一表从头审到尾。审核的具体办法有两种：①逻辑审核，即利用逻辑和经验判断的方法，检查问卷或调查表中的填答项目是否合理，项目之间有无相互矛盾的地方。②计算审核，即对数据进行计算性的检查，如分项相加是否等于小计，小计相加是否等于合计，数据之间该平衡的是否平衡了。

> **课堂讨论**　为什么要对问卷进行审核？问卷审核的要点有哪些？发现有问题的问卷该怎样处理？

2. 资料分组

原始资料经过审核，问卷或调查表的质量得到确认之后，即可对问卷或调查表中的问题及答案进行分组处理。分组处理的目的在于使原始数据分门别类，使资料综合化、条理化和层次化。

（1）资料分组的方法　根据资料统计分组时采用标志的多少，可以分为简单分组和复合分组两种分组方法。简单分组是对所研究的现象只采用一个标志进行单一分组，复合分组是对所研究的现象采用两个或两个以上的标志进行连续分组。

▶ **例 8-1**　简单分组：在对某高校学生手机使用情况调查资料整理中，按性别这一单一标准对资料进行分组，将手机使用者分为男生和女生。

▶ **例 8-2**　复合分组：同上例，在资料整理汇总中，可以先采用性别标志进行分组，然后再按照年级进行分组，还可以进一步根据生源地、手机消费偏好等标志进行第三次、第四次分组。

需要注意的是，如果采用标志太多，会使所分组数成倍增加，导致各组单位数过少，反而达不到分组的目的，因此，不宜采用过多标志进行分组。在封闭型问卷中，每个调查问题都是分组的标准，问题下的备选答案都是分组后的组别或类别。由于调查问题及备选答案是在调研设计阶段事先设计好的，因此又称事前分组处理。调查资料收集工作结束后，问卷的数量和质量得到确认，调研者只需要把每个问题下备选答案的被调查者的填答次数统计起来，就可得到一系列的简单分组的结果。

> **重要概念 8-2　分组标志**
>
> 　　分组标志就是将统计总体划分为几个性质不同部分的标准或依据。按照标志特征的不同，分组标志可以分为品质标志与数量标志。品质标志表示事物的质的特征，如性别、职业等，是不能用数值直接表示的属性；数量标志表示事物的量的特征，如人口、收入、年龄等，是可以用数值直接表示的属性。

　　（2）资料分组的操作　进行资料分组，一般这样操作：①选择恰当的分组标志。分组标志就是对市场调查资料分组的依据和标准，划分各组界限就是在分组标志变异范围内划定各个相邻组之间的性质界限和数量界限。总体内各总体单位有很多标志，究竟选择哪个标志作为分组标志，要根据调查研究的目的和总体本身的特点决定。②确定分组界限。这是指根据分组标志设定组与组之间划分的界线。对于品质标志分组而言，性别、职业等分组界限就比较明确。按数量标志分组则需确定组数、组距、组限、组中值等。③按某一标志进行分组，不要遗漏任何原始资料所提供的数据，组距尽可能取整数，各组的组距尽可能相等，即尽可能多地以等距分组，少用不等距分组；问卷中的回答项目本身就已经分类的，今后表格化时就按上述分类进行排列；对非区间范围的某一具体数字，应重新进行分组设计，使其处在分组的间隔中。

> **重要概念 8-3　数量分组标志**
>
> 　　组数是指分组的数量；组距是指各组中最大值与最小值的差额，组距相等的称作等距分组。当标志值变动不均匀时，可采用不等距分组。组限是指组距的两个端点，每组最小值为组的下限，最大值为组的上限，组中值=（上限+下限）/2。

　　（3）资料分组的意义　①通过分组，可以对各种市场现象的类型在本质上加以区分，可以识别各种类型的本质特征及其发展变化的规律。②可以用来分析和研究市场现象之间的依存关系以及因果关系，便于企业通过一些促销手段来改变目标人群的观点和态度，从而改变其行为。③通过分组能反映事物内部结构及比例关系，从而为企业寻找目标市场提供基础数据。科学的分组方法，一方面可以明显表明各组中频（次）数的分布情况，从而使研究者对被调查对象的结构情况有一个大体的了解；另一方面还可以使许多普通分组显示不出来的结论明显化，从而为企业寻找目标市场提供基础数据。

▶ **例 8-3**　**按营业额分组**

　　某公司通过市场调查了解当地用户对某类产品的采购方式，结果发现当地用户的采购方式与其规模大小、经营产品类别密切相关。于是，在资料分析时，该公司根据营业额把这几家用户划分为 5 类：年营业额 1 001 万元以上；年营业额 501 万～1 000 万元；年营业额 251 万～500 万元；年营业额 101 万～250 万元；营业额每年 100 万元以下。

　　分类之后，市场调查人员只需分析这 5 类规模大小各异的用户的共性，并将各类用户的特点进行比较，即可说明问题，而不必逐一进行相互比较。

　　3．资料编码

　　编码是把原始资料转化为符号或数字的资料标准化过程，即问卷设计者在编写题目时，给予每一个变量和可能的答案一个符号或数字代码，也称为事前编码；如问题已经作答，给予每个变量和可能的答案一个符号或数字代码，则称为事后编码。编码要与分组相适应，具有唯一性和完备性。通过编码，不但可以将资料简单方便地输入计算机中，更重要的是，合理编码使得不同的信息易于区分、理解和计算，能够为统计计算和结果解释工作提供较大的便利。

（1）封闭式问题编码　一般来说，标准化的封闭式问卷资料的编码过程比较简单，常用事前编码，可节省时间。

▶ 例8-4　您家里有第二辆汽车吗？　　1-有　　2-没有　　（18）

在这个问题中，代码"1"代表"有"，代码"2"代表"没有"，括号中的数字表示这个答案记录在编码表中的第18栏。

（2）开放式问题编码　开放性的问卷资料或讨论、记录资料的编码过程比较复杂，常用事后编码。主要工作包括以下内容：

1）列出答案。编码人员首先应尽可能全面地列出每个开放式问题的答案。当总体数量较小时，所有答案都应该列出。在大型调查活动中，也需列出一定数量样本的答案。

2）合并答案。根据开放式问题答案的性质，编码人员可以将类型相近的答案进行合并处理。合并时，需考虑分组标志的意义，以及对数据分析的影响。某调查问卷中的开放式问题"为何选择某品牌手机"答案的合并处理如表8-2所示。

表8-2　"为何选择某品牌手机"答案的合并处理

问　卷　答　案	合　并　答　案
1. 质量好 4. 耐用 7. 科技含量高	质量好
3. 名牌 6. 大家都买这个牌子 9. 许多人推荐	名牌
……	……

3）设置编码。答案合并处理后，分别赋予每一个类别答案一个数字编号，如表8-3所示。

表8-3　开放式问题答案的合并与编码

答　案　描　述	表8-2合并答案	编　　码
质量好	1、4、7	5
名牌	3、6、9	9
……	……	……

4）其他情况。非问卷题目的有关问题，如地区划分时，将北京定为"1"，上海定为"2"。对于开放性问题，按收集信息的内容，用"X1""X2""X3"来表示。

（3）编制编码手册　当所有问题答案编码都规定清楚之后，编码人员要编写一本编码手册，说明各英文字母、数码的意思。编码手册具备下列功能：①录入人员可根据编码手册说明来录入数据；②研究人员或程序员根据编码手册拟统计分析程序；③研究者阅读统计分析结果，不清楚各种代码的意义时，可以从编码簿中查询。例如，在分析空调消费者调查问卷时所用的编码手册如表8-4所示。

表8-4　编码手册

变量代码	变量含义	题号	变量名称	是否跳答	数据说明
1	长虹的知名度	Q1	Q1-1	否	1=选中，2=未选中
2	海尔的知名度	Q1	Q1-2	否	1=选中，2=未选中
……	……				
10	其他品牌的知名度	Q1	Q1-10	否	1=选中，2=未选中
11	最常用品牌的知名度	Q2	Q2-1	否	1=长虹，2=海尔，……，11=其他，99=漏答

(续)

变量代码	变量含义	题号	变量名称	是否跳答	数据说明
12	次常用品牌的知名度	Q2	Q2-2	否	同上
13	第三常用品牌的知名度	Q2	Q2-3	否	同上
……					
30	长虹价格合理排序	Q10	Q10-1a	是	1=最合理，……，6=最不合理
31	海尔价格合理排序	Q10	Q10-1b	是	1=最合理，……，6=最不合理
……	……				

表 8-4 中，变量是指问卷中所调查的问题或项目；变量代码是给各变量的一个新的数码，表示各变量在数据库中的输入顺序；变量含义是指问卷中问题意思的概括；题号是指变量属于问卷中的第几题；变量名称是变量的代号，便于计算机识别与统计操作；是否跳答是指该问题或项目是否是跳答答案；数据说明是对各数码代表受访者的某种反应的说明。

拓展阅读 8-2　分组编码

分组编码是根据调查对象的特点和信息资料分类及处理的要求，把具有一定位数的代码单元分成若干组，每个组的数字均代表一定的意义。所有项目都有着同样的数码个数。例如，对目前在校大学生进行的一次关于使用信用卡意向的调查中，相关的信息包括性别、类别、月消费、使用意向这 4 项。用分组编码法进行编码如下：

性别	类别	月消费	意向
1=男性	1=本科生	1=小于 150 元	1=已有卡
2=女性	2=硕士生	2=151～300 元	2=准备使用
	3=博士生	3=301～500 元	3=不准备使用
		4=501～700 元	4=无意向
		5=701～1 000 元	
		6=1 001～2 000 元	
		7=大于 2 000 元	

编码"1234"就表示一名男性硕士研究生，每月消费在 301～500 元，并且不准备办理信用卡。

课堂讨论　编码手册的基本内容包括哪几部分？在市场调查数据整理中有哪些用途？

4．数据录入

数据的录入形式有两种，一种是以单独数据文件的形式录入和存在，另一种是直接录入专门的统计分析软件中（如 Excel、SPSS）。数据录入前，一般应对所有的问卷进行编码，以便按照问卷编码顺序进行每份问卷数据的录入。数据录入一般是由数据录入员根据编码的规则（编码手册）将数据从调查问卷上直接录入到计算机数据录入系统中，系统会自动进行记录和存储。录入过程中，为了避免发生差错，应随时进行错误检查，如利用软件自动识别错误；也可以在全部调查问卷的数据录入完毕后，运用事先设置的计算机逻辑错误检查程序进行检查，以防止录入逻辑错误的产生。当确认数据录入无逻辑错误后，则可利用设定的计算机汇总与制表程序自动生成各种分组类，为分析研究准备综合化的数据。

5．缺失数据处理

缺失数据也称缺失值。数据录入中，若遇到数据缺失，先分析数据缺失的原因，如果有个别问题未作答，或是调查员没有记录，可采用以下方法纠正：

（1）找一个中间变量代替　如该变量的中间值，或量表的中间值（1～5 分，可选 3）。如果是性别变量，可将第一个缺失值用男性数值代替，第二个用女性数值代替，并依次交替。

（2）用一个逻辑答案代替　如收入缺失，可依据职业情况和个人能力推断；如性别缺失，可依据受访者笔迹来推断。

（3）删除处理　一种是把整个样本资料全部删除，适合样本数众多的情况；另一种是在进行缺失样本统计时，将该样本删除，适合该变量不重要的情况。

> **课堂讨论**　如果缺失值过多，会出现什么情形？该怎样处理？

8.2.2　二手资料加工整理

二手资料的加工整理是指对文案调查法、网络调查法等方法收集的次级资料进行再加工整理，使之符合调研者对特定的市场问题研究的需要。二手资料有各种不同的来源，它们的收集目的、总体范围、指标口径和计算方法等与现有问题研究的要求可能存在一定的差别。因此，要使次级资料适用，必须进行再加工整理，其程序如图 8-3 所示。

图 8-3　二手资料整理基本程序

1．确认

确认又称甄别，是指对二手资料的真假、准确性、时效性、可靠性等进行检查和判定，以便从中选定那些可利用的资料。确认的主要内容包括：确认二手资料原来调查研究的目的是什么，确认资料收集的方式方法是什么，确认调查的总体范围是什么，确认调查的样本量有多大，确认指标口径、计算方法和数据分类是怎样的。通过这些方面的确认来判定二手资料能否适合当前问题研究的需要，决定其取舍。

2．评价

评价是根据当前问题研究的需要，对所选定的二手资料的可利用程度进行评价，以判别哪些资料可直接利用，哪些资料需要进行再加工处理才能利用。

3．加工

加工就是对不能直接利用的二手资料进行改造制作，使之符合分析研究的需要。例如，当二手资料的总体范围、指标口径、计算方法等因种种原因造成前后时期市场调查数据不可比时，一般可用加进、减去、换算等方法进行调整。例如，如果由于行政区域、组织系统、隶属关系、经营范围变更导致的数据不可比，就应以现行的行政区域、组织系统、隶属关系和经营范围为准，调整过去的统计数据。如果统计数据的计量单位和计价标准前后时期不一致，则应按现行的计量单位和计价标准进行加工换算。

4．整理

二手资料经过确认、评价、加工之后，为了使历史数据和有关资料实现有序化，更好地满足分析研究的需要，还应对二手资料进行整理，主要包括数据的列表表示、各类统计表的汇编、资料手册编印、文献资料的分类和归档管理等。

拓展阅读 8-3　资料整理的人员要求

信息资料的整理与分析是一项专业性、技术性很强的工作。它对信息整理分析人员的要求很高。一个称职的资料整理人员，除了应该具备一个现代化经营管理人员所必须具备的思想、文化、经营管理、道德品格、性格风度方面的素养和强健的体魄外，还必须具有高度的敏感性、广博的知识、广泛的兴趣、较高的综合分析能力和严谨的作风，还要有较深的市场经济知识，懂得现代信息科学的有关知识，掌握一定的现代信息处理技术和方法。一般而言，要由专职人员承担市场信息的处理分析工作。

课堂自我测评

测评要素	表现要求	已达要求	未达要求
知识目标	能掌握市场调查资料分组、编码的含义、作用		
技能目标	能初步认识资料分组的技术要求		
课程内容整体把握	能概述并认识市场调查资料的整理分析过程		
与职业实践的联系	能描述市场调查资料整理的实践意义		
其他	能联系其他课程、职业活动等		

8.3　市场调查资料分析

调查资料分析是市场信息处理的重要内容，是指对市场调查过程中收集到的各种原始数据进行适当的处理，使其显示一定的含义，进而反映不同数据之间的联系，并通过分析得出某些结论。数据分析所采用的主要是一些统计技术。那么，数据资料分析的技术有哪些呢？

大量事实证明，在市场调查活动中，仅有收集到的数据资料而无正确的分析技术，是不能正确了解和认识市场的。

8.3.1　调查资料的制表分析

1. 交叉列表分析

交叉列表分析是同时将两个或两个以上具有有限类目数和确定值的变量，按照一定顺序对应排列在一张表中，从中分析变量之间的相关关系，得出科学结论的技术。变量之间必须交叉对应，从而使交叉列表中每个结点的值反映不同变量的某一特征，如表 8-5 所示。

表 8-5　AB 公司商品销售统计　　　　　　　　　　（单位：万元）

销售增长	商品特点			行总计
	日用品	耐用消费品	食品	
速度慢	45	24	50	119
速度快	52	63	23	138
列总计	97	87	73	257

从表8-5中很容易分析出各类目的明细数量及其对应总数，简明直观。

交叉列表分析技术在市场调查中被广泛使用，是因为其结果很容易为那些非专业的使用者接受并理解；同时，通过交叉列表分析技术，可以将调查得到的数据资料中复杂的事物变得清晰且有条理。

2．交叉列表分析法的种类

（1）单变量列表　单变量列表也就是只有一个变量对收集的数据产生控制。例如，某高职院校2018级物流管理一班学生人数如表8-6所示。

表8-6　2018级物流管理专业一班学生人数　　　　　　　　（单位：名）

性	别	合　　　计
男	女	
25	23	48

由于其所表达内容过于简单，故使用得不是很普遍。

（2）双变量交叉列表　双变量交叉列表是最基本的交叉列表分析法。每个单元格中的数字都同时受到两个变量的约束，故反映的信息更多，如表8-7所示。

表8-7　2018级市场营销专业一班学生人数　　　　　　　　（单位：名）

性别	宿　舍							合计
	103	104	105	106	212	213	214	
男	8	8	7	2				25
女					8	7	8	23
总计	8	8	7	2	8	7	8	48

（3）三变量交叉列表　在实际工作中，双变量交叉列表技术对于某些信息不能准确分析，这时就需要加入第三个变量，成为三变量交叉列表。该列表可以较详细地反映数据原有两个变量之间的联系，如表8-8和表8-9所示。

表8-8　汽车购买者收入与购买汽车档次的关系

小汽车购买档次	收入状况	
	白领或较高收入者	普通工薪阶层
高（%）	70	35
低（%）	30	65
列总计（%）	100	100
被调查者人数（人）	300	500

表8-9　汽车购买者收入、性别与购买汽车档次的关系

小汽车购买档次	收入状况			
	男性		女性	
	较高收入	普通工薪	较高收入	普通工薪
高（%）	85	25	40	50
低（%）	15	75	60	50
列总计（%）	100	100	100	100
被调查者人数（人）	200	300	100	200

说明：由于引入第三个变量——性别，使原有结论更加准确。

8.3.2 调查资料的制图分析

统计图是用各种图形表现统计资料的一种形式。它是以统计资料为依据,借助于线、形、事物的形象和地图等形式,显示社会经济现象的数量,表现出规模、水平、构成、相互关系、发展变化趋势分布状况。与统计资料的另外两种形式——统计表和文字报告比较起来,其显著优点是:简明具体、形象生动、通俗易懂,易给人以明确而深刻的印象。

图形广泛应用于市场调查资料整理分析、市场调查报告中,并以其形象、直观、富有美感和吸引人的特点受到了特别重视。通常,只要有可能,就应尽量用图形来帮助理解报告的结果。一张精心设计的图形可能抵得上千余字的说明,可以起到宣传作用、鼓动作用和统计分析作用。

1. 常用统计图

市场调查中对取得的信息资料常用统计图进行分析,统计图按资料的性质和说明的准确性可分为以下几种:

(1)比较图 比较图用于描述两项事物之间的比较,具体运用中包括条形图、面积图(饼图除外)、立体图、线图,如图8-4所示。

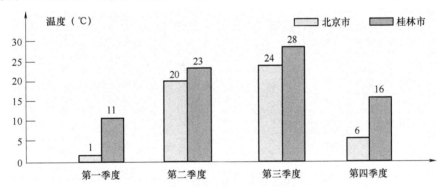

图8-4 北京市、桂林市各季度平均气温统计图(2018年)

(2)结构图 结构图用于反映总体中各部分与总体的结构关系,可用饼图表示。饼图只适用于单选问题,整张饼图总计表示100%,每一部分的面积就表示了某个变量对应取值的百分数,即比重。饼图可以是平面的,也可以是立体的。最好将每一部分的说明尽可能地直接记在饼图中。当然,利用不同的颜色表示每一部分也是一个好方法。饼图能够很好地将部分与总体之间的关系表现出来,如图8-5所示。

图8-5 某公司产品在广东省的市场分布情况

（3）动态图　动态图用于描述与时间相关的事物，随时间的变化而变化的状况，主要用条形图、立体图和线图表示，如图 8-6 所示。

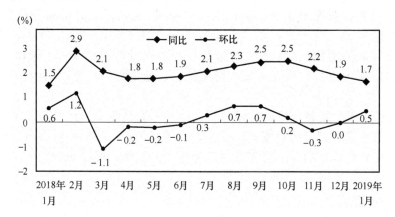

图 8-6　2018 年 1 月—2019 年 1 月全国居民消费价格指数涨跌幅

（4）依存关系图　依存关系图主要用于描述两项事物之间的依存变化关系，如图 8-7 所示。

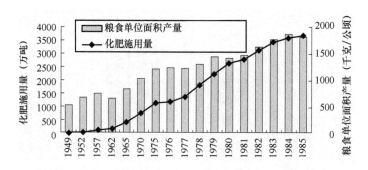

图 8-7　1949—1985 年我国粮食单产与化肥施用量关系图

2. 统计图构成和制图规则

（1）统计图构成　统计图构成主要包括：①图号、图题；②图目，即在纵轴的侧面和横轴的下面所标注的表明不同类别、地点、时间等的文字或数字，说明纵轴、横轴所代表的事项及单位；③尺度线（网络线）或点、尺度数及尺度单位；④说明图例、资料来源等。

（2）制图规则　绘制统计图时，图题要说明资料所属的内容、地点和时间，尺度线与基线垂直，尺度的设置应能包括资料中最大的数值，尺度点之间的距离应相等，各相同距离必须表示相同数值，尺度点过多时，可间隔写。项目较多时最好按大小顺序排列，以使结果一目了然。数据和作图用的笔墨之间比例要恰当，避免过多或过少的标注、斜线、竖线、横线等，既要清楚，又要简明。度量单位的选择要适当，使得图形的表现均衡，使所有的差异都是可视和可解释的。作图时最好既使用颜色，又使用文字说明，以便在进行必要的复制时仍能清晰如初。

8.3.3 调查资料的描述分析

通过制表、制图分析，可以对市场调查资料进行对比研究，从而得出初步的调查结论。为了进一步揭示和描述市场现象特征、问题和原因，还必须运用描述性分析方法和推论性分析方法对数据资料进行科学的分析，以便深入揭示其内涵。本节主要介绍描述性分析的静态分析方法。

简单地说，静态分析就是抽象（忽略）了时间因素和具体变动的过程，静止地、孤立地考察某些市场现象与现象之间的相互关系。常用的方法有集中趋势分析和离散趋势分析。

1．集中趋势分析

调查资料的集中趋势分析在于揭示被调查者回答的集中程度，通常用最大频数或最大频率对应的类别选项来衡量。数据的集中趋势是指大部分变量值趋向于某一点，将这点作为数据分布的中心，数据分布的中心可以作为整个数据的代表值，也是准确描述总体数量特征的重要内容。例如，表8-10中是描述某高校大学生月均生活费支出的数据。

表8-10 某高校大学生月均生活费支出统计

变量值：月均生活支出（元）	频数：消费者数（人）	频率：各组人数比重（%）
300～350	11	4.66
351～500	20	8.47
501～750	37	15.68
751～800	46	19.49
801～850	52	22.03
851～900	42	17.80
901～950	21	8.9
951～1 000	7	2.97
合计	236	100

以上资料显示，某高校大学生月均生活费开支额在801～850元附近的各组消费人数较多，这里就是数据分布的中心区域。从整体的数据分布状况来看，数据集中趋向于变量值801～850这一组。其实际意义就是：被调查的大学生月均生活支出大部分集中在801～850元这个范围之内。

集中趋势数据的特征是，总体各单位的数据分布既有差异性，又有集中性。它反映了社会经济、市场发展状况的特性，即总体的社会经济数量特征存在着差异，但客观上还存在着一个具有实际经济意义的、能够反映总体中各单位数量一般水平的数值。描述性统计分析就是用来找出这个数值。描述数据分布中心的统计量，常用的有平均数、众数、中位数等。

（1）平均数 平均数是总体中各单位标志值之和除以单位总数得到的数值，是最常用的集中趋势分析指标。简单的算术平均数的一般公式为

$$\bar{x} = \frac{x_1 + x_2 + \cdots + x_n}{n} = \frac{\sum x}{n}$$

利用平均数，我们可以将处在不同空间和不同时间的现象进行对比，反映现象一般水平的变化趋势或规律，分析现象间的相互关系等。

▶ 例 8-5 某公司 2018 年的每月销售记录见表 8-11。

表 8-11 某公司 2018 年每月销售记录　　　（单位：万元）

1月	2月	3月	4月	5月	6月	7月	8月	9月	10月	11月	12月
33	31	29	28	29	30	33	32	31	28	29	30

$$\bar{x} = \frac{30+29+28+31+32+33+30+29+28+29+31+33}{12} = 30.25（万元）$$

该公司 2018 年的月平均销售额为 30.25 万元。

在本例中，30.25 万元充分说明了 2018 全年的平均销售水平，同时也可与上一年的数据进行比较分析，还能为下一年度的经营活动或销售计划制订等工作提供数据准备。

（2）众数 众数是数据中出现次数最多的变量值，也是测定数据集中趋势的一种方法，它克服了平均数指标会受数据中极端值影响的缺陷。

▶ 例 8-6 某高职院校在校生每周上网次数调查统计数据，见表 8-12。

表 8-12 在校生每周上网次数统计

上网次数	被访问者
1次	16
2次	25
3次	29
4次	34
5次	14
6次	11
7次	9
小计	138

从表 8-11 中可以看出，每周上网 4 次的频数最多，达 34 人，即为众数。据此，我们可以得出结论，大多数在校大学生每周的上网次数是 4 次。

（3）中位数 中位数是将数据按某一顺序（从大到小，或相反）排列后，处在最中间位置的数值。

▶ 例 8-7 某企业委托市场调查公司对顾客在某一时间段内购买其生产的日用品次数进行调查。对 15 名顾客的调查结果按次数排序是：

0、0、0、0、1、1、1、1、1、2、2、2、3、7、9

则它们的中位数为 1。

在这次调查中，中位数为 1 说明被调查人群购买行为的常态为 1 次。

计算中位数很简单，对于 N 个数据，若 N 为奇数，则排序之后的第 $(N+1)/2$ 位置的数据就是中位数；若 N 是偶数，则排序后的第 $N/2$ 位置的数据与第 $N/2+1$ 位置的数据的平均值就是中位数。

2. 离散趋势分析

数据的离散趋势是指数据在集中分布趋势状态下，同时存在的偏离数值分布中心的情况。离散趋势分析是用来反映数据之间差异程度的。

▶ 例 8-8 表 8-10 反映了某高校大学生月均生活费开支情况，从表中可知大学生的月均开支集中在 300～1 000 元这个范围内，虽然其中大多数学生的月均开支都在 750～900 元之间，但也有一些学生的开支偏高或偏低，而使数据的分布出现离散状态。对于一组数据规律性的研究而言，集中趋势是数据数量特征的一个方面，离散程度则是数据特征的另一方面。集中趋势反映的是数据的一般水平，我们用均值等数值来代表全部数据，但要更加全面地掌握这组数据的数量规律，还应该分析反映数据差异程度的数值。

8.3.4 统计分析软件 SPSS

SPSS（Statistical Product and Service Solutions）即"统计产品与服务解决方案"，是世界上著名的数据统计分析软件之一，迄今已有 30 余年的成长历史，在全球约有 25 万个产品用户，分布于通信、医疗、银行、证券、保险、制造、商业、市场研究、科研教育等多个领域和行业，是世界上应用最广泛的专业统计软件。在国际学术界有条不成文的规定，即在国际学术交流中，凡是用 SPSS 软件完成的计算和统计分析，可以不必说明算法，由此可见其影响之大和信誉之高。

1．SPSS 软件的特点

（1）操作简便，界面友好（主界面如图 8-8 所示） 除了数据录入及部分命令程序等少数输入工作需要键盘外，大多数操作可通过鼠标拖曳、单击"菜单""按钮"和"对话框"来完成。

（2）编程方便 具有第四代语言的特点，能告诉系统要做什么，而无须告诉怎样做。

（3）功能强大 具有完整的数据输入、编辑、统计分析、报表、图形制作等功能。

（4）全面的数据接口 能够读取及输出多种格式的文件。

（5）针对性强 SPSS 对初学者、熟练者及精通者都比较适用。

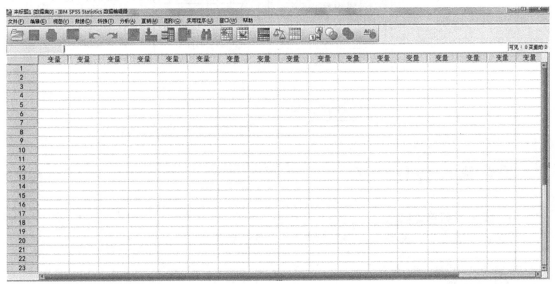

图 8-8　SPSS 软件主界面

2．SPSS 软件统计分析的基本过程

（1）数据录入 将数据以电子表格的方式输入 SPSS 中，也可以从其他可转换的数据文件中读出数据。这一工作分两个步骤：一是定义变量，二是录入变量值。

（2）数据预分析 原始数据录入之后，要对其进行必要的预分析，如数据分组、排序、平均数、分布图等的描述,以掌握数据的基本特征,保证后续工作的有效性。

(3) 统计分析　按照调查的要求和数据情况确定统计分析方法,对数据进行统计分析。

(4) 统计结果呈现　统计过程结束后,系统会自动生成一系列数据表,其中包含了统计处理产生的整套数据,为了能更形象地呈现数据,可利用系统提供的图形生成工具将所得数据呈现出来。

(5) 保存和导出分析结果　数据结果生成后,可利用系统自带的数据格式进行存储,同时也可利用系统的输出功能以常见格式进行输出,以供其他系统使用。

课堂自我测评

测评要素	表现要求	已达要求	未达要求
知识目标	能掌握市场调查资料分析的含义、作用		
技能目标	能初步认识调查资料分析的方法与技术要求		
课程内容整体把握	能概述并认识市场调查资料的分析过程		
与职业实践的联系	能描述市场调查人员分析的实践意义		
其他	能联系其他课程、职业活动等		

小结

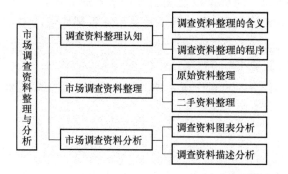

教学做一体化训练

一、解释下列重要概念

调查资料整理　　编码　　分组标志　　数量分组标志

二、课后自测

(一) 选择题

1. 调查资料整理的意义包括(　　)。
   A. 是调查活动必要的环节　　　　B. 提高了调查资料价值
   C. 可以激发新信息的产生　　　　D. 可以纠正调查偏差
2. 审核调查资料可以从以下方面进行(　　)。
   A. 针对性　　　B. 完备性　　　C. 完整性　　　D. 准确性

3. 调查资料编码可以分为（　　）。
   A. 事后编码　　　B. 事前编码　　　C. 精确编码　　　D. 系统编码
4. 缺失数据应该做以下处理（　　）。
   A. 找一个中间变量代替　　　B. 用一个逻辑答案代替
   C. 删除处理　　　D. 保留处理
5. 描述数据集中趋势的常用统计量有（　　）。
   A. 均值　　　B. 众数　　　C. 中位数　　　D. 离差

（二）判断题（正确的打"√"，错误的打"×"）

1. 在调查实践中，调查者整理的资料多为问卷资料。（　　）
2. 市场调查资料分类的标准有属性、数量、时间、空间、关联性等。（　　）
3. 复合分组是对所研究的现象采用单一标志进行连续分组。（　　）
4. 调查资料分析就是将资料进行简单处理，把资料表面内容表达出来即可。（　　）
5. 单变量列表方法所表达的内容过于复杂，故使用不是很普遍。（　　）
6. 统计图是用各种图形表现统计资料的一种形式，是以统计资料为依据，借助于线、形、事物的形象和地图等形式。（　　）
7. 集中趋势分析属于一种对数据的静态分析方法。（　　）

（三）简答题

1. 市场调查资料整理的过程大致分几步？
2. 怎样对问卷进行审核？
3. 为什么要进行编码设计？
4. 简述二手资料整理的程序。
5. SPSS软件有哪些特点？

三、案例分析

案例1：关于消费者空调购买行为的调查

某家电经销商为了了解消费者空调购买行为，从某市城镇居民家庭中抽取了1 000户进行了问卷调查，并从市统计局搜集了有关的数据。资料整理如下：

1）近10年城镇居民可支配收入、空调拥有量等数据资料。

可支配收入（元/人）	1 592	1 783	2 168	2 817	3 886	4 705	5 052	5 209	5 435	5 818
消费性支出（元）	1 294	1 446	1 732	2 194	3 138	3 886	4 098	4 137	4 482	4 800
耐用品支出（元）	88	105	128	168	245	269	332	352	394	486
空调拥有量（台/百户）	108.1	110.8	114.2	117.1	119.5	121.0	122.8	125.1	128.1	132.32

2）2018年年末不同收入家庭空调拥有量。

（单位：台/百户）

收入水平	最低收入	低收入	中等偏下	中等收入	中等偏上	高收入	最高收入
拥有量	88.46	116.35	119.32	123.32	140.12	145.32	151.32

3）调查的1 000户居民家庭中，计划近3年内购买空调的户数分别53户、89户、58户（1 000户中有868户拥有空调，132户没有空调）。

4）计划购买空调的200户家庭中，关注空调服务、质量、促销、价格及其他要素的分别为28户、144户、4户、20户、4户。

5）计划买空调的200户中，准备购买单冷机的有23户，欲购冷暖两用机的有170户，到时再决定的有7户；准备购买窗式机的有39户，欲购柜机的有43户，打算买壁挂机的有118户。

6）计划购买空调的200户中，空调信息来源的渠道分别为：报纸刊物90户，电视87户，销售现场8户，朋友同事告知6户，销售人员促销3户，户外广告4户，网络广告2户。

7）计划购买空调的200户中，购买空调地点选择分别为：专卖店77户，大型电器商场94户，综合性商场82户，家电连锁店56户，厂家直销店48户（有同时选择多个地点的情形）。

8）计划购买空调的200户中，购买时间选择分别为：夏季86户，冬季60户，厂家促销期42户，春季和秋季12户。

9）计划购买空调的200户中，空调功率选择分别为：1匹以下7户，1匹41户，1.5匹48户，2匹35户，2.5匹12户，3匹以上的23户，到时视情况而定的34户。

10）计划购买空调的200户中，空调价位选择分别为：2 000元以下12户，2 001~3 000元56户，3 001~4 000元45户，4 001~5 000元36户，5 001元以上30户，到购买时再定21户。

11）居民家庭对空调降价的态度为：非常欢迎482户，无所谓106户，不欢迎5户。

12）居民家庭对绿色环保空调的看法：认为符合空调发展方向的有252户，认为符合消费需求的有312户，认为属空调必备要求的有127户，认为是厂家炒作手段的有112户，回答不知道的有197户。

13）居民家庭对变频空调的看法：认为符合空调发展方向的有169户，认为符合消费者需求的有294户，认为属空调必备要求的有140户，认为是厂家炒作手段的有99户，回答不知道的有298户。

14）居民家庭对静音空调的看法：认为符合空调发展方向的有239户，认为符合消费者需求的有391户，认为属空调必备要求的有210户，认为是厂家炒作手段的有52户，回答不知道的有108户。

15）居民家庭认为厂家宣传推广对购买决策有很大影响的有170户，认为有影响的有280户，认为影响程度一般的有235户，认为无影响的有315户。

阅读材料，回答以下问题：

1. 你认为上述调查数据处理有何特点，又有哪些缺陷？实际工作中应怎样弥补这些缺陷？
2. 根据这些数据，你认为可制作哪些形式的统计表和统计图？
3. 若再次做同类调查，你能设计出更为完善的调查问卷和数据整理方案吗？

案例2：海量数据中的商业机遇

"可能感兴趣的人""猜你喜欢""购买此商品的人还购买了……"在你刷微博、网上购物时，经常会在相应的位置上见到如上提示。这些看似简单的用户体验背后，其实正孕育着被誉为"新油田"的大数据产业。

美国互联网数据中心指出，互联网上的数据每年增长50%，两年便可以翻一番，而目前世界上 90%以上的数据是最近几年才产生的。这些数据又并非单纯指人们在互联网上发布的信息,全世界的工业设备、汽车、电表上有着无数的数码传感器,随时测量和传递着有关位置、运动、震动、温度、湿度及至空气中化学物质的变化,也产生了海量的数据信息。

大数据技术的战略意义不在于掌握庞大的数据信息,而在于对这些含有意义的数据进行专业化处理。换言之,如果把大数据比作一种产业,那么这种产业实现盈利的关键,就在于提高对数据的"加工能力",通过"加工"来实现数据的"增值"。

虽然大数据在我国还处于初级阶段,但是商业价值已经显现了出来。首先,手中握有数据的公司站在金矿上,基于数据交易即可产生很好的效益;其次,基于数据挖掘会有很多商业模式诞生,定位角度不同,或侧重数据分析,如帮企业做内部数据挖掘,或侧重优化,帮企业更精准地找到用户,降低营销成本,提高企业销售率,增加利润。

阅读材料,回答以下问题:
1. 大数据时代的到来,会给二手资料的整理与分析带来哪些影响?
2. 大数据时代对于企业的意义有哪些?

同步实训

实训 1:市场调查资料整理认知

实训目的:初步认识市场调查资料分组工作。

实训内容:

选择某一老少皆宜的日常消费品,由学生设计问卷对本市不同年龄段的受访者进行调查,然后按年龄段将调查所得资料进行分组,尝试总结出自己的调查结论。

实训组织:学生分小组,根据特定目的,讨论并对数据资料进行分组;讨论市场调查资料分组的合理性与科学性,以及对于揭示市场调查目的的意义。

实训总结:学生小组间交流对调查数据资料分组的结果,教师根据讨论报告、PPT 演示,以及学生在讨论分享中的表现,分别对每组进行评价和打分。

实训 2:市场调查资料分析认知

实训目的:初步认识市场调查资料分析工作。

实训内容:

1. 设定某一调查主题,如对本校、本班级同学智能手机、电脑等电子产品购买使用情况的调查。围绕这一主题,尝试在班内模拟市场调查。
2. 讨论分析调查结果,并将调查结果用图表的方式进行列示。

实训组织:学生分小组,进行模拟调查;汇总、整理数据资料,并用图表的形式将数据进行列示。

实训总结:学生小组间交流对调查资料图表列示的认知结果,教师根据讨论报告、PPT 演示,以及学生在讨论分享中的表现,分别对每组进行评价和打分。

↘ 实训3：市场调查资料描述分析认知

实训目的： 认识市场调查资料描述分析工作。
实训内容：
1. 设定某一调查主题，如对本校、本班级同学智能手机、电脑等电子产品购买使用情况的调查。围绕这一主题，尝试在班内模拟市场调查。
2. 讨论分析调查结果，并分析调查数据的集中趋势。

实训组织： 学生分小组，进行模拟调查；汇总、整理数据资料，并对这些数据进行集中趋势分析，说明其意义。

实训总结： 学生小组间交流对调查资料集中趋势分析的认知结果，教师根据讨论报告、PPT演示，以及学生在讨论分享中的表现，分别对每组进行评价和打分。

学生自我学习总结

通过完成任务8的学习，我能够做如下总结：

一、主要知识点
任务8中，主要的知识点有：
1. _____。
2. _____。

二、主要技能
任务8中，主要的技能有：
1. _____。
2. _____。

三、主要原理
调查资料整理在市场调查活动中的地位与作用是：
1. _____。
2. _____。

四、相关知识点
任务8涉及的主要相关知识点有：
1. 调查资料整理与调查结果的关系是：_____。
2. 调查资料图表分析的意义有：_____。
3. 调查资料数据的集中趋势说明的特定问题有：_____。

五、学习成果检验
完成任务8学习的成果：
1. 完成任务8学习的意义有：_____。
2. 学到的知识有：_____。
3. 学到的技能有：_____。
4. 你对市场调查资料整理的初步印象是：_____。

任务 9 市场发展趋势预测

学习目标

知识目标

1. 了解市场预测的含义。
2. 掌握市场预测的种类。
3. 掌握市场预测的内容。
4. 掌握市场预测的原则。

能力目标

1. 能说明定性预测方法。
2. 能说明定量预测方法。
3. 能初步运用市场预测方法。

任务描述

经过数据资料的整理与分析后,市场调查人员根据分析结果,可以总结市场的历史状况和现实情形。要想对市场发展的未来趋势做出展望,得出符合逻辑的结论和活动过程,就必须借助于专门的市场预测技术,在市场调查结论的基础上,对市场发展进行测算和判断。

任务解析

根据市场调查职业工作活动顺序和职业能力分担原则,"市场发展趋势预测"学习活动可以分解为以下子任务:

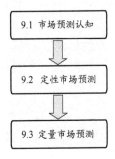

9.1 市场预测认知

9.2 定性市场预测

9.3 定量市场预测

> **调查故事**
>
> 在市场营销活动中，市场预测的作用非常重要。某一年的市场预测表明，该年的苹果将供大于求，这使得众多苹果供应商和营销商暗暗叫苦，他们似乎都已认定自己必将蒙受损失！可就在大家为即将到来的损失长吁短叹的时候，聪明的 A 却想出了绝招。他想：如果在苹果上增加一个"祝福"的功能，让苹果上出现"喜""福"等字样，准能卖个好价钱！于是，当苹果还长在树上时，他就把提前剪好的纸样贴在了苹果朝阳的一面，有"喜""福""吉""寿"等字。果然，由于贴了纸的地方阳光照不到，苹果皮上也就留下了痕迹。这样的苹果的确前所未有，这样的创意也的确领先于人，他的"祝福苹果"在该年度的苹果大战中独领风骚，他因此赚了一大笔钱。
>
> 【启示】市场调查预测工作建立在对信息充分掌握的基础之上，一切凭空的想象和臆测均是不科学的预测，自然也不能促成营销目标的实现。

9.1 市场预测认知

市场营销活动中，市场发展趋势预测是一项重要工作。那么，什么是市场趋势预测？市场预测包括哪些内容？

市场预测是指在科学的理论指导下，通过广泛调查取得第一手资料或第二手资料，再运用定性分析和定量分析的方法，对市场今后的发展变化做出质的描述和量的估计。

市场预测与市场调查的区别在于，前者是人们对市场未来的认识，后者是人们对市场的过去和现在的认识。市场预测能帮助经营者制订出适应市场的行动方案，使自己在市场竞争中处于主动地位。与市场调查一样，市场预测作为市场研究的重要手段，其本身不是目的，而是服从于营销活动，并且是营销活动的一个有机组成部分。

9.1.1 市场预测的含义

早在我国的春秋时期，楚国范蠡便指出："水则资车，旱则资舟""论其有余不足，则知贵贱，贵上极则反贱，贱下极则反贵"。古希腊时期的哲学家塞利斯通过对气象条件的研究，预测到油橄榄将大丰收，于是提前储备榨油机，希望到时以出租榨油机而获利。这些虽是仅凭个人的才智、知识和经验所进行的简单预测与决策，但已具有现代市场调查与预测的雏形。

1. 市场预测的概念

预测是根据调研所获得的经过整理的信息、数据、资料以及过去的经验，运用经验、软件程序和决策模型对事物未来的发展趋势做出客观估计和科学判断的过程。

> **重要概念 9-1　市场预测**
>
> 市场预测是指在市场调研的基础上，运用预测理论与方法，预先对所关心的市场未来变化趋势与可能的水平做出估计与测算的活动过程。

市场预测能够帮助企业决策者掌握市场未来发展趋势，寻找并把握市场机会，做出科学的经营决策，如对企业未来一段时间的生产和销售做出预测，或预测企业未来所需人员的数量等。但市场预测也有其局限性，它只能描述未来事物变化发展的轨迹，因为影响事物发展的因素错综复杂，有些甚至是不可预测的。同时，由于人的客观知识和主观经验的局限性，因此预测也存在难以控制的风险。

2．市场预测的类型

市场预测的种类很多，大致可以分为以下几类：

（1）按范围大小不同，分为宏观市场预测和微观市场预测

宏观市场预测是把整个行业发展的总体情况作为研究对象，研究企业生产经营过程中相关的宏观环境因素，如政治、经济、文化、技术、法律等因素的发展变化趋势及其对本企业经营方向和过程的影响。

▶ **例 9-1** 根据德勤的分析预测，在 2018 年的 200 万辆级别的基础上，2020 年全球新能源汽车的销量将达到 400 万辆，2025 年将达到 1 200 万辆，2030 年将达到 2 100 万辆。其中，纯电动汽车将占据新能源汽车总销量约 70%的份额。

微观市场预测是从单个企业的角度出发，研究并预测市场竞争者地位、企业市场销售量、产品在市场上的占有率等各个要素。

▶ **例 9-2** 根据蓝色吉利行动新能源战略，吉利汽车公司预计将在 2020 年实现 200 万辆的产销总量，这 200 万辆的产销总量中有 90%都是新能源产品，其中有 35%是纯电动，另外的 65%是插电式混合动力与油电混动。

宏观市场预测与微观市场预测密不可分，宏观市场预测要以微观市场预测为基础，微观市场预测要以宏观市场预测为指导，只有将二者很好地结合起来，才可能进行对企业有利的科学预测。

（2）按时间长短不同，分为长期预测、中期预测和短期预测

长期预测一般是指对 5 年以上的市场发展远景进行预测，如通货膨胀趋势、原料和能源供应的变化对企业及所处经营环境的影响。

▶ **例 9-3** 据欧佩克 2018 年出具的预测报告，世界石油产量将在未来五年内飙升至新纪录。大部分的产量增长将来自欧佩克以外的国家。欧佩克预计，到 2040 年，全球石油需求将达到近 1.12 亿桶。

中期预测一般指 1～5 年期间的市场发展变化的预测，介于长期预测与短期预测之间。

▶ **例 9-4** 美国费城联储银行总裁哈克 2019 年 3 月 5 日发表讲话，他预计美国失业率在 2019 年可能降至 3.5%，通胀率在 2019 年和 2020 年可能略高于美联储设定的 2%的目标。

短期预测的预测时间一般在 1 年以下，如季度、月份或者几天内的变化情况。

（3）按预测方法性质不同，分为定性预测和定量预测

定性预测分析是对预测对象的性质，运用相关技术进行的分析预测，包括已知现象总结、确定概念、判断其未来的发展。它主要是依靠个人主观经验和直觉进行分析，对事物的性质、市场发展前途进行估计和预测。

定量分析预测主要是根据市场调查阶段所收集的相关数据信息资料，通过建立适当的数学模型分析过去和现在市场变化情况，来预测未来的市场变化趋势。

（4）按市场预测地域大小不同，分为国际市场预测、国内市场预测

国际市场预测是指以世界范围内国际市场的发展趋势为对象的市场预测。国际市场预

测可以是综合性的，也可以是专题性的；可以是就整个世界市场的预测，也可以是就具体国际区域市场，甚至是国别市场的预测。

国内市场预测是以一国范围的市场状况为预测对象的市场预测。全国性市场预测可以是综合市场预测，也可以是专题市场预测。

（5）按市场预测内容繁简不同，分为专题市场预测和综合性市场预测

专题市场预测是指市场预测主体为解决某个具体问题而对部分市场状况进行的预测，如对市场上某种商品的需求进行预测。

综合性市场预测是指市场预测主体为全面了解市场的发展趋势，而对市场的各个方面进行的全面预测。相对于专题预测而言，综合预测涉及市场的各个方面，组织实施起来相当困难，不但需要投入相当多的人力、物力，费时、费钱，对预测人员的要求也相对较高。

案例 9-1 第五代移动通信技术（5G）行业需求预测

中研网财经研究院报告显示，未来5G将以用户为中心构建全方位的信息生态系统，渗透到社会生活的各个领域。其主要应用场景可以分为两大类，即高速上网和万物互联。

移动互联网主要面向以人为主体的通信，注重提供更好的用户体验。面向2020年及未来，超高清、3D和浸入式视频的流行将会驱动数据传输速率大幅提升，例如8K（3D）视频经过百倍压缩之后传输速率仍需要大约1G bit/s。

物联网扩展了移动通信的服务范围，从人与人通信延伸到物与物、人与物智能互联，使移动通信技术渗透至更加广阔的行业和领域。面向2020年及未来，移动医疗、车联网、智能家居、工业控制、环境监测等将会推动物联网应用的爆发式增长，数以千亿的设备将接入网络，实现真正的"万物互联"，并缔造出规模空前的新兴产业，为移动通信带来无限生机。同时，海量的设备连接和多样化的物联网业务也会给移动通信带来新的技术挑战。

5G将应用于未来人们居住、工作、休闲和交通等各种区域，用户将在密集住宅区、办公室、体育场、露天集会、地铁、快速路、高铁和广域覆盖等场景中获得一致的业务体验。这些场景具有超高流量密度、超高连接数密度、超高移动性等特征，可能对5G系统构成更加严峻的挑战。

【启示】显然，未来5G的商业用途绝不仅仅是我们用上运行速度更快的手机，其商业用途的前景更为广阔。当然，无论移动互联网还是物联网，用户在不断追求高质量业务体验的同时也在期待其使用成本的下降。

9.1.2 市场预测的内容

市场预测的内容非常广泛，主要包括市场环境预测、市场需求预测、市场供给预测等。

1. 市场环境预测

市场环境预测是在市场环境调研的基础上，运用因果性原理和定性与定量分析相结合的方法，预测国际、国内的社会、经济、政治、法律、政策、文化、人口、科技、自然等环境因素的变化，对特定的市场或企业的生产经营活动会有什么样的影响（包括威胁和机会），并寻找适应环境的对策。例如，人口总量和人口结构的变化对产品的需求会造成什么样的影响，人口老龄化意味着什么样的商机等。

▶ **例9-5** 现有资料预测,我国老龄人口到2025年将超过3亿人,2045年将达到4亿人,到2050年将达到总人口的1/3。目前我国老龄产业产值约10 000亿元,其中每年仅老年服饰消费潜力至少有2 000亿元,但眼下市场需求大、供给少,供求关系不平衡,急需专营老年用品的生产和销售企业。相关人士预测,到2030年,我国有望形成老龄、少儿、成人产业三分天下的格局。

2. 市场需求预测

市场需求预测是在市场需求调研的基础上,运用定性与定量分析相结合的方法,对特定区域和特定时期内的某类市场或全部市场的需求走向、需求潜力、需求规模、需求水平、需求结构、需求变动等因素进行分析和预测。由于市场需求的大小决定着市场规模的大小,对企业的投资决策、资源配置和战略研发具有直接的重要影响,因此,市场需求预测是市场预测的重点。市场需求预测既包括对现有市场的需求潜力估计,又包括对未来市场的需求潜力的测定。

▶ **例9-6** 中国行业研究报告显示,5G手机将成为电子消费的新一轮风口,5G、折叠屏、混合光学变焦摄像头等新技术应用于智能手机上,将激活智能手机换机市场。市场调研公司Counterpoint Research的报告显示,2021年,全球5G智能手机的出货量将达到1.1亿部,较2020年增长255%。国金证券此前预计,5G手机将带来5 000亿元以上的新增市场空间。

3. 市场供给预测

市场供给预测是指对一定时期和一定范围内的市场供应量、供应结构、供应变动因素等进行分析和预测。由于市场供给的大小能够反映市场供应能力的大小以及供应量能否满足市场需求,因此,它是决定市场供求状态的重要变量。

案例9-2 日本纸尿裤大王的市场预测

日本尼西奇公司原是一家生产雨伞的小企业,但一次偶然的机会,董事长多博川看到了一份最新的日本人口普查报告。该报告显示,日本每年有250万名婴儿出生,他立即由此意识到纸尿裤这个小商品在日本有着巨大的潜在市场,再加上广阔的国际市场,潜力极其巨大。于是,多博川立即决定转产被大企业不屑一顾的纸尿裤,结果畅销全日本,走俏世界。如今,该公司的纸尿裤销量已占世界的1/3,多博川本人也因此成为享誉世界的"纸尿裤大王"。

【启示】多博川从一份人口普查报告中预测到了巨大的商机,从而取得了巨大的成功,这得益于他对市场的敏锐观察力。快速变化的市场要求商家要善于根据新情况、新问题,及时预测其走向,采取相应的对策,真正做到市场变我也变。

9.1.3 市场预测的方法

市场预测的方法有很多,一般复杂的方法涉及许多专门的技术。对于企业营销管理人员来说,应该了解和掌握的市场预测方法主要有以下几种:

1. 定性预测法

企业的经营者和管理者在多数情况下不可能很清楚地掌握预测对象的全部资料,且影响预测对象的因素复杂多变，以致对一些重要的影响因素有时难以进行定量分析；也有时是因为要求在很短的时间内迅速做出预测和决策，这也迫使人们利用经验和直觉进行预测，以期做出快速反应，抓住商机。

定性预测侧重于在事物发展的性质、原则和方向上进行判定。在实际运用中，常用的定性预测方法有专家意见集合法、个人经验判断预测法集体经验判断预测法、专家预测法等。

2. 定量预测法

定量预测技术是建立在现代数理统计技术之上的应用性很强的学科，它通过建立数学和统计学模型来使预测更加精确。定量预测的预测依据客观真实，可靠性更高，在中短期预测中有着非常明显的优势。常用的定量预测方法有时间序列预测法、指数平滑预测法、趋势外推法、季节变动法和回归预测法等。

拓展阅读9-1 市场预测的原则

（1）客观性原则　市场预测是一种客观的市场研究活动，但这种研究是通过人的主观活动完成的。因此，预测工作不能主观随意地"想当然"，更不能弄虚作假。

（2）全面性原则　影响市场活动的因素，除经济活动本身外，还有政治的、社会的、科学技术的因素。这些因素的作用使市场呈现出纷繁复杂的局面。预测人员应具有广博的经验和知识，能从各个角度归纳和概括市场的变化，避免出现以偏概全的现象。当然，全面性也是相对的，无边无际的市场预测既不可能，也无必要。

（3）及时性原则　信息无处不在，任何信息对经营者来说都既是机会，又是风险。为了帮助企业经营者不失时机地做出决策，要求市场预测快速提供必要的信息，过时的信息是毫无价值的。信息越及时，不可预料的因素就越少，预测的误差也就越小。

（4）科学性原则　预测所采用的资料需经过去粗取精、去伪存真的筛选过程，才能反映预测对象的客观规律。运用资料时，应遵循近期资料影响大、远期资料影响小的原则。预测模型也应精心挑选，必要时还需先进行试验，找出最能代表事物本质的模型，以减少预测误差。

（5）持续性原则　市场的变化是连续不断的，不可能停留在某一个时点上。相应地，市场预测需不间断地持续进行。在实际工作中，一旦市场预测有了初步结果，就应当将预测结果与实际情况相比较，及时纠正预测误差，使市场预测保持较高的动态准确性。

（6）经济性原则　市场预测是要耗费资源的。有些预测项目，由于预测所需时间长，预测的因素又较多，往往需要投入大量的人力、物力和财力，这就要求预测工作本身必须量力而行，讲求经济效益。如果耗费过大、效益不高，就将使市场预测声誉扫地。如果企业自己预测所需成本太高时，可委托专门的机构或咨询公司来进行预测。

课堂自我测评

测评要素	表现要求	已达要求	未达要求
知识目标	能掌握市场预测的含义、内容		
技能目标	能初步认识市场预测技术的分类		
课程内容整体把握	能概述并认识市场预测的基本原理		
与职业实践的联系	能描述市场预测的实践意义		
其他	能联系其他课程、职业活动等		

9.2 定性市场预测

在市场营销活动中，对市场发展趋势进行预测时，调查人员有时很难获取一些真正有用的数据。此时，必须依靠人的经验以及分析能力做出一些比较粗略的数量估计。这就属于定性预测的范畴。那么，定性预测有哪些具体方法，该怎样操作呢？

9.2.1 定性预测认知

定性预测的早期主要与商品经济欠发达时代重合，市场相对狭小，信息闭塞，商品交换比较简单，商人和小生产者主要依靠自己的经验对未来的市场行情做出估测。在今天，这种方法也在不断地完善，已经突破了传统定性预测方法的局限，而发展成为现代意义上的定性预测方法。

1. 定性预测的概念

定性预测也称为意向预测，是对事物性质和规定性的预测，它并不是基于数量模型，而是依靠经验、知识、技能、判断和直觉来做出预测的一种方法。

> **重要概念 9-2　定性预测**
>
> 　　定性预测是指预测者依靠熟悉专业知识、具有丰富经验和综合分析能力的人员、专家，根据已掌握的历史资料和直观材料，运用个人的经验和分析判断能力，对事物的未来发展做出性质和方向上的判断，然后再通过一定的形式综合各方面的意见，对现象的未来做出预测。

2. 定性预测的特点

定性预测最大的特点在于主要凭借人的经验以及分析能力，着重对事物发展的性质、发展的趋势、方向和重大转折点进行预测。其优缺点主要表现如下：

（1）定性预测的优点　定性预测法是一种非常实用的预测方法，特别是在对预测对象的历史资料掌握不多或影响因素复杂，难以分清主次的情况下，几乎是唯一可行的方法。定性预测具有较大的灵活性，易于充分发挥人的主观能动作用，且简单迅速，省时省费用。

（2）定性预测的局限　①受制于预测者的经验与能力。定性预测法强调对问题质的方面做出判断，手段是凭借预测者的经验、知识和技能，因此只能得到其问题性质的判断结果。②易受主观因素影响。定性预测容易受到一些主观因素影响，由于它比较注重人的经验和主观判断能力，因而易受到预测者的知识、经验和能力的多少或大小的制约。③缺乏量的精确性。用此方法得到的结果主要是质的描述，尽管也可以得到数量的信息，但很难确定其结果的可信度，也无法估计其误差大小。

> **课堂讨论**　为什么说定性预测简单迅速、省时省费用？

9.2.2 个人经验判断预测法

定性分析预测法是"有判断力的方法"，一般由专家或专业人员进行预测。由于其主要依赖人的经验和分析能力，因此定性预测的基本方法主要指的是个人经验判断预测法。

1. 个人经验判断预测法的含义

经验是指由实践得来的知识或技能。个人经验判断预测法就是利用预测者的经验,对所要预测的事物的未来发展做出推断。个人经验判断预测法是最常见的定性预测方法,在实际工作中有着非常广泛的运用。

> **重要概念 9-3** 个人经验判断预测法
>
> 个人经验判断预测法是依赖于预测人员的经验、知识和综合分析能力,对预测对象的未来发展前景做出性质和程度上的估计和推测的预测方法。

2. 个人经验判断法的具体应用

经验判断法常用的形式包括类比法、关联推断预测法、逻辑判断预测法、产品生命周期预测法等。

(1) 类比法　类比法的基本原理是"由此及彼"。如果把"此"看作是前提,"彼"看作是结论,那么类比思维的过程就是一个推理过程。在现实预测活动中,当预测的变量没有历史数据时,可寻找一个历史信息已被完全掌握且主要性质特点相似的事物作为类比物。这一方法的优点在于,它提供了一种成本不高但较为全面的预测,且对市场营销和经营人员有较强的实用性。

▶**例 9-7**　人们喜欢吃水果,有的日用化工厂生产了水果香型牙膏;男女老幼都喜欢吃各式巧克力糖,有的厂家生产了巧克力香型的牙膏,结果销路很好。

(2) 关联推断预测法　关联推断预测法是根据一些已知事物的关联指标(如现象)的发展变化趋势,来判断预测事物未来发展趋势的一种预测方法。指标或现象与事物在时间上和变动方向上都有一定的关联关系。这种关系表现为二者发生的变化有 3 种情况,即先行发生、同时发生和滞后发生,人们可根据其发生的先后不同,将这些指标称为先行指标、平行指标和后行指标。

▶**例 9-8**　据 BNEF[①]预测,到 2025 年,全球新能源汽车的销量将达到 1 100 万辆,渗透率达到 11%,同年,燃油汽车销量将达到拐点,步入下行趋势;到 2030 年全球销量将继续攀升至 3 000 万辆,渗透率达到 28%;到 2040 年,全球销量有望达到 6 000 万辆,渗透率提升至 55%。新能源汽车全面取代燃油汽车成为未来出行交通工具的进程,进入倒计时。

(3) 逻辑判断预测法　经验通常会随着人们实践活动的增多而自然而然地增长,但并不是所有的人都能拥有与预测目标相应的经验;即使有这种经验,也不一定能很好地利用这种经验做出准确预测。人们只有经过科学的逻辑思维之后,才能把以往的经验综合起来做出判断和预测。常用的逻辑判断预测法主要是归纳法和演绎法,以及分析法和综合法。

(4) 产品生命周期预测法　产品生命周期是指产品开始投放市场直到被市场淘汰的全过程。可以说,没有一种产品是长盛不衰的,只有生命周期的长短不同而已。由于产品在其生命周期的不同阶段有不同的特点,因此只要了解了这些特点,企业就会有针对性地制定相应的市场营销策略。

9.2.3　集体经验判断预测法

人们在判断预测的过程中发现,一个人的经验和知识往往是不够的,如果把多人的

[①] Bloomberg New Energy Finance 的缩写,即彭博新能源财经。

经验和知识综合在一起,就可能达到"三个臭皮匠,顶个诸葛亮"的效果。这就是集体经验判断预测法。

1. **集体经验判断预测法的含义**

集体经验判断预测法是指由经过挑选的多个预测者组成一个预测小组,通过个体间讨论及相互交流,最后对所要预测的对象做出评价,从而得出预测结果的一种方法。

2. **集体经验判断预测法操作流程**

集体经验判断预测法操作流程如图 9-1 所示。

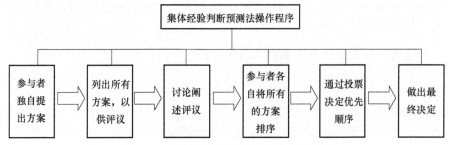

图 9-1 集体经验判断预测法操作流程图

3. **集体经验判断预测法的种类**

(1)意见交换法 意见交换法是指参加预测的人员,通过座谈讨论相互交换意见,当场提出个人主观的估计预测值;或者在座谈会结束的时候提出个人主观的估计预测值,然后由座谈会主持者集中各方面的意见,综合形成一种或几种预测结果。

(2)意见汇总法 意见汇总法是指在对某事物进行预测时,由企业内部所属各个部门分别进行预测,然后把各部门的预测意见加以汇总,形成集体的预测意见的一种判断预测法。

(3)消费者意向调查法 消费者意向调查法是指在调查消费者或用户在未来某个时间内购买某种商品意向的基础上,对商品需求量或销售量做出量的推断的方法。这种方法可以通过消费者或用户购买商品的一些决策经验,反映他们未来对商品的需求。

(4)意见测验法 意见测验法是指向企业外部的有关人员(如消费者或用户)征求意见,加以综合分析做出预测推断的一种方法。经常采用的意见测验法有消费者或用户现场投票法、发放调查表征求意见法、商品试销或试用征求意见法。

9.2.4 其他定性预测法

1. **专家意见集合法**

专家意见集合法也称为专家会议法,顾名思义,就是根据市场预测的目的和要求,聘请一些专家成立预测小组,企业自身不参加预测,只承担管理和组织工作。企业为专家组提供相关的背景资料,由专家自行预测,并以座谈讨论会的形式对预测对象及其前景的预测结果进行评价。最后,在经过综合专业分析判断的基础上,得出大家认可的市场发展趋势预测结果。常用的具体方法有座谈讨论法、直接头脑风暴法和间接头脑风暴法。

专家意见集合法为什么要控制人数？不是专家越多，意见越充分，预测越准确吗？

2. 德尔菲法

德尔菲法实际上就是专家小组法，或称专家意见征询法。这种方法是按一定的程序，采用背对背反复征询的方式，征询专家小组成员的意见，经过几轮的征询与反馈，使各种不同意见渐趋一致，再经汇总和用数理统计方法进行收敛，得出一个比较合理的预测结果供决策者参考。

这一方法是美国兰德公司在20世纪40年代首创和使用的，最先用于科技预测，后来在市场预测中也得到广泛应用。

 德尔菲法为什么要采取匿名函询方式？

3. 类推法

类推即类比推理，是由特殊（局部、个别）到特殊的分析推理。它与演绎推理、归纳推理并列为三大推理分析方法。类推原理就是根据事物及其环境因素的相似性，从一个已知事物的发展变化情况，推测其他类似事物的变化趋势的一种判断预测方法。

根据预测目标和市场范围的不同，类推法可分为产品类推法、行业类推法、地区类推法和国际类推法几种方法。当然，这样的分法主要是从实用角度出发，本身并不严谨。

（1）产品类推法　产品类推法是依据产品之间的功能、构造、原材料、规格等方面的相似性，推测产品市场的发展也可能会出现某些相似性。

（2）行业类推法　有不少产品的发展是从某一个行业开始，再逐步向其他行业推广的，而且每进入一个新行业，往往都要对原来的产品做一些改进和创新，以适应新行业市场的需要。

▶ **例 9-9**　随着科技发展和人们受教育水平的提高，电脑开始进入普通民众的日常生活，成为普通家电。于是企业在预测电脑销量时，就不再把它看成是高科技工具，而按家电的观念重新看待电脑，于是很多之前的家电销售企业也开始经销电脑，甚至一些企业把专业服务省略掉，做起了直销，取得了长足的发展。

（3）地区类推法　同类产品的市场不仅在同行业之间存在着时差，而且在不同地区之间，这种时差表现得更明显。这种空间和时间上的传递也有着一定的规律，找出领先和滞后的地区，并且分析出时差程度，可以很方便地预测许多事物的发展趋势。

▶ **例 9-10**　法国时装引领着世界服装的潮流，而这种潮流一般会先传到欧美地区、然后是日韩地区、接着传递到我国东南沿海地区，一段时期后才会向我国中西部延伸。当然，还有许多流行的事物也常遵循着这条路径传递。

（4）国际类推法　国际类推法是地区类推法的一种形式，即根据领先国家的市场发展情况类推滞后国家的市场发展趋势。这里需要考虑的影响因素很多，既有宏观的又有微观的，非常复杂。预测主要是了解大体的情况，而不苛求精准。

在世界上，近现代国家的形成有其历史原因，其现状是西方物质文明和科学技术领先于东方，这也是进行类推的前提和基础。

我国在预测人均消费资源、食品和商品时，也常以国外发达地区的标准为参照。

课堂自我测评

测评要素	表现要求	已达要求	未达要求
知识目标	能掌握市场定性预测的含义、意义		
技能目标	能初步认识定性预测的方法要求		
课程内容整体把握	能概述并认识市场定性预测过程		
与职业实践的联系	能描述市场定性预测的实践意义		
其他	能联系其他课程、职业活动等		

9.3 定量市场预测

在市场预测活动中,人们通常会觉得定性调查比较模糊、抽象,而需要对市场发展做数量上的精确描述,这就必须借助于定量预测。那么,什么是定量预测?定量预测的具体方法有哪些呢?

9.3.1 定量预测认知

定量预测法也称统计预测法,其主要原理是利用统计资料和数学模型进行预测。然而,这并不意味着定量方法完全排除了主观因素;相反,主观判断在定量方法中仍起着重要的作用,只不过与定性预测方法相比,各种主观因素所起的作用小一些罢了。

1. 定量预测的概念

定量预测是使用历史数据或因素变量来预测需求的数学模型。

重要概念 9-4　定量预测法

定量预测法是根据比较完备的历史和现状统计资料,运用数学方法对资料进行科学的分析和处理,找出预测目标与其他因素的规律性联系,对事物的发展变化进行量化推断的预测方法。

2. 定量预测的特点

定量预测的优点有:①偏重于数量方面的分析,重视预测对象的变化程度,能做出变化程度在数量上的准确描述;②主要将历史统计数据和客观实际资料作为预测的依据,运用数学方法进行处理分析,受主观因素的影响较少;③可以利用现代化的计算方法来进行大量的计算工作和数据处理工作,求出适应工程进展的最佳数据曲线。

定量预测的缺点:①比较机械,不易灵活掌握;②对信息资料质量要求较高,进行定量预测通常需要积累和掌握历史统计数据。

9.3.2 定量预测的类型

定量预测方法主要包括时间序列预测法和回归分析预测法。

1. 时间序列预测法

时间序列预测法参照一个指标本身的历史数据的变化趋势,去寻找市场的演变规律,并以此作为预测的依据,即把未来作为过去历史的延伸。时间序列预测法包括平均平滑法、趋势外推法、季节变动预测法等。

时间序列中每一时期的数值,都是很多不同因素同时发生作用后的综合反映。总的说来,这些因素可分为以下三大类:

(1) 长期趋势　这是时间序列变量在较长时间内的总态势,即在长时间内连续不断地增长或下降的变动态势。它反映了预测对象在长时期内的变动总趋势,这种变动趋势可能表现为向上发展,如劳动生产率提高;也可能表现为向下发展,如物料消耗的降低;还可能表现为向上发展转为向下发展,如物价变化。长期趋势往往是市场变化情况在数量上的反映,因此它是进行分析和预测的重点。

(2) 季节变动　这是指一再发生于每年特定时期内的周期波动,即这种变动上次出现后,每隔一年又再次出现。所以简单地说,每年重复出现的循环变动,就叫季节变动。

(3) 不规则变动　不规则变动又称随机变动,其变化无规则可循。这种变动都是由偶然事件引起的,如自然灾害、政治运动、政策改变等影响经济活动的变动。不规则变动的幅度往往较大,而且无法预测。

2. 回归分析预测法

回归分析预测法是因果分析法中很重要的一种,它从一个指标与其他指标的历史和现实变化的相互关系中,探索它们之间的规律性联系,以此作为预测未来的依据。

9.3.3　时间序列预测法的运用

在市场定量预测方法中,最普遍使用的预测技术便是平均数预测法。在市场预测实践中主要有以下几种应用公式:

(1) 简单算术平均法　简单算术平均法的公式为

$$\overline{X} = \frac{\sum_{t=1}^{n} X_t}{n}, \quad (t=1, 2, \cdots, n)$$

式中,$\overline{X}$ 表示观察值时间序列平均数,n 表示观察时期数,X_t 表示时间序列各组观察值。

▶ **例 9-11**　某企业 2019 年 1~6 月的销售额如表 9-1 所示,要求预测 7 月份销售额。

表 9-1　某企业 1~6 月销售额统计表　　　　　　　　(单位:万元)

月份	1月	2月	3月	4月	5月	6月	合计
销售额	260	270	240	280	260	250	1 560

解:

$$\overline{X} = \frac{\sum_{t=1}^{n} X_t}{n} = \frac{260+270+240+280+260+250}{6} = 260 \text{(万元)}$$

因此,预测值可以用过去历史资料的算术平均值代替,7 月预计销售 260 万元。

简单平均数预测简便,但由于它将预测对象的波动忽略了,不能反映出预测对象的变动趋势,因此只适用于那些相对波动不大的市场现象预测。

(2) 加权算术平均法　在进行信息资料处理时,一个重要的因素是考虑时间的影响。信息发生越接近做预测时的时间,它的影响就越大,重要性就越强,可靠性就越高。如何体现出信息的这种特性,方法有很多,利用不同的时期所对应的权数不同,来体现由于时间差异而取得的信息的重要性不同,是一个常用的方法。加权数的应用还表现在其他方面,如当多个预测者提供的预测结果不同时,根据预测者的能力大小或历史效果记录,也可以利用加权法来体现其重要性的区别。

其公式为

$$\overline{X} = \frac{\sum_{t=1}^{n} W_t X_t}{\sum_{t=1}^{n} W_t}$$

式中,$\overline{X}$ 表示时间序列观察值加权平均数,n 表示观察时期数,W_t 表示时间序列各组观察值的权重,X_t 表示时间序列各组观察值。

▶ **例 9-12** 以例 9-12 资料为例,考虑到信息与现在越接近影响越大,给每个月加个权数,如表 9-2 所示。

表 9-2 某企业销售额统计表 （单位:万元）

月份	1月	2月	3月	4月	5月	6月	合计
权数	1	2	3	4	5	6	21
销售额	260	270	240	280	260	250	1 560

解:

$$\overline{X} = \frac{\sum_{t=1}^{n} W_t X_t}{\sum_{t=1}^{n} W_t} = \frac{260 \times 1 + 270 \times 2 + 240 \times 3 + 280 \times 4 + 260 \times 5 + 250 \times 6}{1+2+3+4+5+6}$$

得出:

$$\overline{X} = \frac{\sum_{t=1}^{n} W_t X_t}{\sum_{t=1}^{n} W_t} = \frac{5\ 440}{21} \approx 259（万元）$$

(3) 移动平均数法 移动平均数法是通过逐项推移,依次计算包含一定项数的时序平均数,以反映时间序列的长期趋势的方法。由于移动平均数法具有较好的修匀历史数据、消除数据因随机波动而出现高点、低点的作用,从而能较好地揭示经济现象发展趋势,因而在市场预测中得到了广泛应用。常用到的移动平均数法有:一次移动平均法、二次移动平均法和移动加权平均法。本节只讨论一次移动平均法。一次移动平均法通常又被称为简单移动平均法。

设时间序列为 $Y_1, Y_2, Y_3, \cdots, Y_t$,以 N 为移动时期数（$N \leqslant$ 观察时期数 n),则简单移动平均数 M_t 的计算公式为

$$M_t = \frac{Y_t + Y_{t-1} + \cdots + Y_{t-N+1}}{N}$$

通过整理得出:

$$M_t = \frac{(Y_{t-1} + \cdots + Y_{t-N+1} + Y_{t-N}) - Y_{t-N} + Y_t}{N}$$

$$= M_{t-1} + \frac{Y_t - Y_{t-N}}{N}$$

利用此递推公式来计算移动平均数可以减少计算量。

在计算移动平均数时，每向前移动一个时期就增加一期新的观察值，去掉一个远期观察值，得到一个新的平均数，由于它不断地移动，不断吐故纳新，故称移动平均数法。

移动平均数与算术平均数的区别在于，算术平均数只是一个数字，而移动平均数却不只是一个数字，而是一系列数字，每一个数字都代表一个平均数。这个平均数数列可以平滑数据并消除周期变动和不规则变动的影响，使长期趋势显露出来。在调查报告对数据有较高要求时，一般都会用到这些方法，所以移动平均数法的应用非常广泛。

▶ **例 9-13** 某市 2019 年 1~11 月食用油消费统计情况见表 9-3，预测 12 月的消费量。

表 9-3 某市 2019 年 1~11 月食用油消费情况统计表　　　　（单位：吨）

月份（t）	食用油消费量（Y_t）	移动平均观察值（$\hat{Y}_t$）	
		$N=3$	$N=5$
1	195	—	—
2	220	—	—
3	200	—	—
4	195	205	—
5	185	205	—
6	180	193.3	199
7	185	186.7	196
8	180	183.3	189
9	190	181.7	185
10	230	185	184
11	210	200	193
12	—	210	199

分别取 $N=3$ 和 $N=5$，

当 $N=3$ 时，$M_3 = \frac{Y_3 + Y_2 + Y_1}{3} = \frac{195 + 220 + 200}{3} = 205$。

同理，当 $N=5$ 时，$M_5 = \frac{Y_5 + Y_4 + Y_3 + Y_2 + Y_1}{5} = \frac{195 + 220 + 200 + 195 + 185}{5} = 199$。

9.3.4 回归分析预测法的运用

回归分析预测法是对具有相关关系的变量，在固定一个变量数值的基础上，利用回归方程测算另一个变量取值的平均数。它是在相关分析的基础上，建立相当于函数关系式的回归方程，用以反映或预测相关关系变量的数量关系及数值。因而，回归分析与相关分析都可统称为相关分析。

1. 回归分析预测的程序

回归分析预测应遵循以下程序：

（1）根据预测目标，确定自变量和因变量　明确了预测的具体目标，也就确定了因变量，如预测具体目标是下一年度的销售量，那么销售量就是因变量。通过市场调查和查阅资料，寻找与预测目标相关的影响因素，即自变量，并从中选出主要的影响因素。

（2）建立回归预测模型　依据自变量和因变量的历史统计资料进行计算，在此基础上建立回归分析方程，即回归分析预测模型。线性回归的一般表达式为

$$y = a + b_1x_1 + b_2x_2 + b_3x_3 + \cdots + b_nx_n$$

通常，我们所研究的回归问题是一个因变量与一个自变量之间的关系，被称作简单线性回归。其公式为

$$y = a + bx$$

（3）进行相关分析　回归分析是对具有因果关系的影响因素（自变量）和预测对象（因变量）所进行的数理统计分析处理。只有当自变量与因变量确实存在某种关系时，建立的回归方程才有意义。因此，作为自变量的因素与作为因变量的预测对象是否有关，相关程度如何，以及判断这种相关程度的把握性多大，就成为进行回归分析必须要解决的问题。进行相关分析，一般要求出相关关系，以相关系数的大小来判断自变量和因变量的相关程度。

（4）检验回归预测模型，计算预测误差　回归预测模型是否可用于实际预测，取决于对回归预测模型的检验和对预测误差的计算。回归方程只有通过各种检验，且预测误差较小，才能作为预测模型进行预测。

（5）计算并确定预测值　利用回归预测模型计算预测值，并对预测值进行综合分析，确定最后的预测值。

2．回归分析预测的实施

在回归分析预测中，我们主要以一元线性回归预测法为例来进行说明，这是因为多数市场和经济现象都可近似看作是线性变化的，而且此方法计算简单，适应面较广。

（1）一元回归模型　当影响市场变化的诸因素中有一个基本的和起决定作用的因素，且自变量与因变量之间的数据分布呈线性趋势，那么就可以运用一元线性回归方程 $y = a + bx$ 进行预测。其中，y 是因变量，x 为自变量，a、b 均为参数，b 又称为回归系数，其表示当 x 每增加一个单位时，y 的平均值增加量。

（2）模型参数的估计　通过最小二乘法来估计一元回归方程中的参数 a、b，求解 a、b 的标准方程为

$$\begin{cases} \sum y_i = na + b\sum x_i \\ \sum x_i y_i = a\sum x_i + b\sum x_i^2 \end{cases}$$

解得：

$$\begin{cases} b = \dfrac{n\sum x_i y_i - \sum x_i \sum y_i}{n\sum x_i^2 - \left(\sum x_i\right)^2} \\ a = \bar{y} - b\bar{x} \end{cases}$$

此式可改为：

$$\begin{cases} a = \bar{y} - b\bar{x} \\ b = \dfrac{\sum \left(x_i - \bar{x}\right)\left(y_i - \bar{y}\right)}{\sum \left(x_i - \bar{x}\right)^2} \end{cases}$$

▶ **例 9-14** 在调查商店周围的交通流量对商店销售额的影响及其关系时,为排除无关因素或个别特殊因素的干扰,调查者对广场大小、停车场数量和周边人口特征等相当的 20 家商店进行调查和观察记录,收集到的各商店平均交通流量和年销售额数据如表 9-4 所示。

表 9-4　20 家商店周围交通流量与商店销售额数据

商店	日均交通流量(X)/千辆	年销售量(Y)/万元	XY	XX
1	62	112.1	6 950.2	3 844
2	35	76.6	2 681	1 225
3	36	70.1	2 523.6	1 296
4	72	130.4	9 388.8	5 184
5	41	83.2	3 411.2	1 681
6	39	78.2	3 049.8	1 521
7	49	97.7	4 787.3	2 401
8	25	50.3	1 257.5	625
9	41	77.3	3 169.3	1 681
10	39	83.9	3 272.1	1 521
11	35	89.3	3 125.5	1 225
12	27	58.8	1 587.6	729
13	55	95.7	5 263.5	3 025
14	38	70.3	2 671.4	1 444
15	24	49.7	1 192.8	576
16	28	65.7	1 839.6	784
17	53	120.9	6 407.7	2 809
18	55	99.7	5 483.5	3 025
19	33	88.4	2 917.2	1 089
20	29	88.3	2 560.7	841
平均值	40.8	84.33		

此问题可通过回归分析来解决,先计算 $\sum x_i y_i$、$\sum x_i^2$、$\bar{x}$ 和 $\bar{y}$ 得:

$$\sum x_i y_i = 73\ 540.30$$

$$\sum x_i^2 = 36\ 526$$

$$\bar{x} = 40.80$$

$$\bar{y} = 84.33$$

把这些数据代入回归方程中得:

$$b = \frac{n\sum x_i y_i - \sum x_i \sum y_i}{n\sum x_i^2 - \left(\sum x_i\right)^2} = \frac{73\ 540.3 - 20 \times 40.8 \times 84.33}{36\ 526 - 20 \times 40.8^2} \approx 1.46$$

$$a = \bar{y} - b\bar{x} = 84.33 - 1.46 \times 40.8 \approx 24.76$$

于是得出年销售额与交通流量的关系如下:

$$\hat{y} = 24.76 + 1.46x$$

课堂自我测评

测评要素	表现要求	已达要求	未达要求
知识目标	能掌握市场定量预测的含义、意义		
技能目标	能初步认识定量预测的方法要求		
课程内容整体把握	能概述并认识市场定量预测过程		
与职业实践的联系	能描述市场定量预测的实践意义		
其他	能联系其他课程、职业活动等		

小结

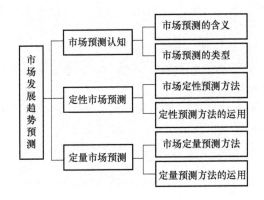

教学做一体化训练

一、解释下列重要概念

市场预测   定性预测法   经验判断预测法   定量预测法

二、课后自测

（一）选择题

1. 相对于专题预测而言，综合预测（   ）。
   A. 涉及市场的各个方面   B. 组织实施相当困难
   C. 需要投入相当多的人力、物力   D. 对预测人员的要求也相对较高
   E. 通常只在大型的市场研究项目中才使用
2. 在实际运用中，定性预测常用的方法有（   ）。
   A. 专家意见集合法   B. 集体经验判断预测法
   C. 专家预测法   D. 时间序列法
3. 按预测的时间长短不同，市场预测可分为（   ）。
   A. 长期预测   B. 中期预测   C. 短期预测   D. 定性预测
4. （   ）适合做长期预测。
   A. 定量预测   B. 定性预测

  C. 消费者调研预测   D. 计算机预测

5. 移动平均数是（ ）。

  A. 一个数字   B. 一组数列

  C. 一组拟合的数字   D. 算术平均数

6. 下列有关简单算术平均法的说法正确的是（ ）。

  A. 当时间序列因素影响较大时使用   B. 当预测者的重要程度不同时可使用

  C. 操作简单、预测便捷快速、费用低   D. 可做长期趋势预测

（二）判断题（正确的打"√"，错误的打"×"）

1. 市场预测是市场调查的基础。（ ）
2. 市场预测中，信息收集越及时，不可预料的因素就越少，预测的误差也就越小。（ ）
3. 市场之所以可以被预测，是因为人们通过长期积累的丰富经验，逐步掌握了市场变化规律。（ ）
4. 定量预测要比定性预测科学、精确。（ ）
5. 定性预测方法比定量预测方法更容易掌握，而不需要预测者较系统地掌握数理和统计分析方面的学科知识和技能。（ ）
6. 加权平均数可以预测者的重要程度不同和信息资料的时序差异来弥补简单平均数的不足。（ ）
7. 在实际预测中，采用的方法不同，对信息资料的要求可能也不同。（ ）

（三）简答题

1. 市场预测的作用是什么？
2. 什么是定性预测？
3. 专家会议法中的专家是如何界定和选取的？
4. 时间序列预测法的平均数预测法有哪几种？各适用于什么情况下的预测？
5. 什么是回归分析预测？

三、案例分析

2021年，拼多多包裹占比将达到33%

  联商网消息，国际知名投行高盛2019年8月1日发布研究报告表示，基于2019年第二季度电商行业的强劲增长和拼多多平台用户参与度的持续提高，维持中国社交电商拼多多"买入"评级，目标价为31美元，该价格距离报告发布日的拼多多收盘价仍有39.2%的上涨空间。

  高盛出具的报告认为，中国电子商务行业在2019年第二季度实现了强劲增长，在线零售额同比增长20%（第一季度为15%），城际快递包裹同比增长37%（第一季度为30%），其中拼多多的包裹贡献占比不断提升。高盛预计，到2020年，中国电商行业将有31%的包裹来自拼多多；到2021年，中国将有33%的电商包裹来自拼多多。

  除了行业稳健增长，拼多多还在持续利用游戏场景和社交运营提高用户的使用时长。高盛分析认为，拼多多占据了2019年第二季度电商平台用户使用总时长的29%（第一季度为25%，上一年度为22%）。

  结合平台在618大促期间超过300%的GMV（即成交总额，Gross Merchandise Volume

的缩写）同比增幅，高盛预测，拼多多在 2019 年第二季度的 GMV 将同比上涨 152%，达到 2 080 亿元人民币，这一增长占电商行业 GMV 总增长的 28%。拼多多 GMV 的市场份额占中国电商市场总份额的比例也将借此上涨至 9%。

高盛预测，2019 年第二季度，拼多多 GMV（成交总额）的增长占中国电商行业总增长的 28%，拼多多 GMV（成交总额）的市场份额占中国电商市场总份额的 9%。同时，高盛预测，拼多多 2019 年第二季度的总收入将达到 65 亿元人民币，同比大涨 139%；年活跃用户将增长至 4.71 亿，同比上升 37%。受 618 大促和补贴的推动作用，平台在 6 月份实现了健康的用户增长。

高盛引用 QuestMobile 数据表示，2019 年 6 月，拼多多 App 自有月活用户数 3.4 亿，微信小程序月活用户数 9 700 万。虽然 2019 年第二季度电商行业的营销支出整体较高，但高盛认为，日益成熟的在线广告行业将与规模经济共同推动拼多多的广告支出效率提升，在非美国通用会计准则（non-GAAP）下，拼多多的销售和营销支出占收入的比重将在第二季度降至 91.4%（人民币 59 亿元），这一比重在第一季度为 103.3%，在 2018 年为 108.5%。

此外，高盛还在研究报告里列举了拼多多的三大亮点。

第一，拼多多在中国电商行业的渗透率不断提高。中国网上零售销售额在 2019 年 Q2 同比增长 20%，并且在低线城市的渗透率持续上升，而拼多多在电商包裹上的占比也在不断攀升。

第二，拼多多在 2019 年 618 大促期间表现抢眼。作为 618 大促的新玩家之一，拼多多取得了 GMV（成交总额）同比增长 300%，累计订单超过 11 亿笔的成绩。拼多多成功通过农产品上行战略，把平台核心类目扩展到服装和 3C 领域，而这些领域以前被认为是阿里巴巴和京东的优势领域。

第三，拼多多在不断提升平台商品的质量把控。在拼多多不断打击假冒产品的进程中，平台于 2018 年 12 月提出了"新品牌计划"，帮助商家在平台上建立自己的品牌，这对平台和商家来说都是"双赢"。（资料改编自联商网的文章）

阅读材料，回答以下问题：
1. 市场预测的原理在这里得到了怎样的体现？
2. 从分类看，这属于市场预测的哪一种类？分别用到了哪些方法？

同步实训

实训 1：市场发展趋势预测认知

实训目的：初步认识市场预测工作。

实训内容：学生分组，寻找一些非常著名的预测事例，讨论并分析其中的一些细节，看是否体现了市场预测的原理。如果发现预测失败，那么试分析在预测过程中出现了哪些纰漏。

实训组织：学生分小组，根据特定目的，讨论并对事例经过进行分析；讨论事例主人公预测过程的科学性、资料来源以及结果的合理性。

实训总结：学生小组间交流对预测事例的分析讨论结果，教师根据讨论报告、PPT 演示，以及学生在讨论分享中的表现，分别对每组进行评价和打分。

↳ **实训 2：定性预测认知**

实训目的：初步认识短期市场预测工作。
实训内容：
1. 上网收集我国成品油定价形成机制，注意关注这一机制中的影响因素的变化，自己尝试对成品油价格的变化做出预测估计。
2. 讨论分析预测结果，并将预测结果进行分享。
实训组织：学生分组收集相关信息，可以运用集体讨论的方式，得出本组的预测结果。
实训总结：学生小组间交流对所观察经济现象变化的预测结果，教师根据讨论报告、PPT 演示，以及学生在讨论分享中的表现，分别对每组进行评价和打分。

学生自我学习总结

通过完成任务 9 的学习，我能够做如下总结：

一、主要知识点
任务 9 中，主要的知识点有：
  1. _____。
  2. _____。

二、主要技能
任务 9 中，主要的技能有：
  1. _____。
  2. _____。

三、主要原理
市场发展趋势预测在市场调查活动中的地位与作用是：
  1. _____。
  2. _____。

四、相关知识点
任务 9 涉及的主要相关知识点有：
  1. 市场预测与市场调查的关系是：_____。
  2. 定性预测主要解决的特定问题有：_____。
  3. 定量预测主要解决的特定问题有：_____。

五、学习成果检验
完成任务 9 学习的成果：
  1. 完成任务 9 的意义有：_____。
  2. 学到的知识有：_____。
  3. 学到的技能有：_____。
  4. 你对市场发展趋势预测的初步印象是：_____。

任务 10 市场调查报告编写

学习目标

知识目标

1. 了解市场调查报告的作用。
2. 掌握市场调查报告的特征。
3. 掌握市场调查报告的结构。
4. 熟悉市场调查报告的内容。

能力目标

1. 能掌握市场调查报告编写要求。
2. 能掌握口头调查报告的技巧。
3. 能编写简单市场调查报告。

任务描述

市场调查报告是整个调查任务活动的成果体现，报告本身有着结构、内容、文法等方面的要求，市场调查人员要在充分准备的基础上，根据调查目标的要求，去粗取精、去伪存真，编写出高质量的调查报告，提交委托方。

任务解析

根据市场调查职业工作的活动顺序和职业能力分担原则，"市场调查报告编写"学习活动可以分解为以下子任务：

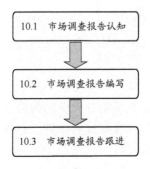

10.1 市场调查报告认知

10.2 市场调查报告编写

10.3 市场调查报告跟进

> **调查故事**

战国时代,有一个叫公明仪的音乐家,他能作曲、能演奏,七弦琴弹得也非常优美动听,很多人都喜欢听他弹琴,也很敬重他。

公明仪不仅在室内弹琴,遇上好天气,还经常带着琴到郊外弹奏。有一天,他来到郊外,春风徐徐吹着,垂柳轻轻动着,一头黄牛正在草地上低头吃草。公明仪一时兴致来了,摆上琴,拨动琴弦,就给这头牛弹起了高雅的乐曲《清角之操》。但老黄牛在那里却无动于衷,仍然一个劲地低头吃草。

公明仪想,这支曲子可能太高雅了,于是换个曲调,弹起了小曲,但老黄牛仍然毫无反应,继续悠闲地吃草。公明仪拿出自己的全部本领,弹奏最拿手的曲子。这回呢?老黄牛偶尔甩甩尾巴,赶着牛虻,仍然闷声低头吃草。

最后,老黄牛慢悠悠地走了,换个地方去吃草了。

公明仪见老黄牛始终无动于衷,很是失望。人们对他说:"你不要生气了!不是你弹的曲子不好听,是你弹的曲子不对牛的耳朵啊!"最后,公明仪也只好叹口气,抱琴回去了。真是自讨没趣!

这便是成语"对牛弹琴"的由来。人们用"对牛弹琴"来比喻对愚蠢的人讲深刻的道理,或对外行人说内行话,白白浪费时间;现在也用来形容人说话不看对象。

【启示】在编写市场调查与预测报告时,要注意以下事实:①大多数经理人员都很忙;②他们大多不太精通调查与预测的某些技术和术语;③如果存在多个阅读者和使用者,他们之间通常都存在着需要和兴趣方面的差异;④经理人员也不喜欢那种冗长、乏味、呆板的文字表述。

10.1 市场调查报告认知

市场调查报告是调查活动过程的产品,也是调查过程的历史记录和总结。在市场调查过程中,我们运用多种方法收集到了丰富的数据资料,得出相关结论,最终还要撰写成文字调查报告。那么,市场调查报告包括哪些内容?有无编写技巧呢?

10.1.1 市场调查报告的含义

提到市场调查报告,我们都知道这是一种记录调查结论的文体。那么,规范的市场调查报告的概念是怎样的呢?

1. 市场调查报告的概念

简单来讲,市场调查报告就是市场调查人员的最终工作成果。调查人员从确定调查目标、制订调查方案,直到实施调查、收集资料,并进行整理分析,形成阶段性结论,最终在去粗取精的基础上形成总体结论。

> **重要概念 10-1　市场调查报告**
>
> 　　市场调查报告就是在对调查得到的资料进行分析整理和筛选加工的基础上，记述和反映市场调查成果的一种文书。市场调查报告是一项市场调查项目最终成果的主要表现，它可以有多种形式，可以是书面形式，也可以是口头形式，或者同时使用书面和口头的形式，还可以是其他形式。

2．市场调查报告的作用

一般归纳起来，市场调查报告的作用有以下 3 点：

（1）市场调查报告是调查结果的表述　调查者通过调查策划、收集市场信息，并对所收集到的市场信息进行处理，最终形成某种结果。市场调查报告就是记录这一过程的相关信息以及结果的一种书面的载体。

（2）市场调查报告是委托方希望获取的结果　通常情况下，市场调查的委托方对一个市场调查项目最为关心的就是调查报告。在某种意义上讲，市场调查项目的委托方提出项目的直接目的，就是为了获得满意的市场调查报告，为将来的经营决策提供有价值的参考。

（3）市场调查报告是市场调查项目质量的标志　尽管市场调查策划所采用的方法、技术、组织过程、资料处理等也是衡量市场调查质量的重要方面，但市场调查报告无疑是最重要的方面。市场调查报告是调查活动的有形产品。当一项市场调查项目完成以后，调查报告就成为该项目的少数历史记录和证据之一。作为历史资料，它还有可能被重复使用，从而大大提高存在的价值。

3．市场调查报告的特点

（1）针对性　这里所讲的针对性包括调查报告选题上的针对性和阅读对象的针对性两个方面。紧扣调查目的展开的调查，才可能形成具有较多实践意义的市场调查报告；阅读对象不同，所关注的问题自然也不同，根据不同的阅读对象，调查报告的重点也有所不同。

（2）时效性　这里所指的时效性也包含两方面的意思：调查活动开展的时效性和调查报告出具的时效性。市场调查活动滞后，原定的调查目的就会失去其意义；市场调查报告的出具拖延，就会造成本应有的决策参考价值丧失。

> **课堂讨论**　为什么要强调市场调查报告的时效性？

（3）科学性　市场调查报告作为决策的重要依据，它可能成为一份价值巨大的参考文件，关系到企业经营的成败。报告的科学性要求报告的编写者除了掌握科学收集、整理资料的方法外，还应该会利用科学的分析方法，以得出科学的结论，使阅读者感受到对整个调查项目的重视程度和对调查质量的控制程度。

（4）创新性　市场调查报告的创新性也包含两个方面：首先指调查报告的内容要求。调查者应该具有创新意识，调查报告应从全新的角度去发现问题。其次指调查报告的形式应该做到创新。市场调查报告的编写应该注意语言的使用，以唤起阅读者的兴趣，并且要结构紧凑、逻辑严谨，以增强阅读者的信任等。

10.1.2 市场调查报告的结构与内容

市场调查报告最终的服务对象是阅读者,为了能够将信息及时、准确和简洁地传递给这些受众,在报告本身的结构安排和写作手法上应该有一个大致的标准。

1．市场调查报告的结构

一般来讲,书面调查报告的结构、内容以及风格等很大程度上取决于调查的性质,项目的特点,撰写人和参与者的性格、背景、专长和责任。但是,一份标准的调查报告应有一个相对固定的结构与内容组成,即包括介绍、正文和附件三大部分,各个部分又各有章节、细目。

（1）介绍　介绍是向阅读者说明报告主要内容的部分,对于不需要深入研究报告的人员来说,看介绍部分即可了解到调查的概况。同时,介绍部分也提供了深入阅读全文的检索方法和主要提示。调查报告的介绍部分应包括 5 个部分,即封面、目录、摘要、调查概况和主要结论。

（2）正文　正文是调查报告的核心部分,一般由开头、主体、结束语 3 部分组成。这是市场调查报告中的主要内容,是表现调查报告主题的重要部分。这一部分的写作直接决定调查报告的质量高低和作用大小。主体部分要客观、全面地阐述市场调查所获得的材料和数据,用它们来说明有关问题,得出有关结论;对有些问题、现象则要做深入分析、评论等。总之,主体部分要善于运用材料来表现调查的主题。

（3）附件　附件是指调查报告正文中包含不了或没有提及,但与正文有关、必须附加说明的部分。它是对正文报告的补充或更详尽的说明。附件主要包括调研方案、抽样技术方案、调研问卷、数据整理表格、数据分析表格和其他支持型材料。

2．市场调查报告的内容

市场调查报告一般包括以下内容:

（1）封面　封面部分一般包括项目名称（标题）,调查单位名称、地址、电话号码、网址和 E-mail,报告接受人或组织,报告提出日期等,如图 10-1 所示。

图 10-1　市场调查报告的封面

一般来讲,封面是书面文件的"第一印象",市场调查报告也不例外。市场调查报告封面的设计一定要与调查项目所涉及的领域和主题相吻合,体现出鲜明的专业形象,这样才能够引发阅读者的兴趣和好奇心。报告标题语言使用应该简洁明了，标题内容必须清楚地说明是关于什么的报告。如果某调查属于机密，一定要在封面某处标明，同时要标明档案号或成果号，以方便管理或查阅。

标题的写法一般有以下3种形式：

1）直叙式标题，指反映调查意向或指出调查地点、调查项目的标题，如《北京市中高档商品房需求的调查》。

2）总结式标题，即表明观点式标题，直接阐明作者的观点和看法，或对事物做出判断和评价的标题，如《当前我国汽车产能过剩不容忽视》。

3）提问式标题，指以设问、反问等形式突出问题的焦点和尖锐性，吸引人们阅读和思考的标题，如《城市居民为什么热衷于储蓄而不消费》。

（2）摘要　报告摘要有时也被称为经理览要。这部分内容主要是为没有大量时间充分阅读整个报告的经理主管人员准备的，它在整个报告中的地位非常重要。另外，也有一些阅读者不具备太多专业知识，同时对复杂论证过程也不太关注，他们只想尽快见到调查报告的主要结论，以及了解应该进行怎样的市场操作。所以，报告摘要的书写也是非常重要的一环。一般来讲，报告摘要的书写有以下一些要求：从内容来讲，要做到清楚、简洁和高度概括，其目的是让阅读者通过阅读摘要，不但能了解本项目调查的全貌，而且能对调查结论有一个概括性的了解；从语言文字来讲，应该通俗、精炼，尽量避免使用生僻的字句或一些过于专业性、技术性的术语。

摘要是市场调查报告中的内容提要，包括的内容主要有：为什么要调查；如何开展调查；有什么发现；其意义是什么；如果可能，应在管理上采取什么措施等。摘要不仅为报告的其余部分规定了方向，同时也使得管理者在评审调查的结果与建议时有了一个大致的参考。

报告摘要举例：

中药在瑞士的市场前景调查报告摘要

本报告描述的是一个关于中药在瑞士市场的前景调查的结果，我们组织的这次调查从以下几个方面对市场前景做出分析：

1. 市场容量

瑞士是一个仅有700万人口的小国，人口数量虽少，但医疗卫生和社会保险体系非常发达。作为一个高工资、高福利的国家，瑞士在医药卫生方面的开支相对较高，且20年来一直持续上升。瑞士人口老龄化严重（65岁以上人口占总人口的15%），从整个社会的情况来看，多数老年人生活富足，因此，除一般的治疗型药物外，对各类保健型药物有着长期稳定的需求。瑞士本身是一个医药生产大国，拥有世界领先的医药化学技术和诺华、罗氏等著名医药化工生产企业。药品种类相对集中于特定领域，如抗病毒药、呼吸系统疾病药物、头孢类抗生素、皮肤病药、骨科病药、心血管病药等，这些药品生产企业的主要导向是出口。据统计，瑞士十大医药化工企业的产品总量中仅3%供应瑞士市场，其他均出口到世界各地，而瑞士市场上进口药品占据着很大比例，主要是美国和欧洲生产的药品。

2. 市场前景

瑞士药品市场容量不大，竞争非常激烈。那么，传统中药品种即使在瑞士成功注册，最终又能否为瑞士人所接受认同而进一步推广呢？对这一点，必须先期做出市场预测。随着东西方文化、科学交流的增多，中药的疗效已开始为越来越多的西方人所认同。例如在瑞士，人们对人参已不陌生，包括制药业巨子罗氏公司在内的数家瑞士制药企业均已研制生产出人参胶囊，市场销售情况良好。早在1969年，瑞士就创办了"瑞士针灸及中医协会"，该协会由瑞士一批对中国传统医学感兴趣的医药界人士发起和组织，目的在于研究和推广中国医术、针灸等。另外，在瑞士的数家药店中，已有中药在长期销售。

3．产品价格

瑞士物价总水平高，药品亦不例外，相同品质同类西药的售价通常比中国市场上高出数倍。所以，中国药品一旦进入瑞士市场，将有望获得充足的利润空间，同时也有助于提高中国对瑞士出口产品的附加值。

（3）报告目录　市场调查报告需要有一个非常清晰的目录，目的是方便阅读和查询资料。市场调查报告的目录应该包含调查活动的各项内容，通常要求列出各项内容的标题、副标题名称及页码。市场调查报告的结论部分内容较多，又非常重要，为了方便阅读，可将其分项编排到目录中。整个目录的篇幅不宜过长，以一页为宜。

有些报告为了适应不同的阅读者，会在里面应用大量的图表、附录、索引和展品，可以单独为这些内容编制一页目录，做法和前面的目录相似，列出图表号、名称及在报告中所在的页码。

调查报告目录举例：

一、引言 1
二、摘要 3
　　1．调查结果摘要 4
　　2．结论与建议摘要 5
三、调查技术和样本描述 8
　　1．营销问题简述 9
　　2．调查方法 10
　　（1）数据资料收集方法 11
　　（2）取样的步骤 12
　　（3）数据的分析 15
四、调查发现 18
　　1．对户外运动的认识 19
　　2．进行户外运动的主要原因及效果 21
　　3．人们选择户外运动方式时考虑的因素 23
　　4．户外运动的信息来源 25
　　5．从事户外运动的频率及消费额 26
五、调查结论、建议与局限性 27
　　1．调查结论 28
　　2．调查建议 29
　　3．调查局限性 30
六、附件 31
　　1．调查计划 32

  2. 调查提纲 33
  3. 座谈会记录 34
  4. 影像资料 35
  5. 统计表 36
  6. 图表索引 37

（4）引言 调查报告的引言也称"序言"，是书面报告正文的开始，这一部分内容主要是说明问题的性质，简述调查目标和具体调查问题，并对报告的组织结构进行概括。其作用是向报告阅读者提供进行市场研究的背景资料及其相关信息，如企业背景、企业面临的市场营销问题、产品的市场现状、调查目的等，使阅读者能够大致了解进行该项市场调查的原因和需要解决的问题，以及必要性和重要性。

  引言部分内容可能会与调查报告中的其他部分出现重复，一般来讲，编写者要注意详略得当。引言部分尽量高度概括，其他部分则可以展开详细描述。

  引言举例：

《关于中国羊绒制品市场前景调查报告》中的引言

  中国是世界最大的羊绒生产国，产量占世界的 2/3 以上。1980 年，中国的羊绒产量为 4 005 吨，2001 年为 10 968 吨，在此期间产量增长了 2.74 倍，年平均增长 4.4%。中国质量最好的羊绒产自内蒙古西部的鄂尔多斯草原和乌拉特草原，这是内蒙古的羊绒主产区之一。

  多年来，国内羊绒原料及制成品的出口量一般占销售总量的 60% 以上，但出口量波动大，出口价格差别也很大。1997 年，羊绒平均出口价为每公斤 67 美元，1998 年降为 52 美元，1999 年降为 47 美元，2000 年升为 80 美元，2001 年回落至 77 美元。中国年出口羊绒衫 800 多万件，价值近 6 亿美元，平均每件 62.5 美元，折合人民币 517 元。低于目前国内市场中高档羊绒衫的价格。

  羊绒的主要进口国和地区是美国、日本、欧盟等地。因国际市场波动较大，羊绒制品的外销订单预期不会有大幅增长。受全球宏观经济趋紧的影响，加之 1999 年和 2000 年国内羊绒制成品出口量较多，超过了国际市场正常的需求量，致使外商形成库存。此外，部分企业将含绒量较低的劣质羊绒制品出口到国外，引发多起退货索赔事件，导致外商进货十分谨慎……

  目前国际市场上的羊绒衫有 3/4 是中国产品，但真正挂中国品牌的不到 20%。中国有资源优势、产品优势，却没有品牌优势。更为严重的是，国内羊绒企业几乎完全依靠代理商出口，形成多头出口，以量取胜，压价竞销，使中国羊绒制品在国际市场上的售价一直高不起来，羊绒制品的价格仅仅是英国苹果牌羊绒制品的 1/4，是意大利劳罗皮亚娜牌羊绒制品的 1/3。这就将利润水平压到了最低，有时不得不亏本履约，而外商则坐收渔人之利。

  （5）调查技术与样本描述 在调查技术与样本描述部分，阅读者应该能大致了解到调查目的是如何逐步实现的。本部分主要在对整体方案概括的基础上，对调查方案实施中所采用的方法及样本抽取过程进行翔实、客观、公正的记录。具体内容包括调查所需信息的性质，原始资料和二手资料的收集方案，问卷设计，标尺技术，问卷的预检验和修正技术，抽样技术，信息的收集、整理和分析，应采用的统计技术以及缺失值的处理方法等。考虑到阅读者的情况，报告的撰写者应当尽量将这些内容以一种非专业性的、易于理解的文字表述出来，如果有非常专业的内容，则应放在附录里。

这个部分可以包括对二手资料收集过程的描述，主要目的是描述获得原始资料的方法，并说明采用这些方法的必要性，比如为什么要采用焦点小组方法。如果信息的收集用到抽样调查，就应该说明实施的是概率抽样还是非概率抽样，为什么采用这种抽样方式，目标总体的定义（地区、年龄、性别等）是什么，采用的抽样框是什么。总之，要向阅读者提供足够的信息来助其判断样本资料的准确性和代表性。

调查技术与样本描述举例：

此次《中国最具影响力的科技领袖》调查共发出选票135张，收回有效选票110张，选票回收率81.5%。

候选人：本次调查的候选人名单由本刊编辑部与业内学者、专家共同推荐，60位候选人为2001—2002年度国内著名科技企业的最高领导者。

评选人：此次填写有效选票的评选人来自4个领域，他们包括：IT企业的中高层管理人员、工程技术人员；业界人力资源专家，高等院校知名学者、教授；证券、投资分析师；国内主要财经、IT媒体的总编、主编和首席记者。

参与本次调查的部分企业包括：IBM（中国）、联想、网通、清华同方、思科（中国）、爱立信、神州数码、SAP、趋势科技、三星电子、环球资源。

参与本次调查的部分专家学者来自：北京大学光华管理学院、中国人民大学金融系、中央财经大学。

参与本次调查的国内主要财经类媒体高层来自：《中国经营报》《21世纪经济报道》《经济观察报》《三联生活周刊》以及北京电视台。

选票计算：候选人总得票数由4个分项提名次数相加得出，每个分项中候选人的提名先后顺序权重相同，4个分项指标权重相等，由此计算出得票最多的前20位科技领袖。4个分项指标的统计也由提名次数相加得出，由此计算出每一项得票最多者。

（6）调查结论、建议与局限　这一部分是调查报告的主要内容，也是阅读者最为关注的部分。在这里，调查人员要说明调查获得了哪些重要结论，根据调查的结论应该采取什么措施。结论和建议应当采用简明扼要的语言，使阅读者明确题旨、加深认识，还能够启发读者思考和联想。

调查结论与建议一般有以下几种表现形式：①说明，即经过层层剖析后，综合说明调查报告的主要观点；②推论，即在对真实资料进行深入细致的科学分析的基础上，得出报告的结论；③建议，即通过分析，形成对事物的看法，并在此基础上提出建议和可行性方案；④展望，即通过调查分析展望未来前景。

调查结论与建议部分包含的内容可能有市场规模、市场份额和市场趋势，也可能是一些只限于形象或态度的资料。为了使结论的表现更加鲜活，更能吸引阅读者的注意，市场调查报告除了要有一定程度的一般化概括，还可以借鉴数据图表资料以及相关的文字说明，同时对图表中数据资料所隐含的趋势、关系或规律也应该加以客观地描述和分析。对于一些重点内容，可以引用一些权威资料，以增加市场调查结论的可靠性与科学性。

结论有时可与调查结果合并在一起，但要视调查项目的大小而定。一般而言，如果调查项目小、结果简单，可以直接与调查结果合并成一部分来写。如果项目比较大、内容比较多，则以分开写为宜。

重要概念 10-2　市场调查的局限性

市场调查的局限性是指在市场调查活动中，由于调查时间、调查组织及调查实施上的种种限制，可能会使调查结论存在一定的误差，有些误差可能较小，有些可能比较严重。

作为市场调查报告的编写人员一定要将局限性考虑充分，并进行详细披露。这样做，一方面可以降低自己的职业风险；另一方面也提醒了管理决策人员注意不要过分地依赖调查结果，或将结果用于其他项目。

课堂讨论　调查局限性的说明在报告中是可有可无的吗？

（7）附件　调查报告附件一般是指报告正文中没有提及，但与正文有关且必须加以说明的部分，主要体现为资料的列示，如市场调查活动中的所有技术性细节，也可包括信息来源、统计方法、明细表、描述和定义以及相关的参考文献等。

拓展阅读 10-1　市场调查报告编写中经常出现的问题

篇幅过长：报告篇幅过长会导致"信息超载"，使阅读者很难有信心阅读下去。

解释不充分：调查者只是简单重复一些图表中的数字，而不进行解释工作。

偏离目标：报告中堆满了大量与调查目标无关的资料。

过度使用定量技术：过度使用统计技术资料常常会引发阅读者对调查报告质量的怀疑。

虚假的准确性：在一些小样本中，将引用数字保留两位以上小数，会造成对准确性的错觉。

调查数据单一：调查重点集中在单一数据上，并依次回答客户的决策问题。

资料解释不准确：调查者在进行资料解释时出现了错误。

虚张声势的图表：一些艺术化的图表尽管引人注目，但却不能履行它的使命。

课堂自我测评

测评要素	表现要求	已达要求	未达要求
知识目标	能掌握市场调查报告的含义		
技能目标	能初步认识市场报告的结构与内容		
课程内容整体把握	能概述并认识市场调查报告的框架		
与职业实践的联系	能描述市场调查报告的实践意义		
其他	能联系其他课程、职业活动等		

10.2　市场调查报告编写

在编写调查报告之前，调查人员应该与项目委托人进行良好的沟通，以了解其对调查报告的预期，如报告的形式？最希望获取哪些信息？最期待的结论是什么？最不想看到的结论是什么？等等。只有掌握了这些信息，调查人员在编写报告时才有可能最大限度地满足委托人的要求。但是，这并不意味着调查人员一定要迎合委托方的要求而放弃职业操守。对于委托方关注的问题重点叙述，相关内容也不应该遗漏或忽视；对于委托方最不愿意看到的结论，调查人员一定要严格遵守职业道德，如实披露。但可在文字处理上讲究点策略，采取谨慎的态度，以委托人能够接受为宜。

10.2.1 调查报告编写的原则

市场调查报告编写应遵循以下原则：

1．客户导向

市场调查报告为客户而写，为客户服务，替客户解决实际问题。调查人员应通过报告实现市场调查与客户间的有效沟通，满足客户的咨询需求。

2．实事求是

市场调查报告必须符合客观实际，以客户价值为第一目标，坚持科学调查，科学分析，得出结论；而不能为了迎合客户而挑他们喜欢的材料写，或者因为其他商业利益而弄虚作假。

3．突出重点

市场调查报告应在全面系统地反映客观事物的前提下，突出重点，尤其是突出调查目的，实现报告的针对性和适用性，提高报告的价值。

4．精心安排

整个市场调查报告要精心组织，妥善安排其结构和内容，给人以完整的印象；报告内容简明，写作风格有趣，图表数字表达准确。

10.2.2 调查报告编写的步骤

市场调查报告的编写工作主要有以下几个步骤：

1．明确市场调查的目的、方法和实施情况

这是撰写市场调查报告的第一步。每一份市场调查报告都有明确的撰写目的和针对性，即反映情况、指出原因、提出建议，从而为社会或企业的决策部门制定或调整某项决策服务。而市场调查报告撰写的目的，其依据或实质就是市场调查的目的，两者具有一致性。

因此，只有明确市场调查目的，撰写出的市场调查报告才能紧扣主题，其内容才真正符合需要。

除了明确市场调查目的外，一份完整的市场调查报告还必须交代该项市场调查所采用的方法，如选样、资料收集、统计整理是怎样进行的等；此外，还必须陈述该项市场调查具体的实施情况，如有效样本数量及分布、操作进程等。因此，在撰写市场调查报告前，掌握这一市场调查的方法以及实施情况，也是必不可少的。

2．落实写作材料

一份市场调查报告是否具有较高的决策参考价值，很大程度上取决于它在写作时拥有材料的数量及质量。

首先要整理与本次调查有关的一手资料和二手资料。不仅如此，还必须对所取得的各种相关资料加以初步的鉴别、筛选、整理以及必要的补充，从质量上把好关，争取使撰写的材料具有客观性、针对性、全面性和时效性。

其次是整理统计分析数据。要认证研究数据的统计分析结果，可以先将全部结果整理成各种便于阅读比较的表格和图形，在整理这些数据的过程中，自然会对调查报告中应重点论述的问题逐步形成思路。

对难以解释的数据，要结合其他方面的知识进行研究，必要时可针对有关问题找专家咨询或进一步召开小范围的调查座谈会。

值得指出的是，准备落实材料时，切忌遗漏以下两个方面：

1）忽视对反面材料的收集。在各类调查尤其是产业调查、销售渠道调查及消费者调查中，不注意听取反面意见而导致决策失误的教训是很多的。

对于客观存在的反面意见，如果不注意听取，这种市场调查所取得的材料，不仅是不全面的，而且是虚假的，其危害程度比不进行调查还要严重。

2）重视经营活动的微观材料，忽视经济背景的宏观材料。市场调查涉及的内容，一般是围绕一类或一种产品或某一市场的营销活动所进行的微观调查。通过微观调查得出的结论，尤其是其中对产品市场或对该营销活动的预测性意见，如果不根据经济背景的宏观材料进行检验或校正，往往会出现偏差。

3．确定报告类型及阅读对象

编写调查报告还必须明确阅读对象，因为不同的阅读对象所要求和关心的问题的侧重点也不同。比如，调查报告的阅读者是公司的总经理，那么他主要关心的是调查的结论和建议部分，而不是大量的数字分析等。但如果阅读的对象是市场研究人员，其所要了解的是这些结论怎么得来的，是否科学、合理，那么他更关心的就是调查所采用的方式、方法以及数据的来源等方面的问题。所以，在撰写报告前，要根据具体的目的和要求来决定报告的风格、内容和长短。

4．构思报告

撰写市场调查报告与其他报告或写作一样，在动笔前必须有一个构思过程，也就是借助调查所收集的资料，初步认识调查对象，再经过判断、推理提炼出报告主题。在此基础上，确立观点，列出论点和论据，考虑文章的内容与结构层次，拟定提纲。

1）借助调查所收集的资料，初步认识调查对象。也就是说，通过调查所获得的来自客观的数据信息以及其他相关材料，初步认识调查对象。在此基础上，经过对调查对象多侧面、多层次的深入研究来把握调查对象的一般规律性。

2）提炼报告主题。也就是说，在认识调查对象的前提下确立主题，即报告的主基调。主题的提炼是构思阶段异常重要的一环，其准确与否直接关系到最终报告的方向性。因此，主题的提炼应力求准确，在此基础上还应该深刻、富有创见性。

3）确立观点，列出论点和论据。在主题确立后，对收集到的大量资料，经过分析研究，逐渐消化、吸收，形成概念，再通过判断、推理，把感性认识提高到理性认识，然后列出论点、论据，并得出结论。

4）考虑文章的内容与结构层次。在以上环节完成之后，构思基本上就有个框架了。在此基础上，考虑报告正文的大致结构与内容。一般来说，应考虑的基本内容包括：调查出的及所要解决的问题；调查采用的方法与技术；调查所获得的主要数据或信息，以及这些数据及信息说明什么问题，理由是什么；解决问题的建议及理由；并与此相对应地考虑相应的文章结构层次。通常而言，报告一般分为3个层次，即基本情况介绍、综合分析、结论与建议。

5．选择材料

市场调查报告的材料，可分为两种：一种是从调查中获得，但还未经整理、鉴别、筛选的材料，这是素材；另一种是通过整理、鉴别和筛选后写进文章的材料，这是题材。

应当指出的是，市场调查报告的材料同一般文章，尤其是文学作品的材料不同。市场调查报告的题材是对素材进行审核鉴定、整理统计、分析后综合而成的，绝不允许进行"艺术加工"。市场调查报告材料的选择应十分严格，特别要注意以下几点：

（1）材料的真实性　对写进文章的材料，必须进行去粗取精、去伪存真的选择。

（2）数据的准确性和精确性　市场调查报告往往是从数据中得出观点，由数据来证实观点，因此，数据的差错或不精确必然会影响观点的正确性。

（3）材料要有个性　写进调查报告的材料，主要应当是这一个项目在这一次调查中发现的有价值的材料。如果材料缺乏个性，那么调查报告也就失去了应有的价值。

6．编写市场调查报告

在落实了材料的基础上编写市场调查报告，并组织报告附件。

> **拓展阅读 10-2　调查报告编写技巧**
>
> （1）行文立场　调查人员的道德风险是报告行文立场的一个重要影响因素，所以，在编写调查报告时，调查人员要有严格的职业操守，尊重事实，反映事实。
>
> （2）语言要求　调查报告的语言应该精确、凝练，任何不必要的内容都应该省略。报告中使用的文字和语句必须简洁、清晰、贴切、通俗、流畅。
>
> （3）文法要求　市场调查报告主要用概括叙述，将调查过程和情况概略地加以陈述，不需要对事件的细枝末节详加铺陈。市场调查报告的叙述主体是写报告的单位，叙述中使用第一人称"我们"，为行文简便，叙述主体一般在开头部分出现后，以后各部分中可省略。
>
> （4）形式要求　为了加强调查报告的可读性，可以在报告中适当地插入图、表及其他可视性较强的表现形式，但数量不应过多，否则会喧宾夺主。
>
> （5）逻辑要求　调查报告应该结构合理、逻辑性强。报告的书写顺序应该按照调查活动展开的逻辑顺序进行，做到环环相扣、前后呼应。
>
> （6）外观要求　调查报告的外在视觉效果也是吸引阅读者兴趣的关键所在。报告中所用字体、字号、颜色、字间距等应该细心地选择和设计，文章的版式编排要大方、美观、有助于阅读。另外，报告应该使用质地较好的纸张打印、装订，封面应选择专门的封面用纸。

10.2.3　市场调查报告的提交

市场调查报告征得各方意见并进行修改后就可以定稿并提交。

1．书面方式提交

调查人员将定稿后的调查报告打印为正式文稿，并且要对报告中所使用的字体、字号、颜色、字间距等进行细心的选择和设计，文章的版式编排要求大方、美观、有助于阅读。另外，报告应该使用质地较好的纸张打印和装订，封面应选择专门的封面用纸，封面上的字体大小、空白位置应精心设计。因为，粗糙的外观或一些小的失误和遗漏都会严重影响阅读者的兴趣，甚至信任感。

如果市场调查项目是由客户委托的，则往往会在报告的目录前面附上提交信（即一封致客户的提交函）和委托书（即在项目正式开始之前客户写给调查者的委托函）。一般来说，提交信中可大概阐述一下调查者承担并实施的项目的大致过程和体会（但不提及调查的结果），也可确认委托方未来需要采取的行动（如需要注意的问题或需要进一步做的调查工作等）。而委托书则授权调查者承担并实施调查项目，确认项目的范围和合同的时间、内容等。有时候，提交信还会说明委托情况。

2．口头方式提交

绝大多数市场调查项目在准备和递交书面报告之前或之后都要做口头陈述，它可以简化为在使用者组织的地点与经理人员进行的一次简短会议，也可以正式向董事会做一次报告。不管如何安排，有效的口头陈述均应以听众为中心，充分了解听众的身份、兴趣爱好、教育背景和时间等，精心安排口头陈述的内容，将其写成书面形式，也可以使用各种能够综合说明情况的图表协助表达；可以借助投影仪、幻灯片或大型图片等辅助器材，尽可能"直观地"向全体目标听众进行传达，以求取得良好的效果。

如有可能，应从市场调查人员当中抽选数人同时进行传达，各人可根据不同重点轮流发言，避免重复和单调。而且，还应留出适当时间，让听众有机会提出问题。

课堂自我测评

测评要素	表现要求	已达要求	未达要求
知识目标	能掌握市场调查报告编写的原则		
技能目标	能初步认识市场调查报告编写的步骤		
课程内容整体把握	能概述并认识市场调查报告编写的基本技巧		
与职业实践的联系	能描述市场报告编写的实践意义		
其他	能联系其他课程、职业活动等		

10.3 市场调查报告跟进

当完成调查报告的编写后，我们应该明白：精心的服务将为我们创造后续的销售机会。对于专门从事市场调查的公司来说，还需要做好市场调查报告的后续跟进工作。那么，市场调查报告的后续跟进工作有哪些，这项工作有什么意义呢？

对于专门从事市场调查的公司来说，在服务的过程中会大量接触客户。签约仅仅代表客户关系的开始，如果不能保障良好的后续服务，就很难留住客户。为客户服务的第一要务就是做好市场调查报告的跟进工作，主要包括：市场调查报告自评、市场调查报告完善、市场调查报告解释等工作。

10.3.1 市场调查报告自评

市场调查报告自评主要包括以下工作。

1．评价报告由来与背景

报告中应该写明项目提出的由来和理由、项目的提出者和委托者、项目的承担者等。评价这一部分时，主要应包括表10-1中的内容。

表10-1　项目背景评价表

项目名称：		年　月　日	委托单位：
序号	评价项目	问题	评价结果
1	项目由来	报告是否描述清楚项目的提出者和委托者	
2	项目目的	报告是否描述清楚项目的目的和应该完成的任务	
3	项目执行	报告是否对项目的承担者做了清楚的描述	
4	……		

2．评价报告中的市场调查设计

报告中应清楚地描述市场调查的设计、所用的方法，市场调查的对象和样本、分析技术等。这些设计内容应该是与调查目标相适应的。评价这一部分时应注意的主要问题见表10-2。

表10-2　市场调查设计的评价

项目名称：		年　月　日	委托单位：
序号	评价项目	问题	评价结果
1	总体	是否有一个完整的、描述清楚的调查设计	
2	目的	调查设计是否与市场调查项目的相一致	
3	设计技术	调查设计中是否存在会导致偏差的地方	
4	设计技术	是否存在为了迎合赞助人而导致偏差的地方	
5	设计技术	调查设计是否已对那些可能影响市场调查结果的各种外部因素进行控制	
6	设计技术	被调查对象能否准确地回答调查设计所提出的有关问题	
7	设计技术	调查设计中是否对该市场调查项目的市场调查对象做了精确的描述	
8	设计技术	设计的调查样本结构是否能有效代表该项目的市场调查对象	
9	设计技术	调查报告是否具体阐明了所用样本的类别以及选择样本的方法	
10	设计技术	市场调查报告是否具体描述了数据分析的方法	
11	设计技术	报告的附件中是否已经包括了调查询问表、现场调查指导、抽样指导及其他一些能反映市场调查设计和实施过程的材料	
12	……		

3．评价市场调查过程的实施

评价这部分内容的主要操作是看各种信息是否由合格的人员，运用与市场调查目的相适应的、合适的方法，仔细地收集汇总。

评价这一部分内容的主要问题有：市场调查报告是否清楚地描述了资料收集过程？是否包括了"质量控制"过程？市场调查报告是否详细说明了直接从中收集资料的样本部分？具体的调查人员在收集资料的过程中是否采取了措施，尽量降低了可能发生的偏差？

4．评价市场调查报告的可靠性

评价报告的可靠性要看样本规模是否已在报告解释了，而且样本规模应该足够大，以便使收集的资料具有可靠性。可靠性评价问题见表10-3。

表 10-3　市场调查报告的可靠性评价

项目名称：　　　　　　　　　　年　　月　　日　　　　　　　　委托单位：

序　号	评价项目	问　　题	评价结果
1	样本规模	样本规模是否够大到使所收集的资料具有较高的代表性和可靠性	
2	误差控制	选样中可能产生的偏差是否已加以限制	
3	误差说明	抽样过程中的误差是否得到了说明	
4	误差度来源	对主要的市场调查结果，其报告中所列的误差允许值是否直接基于市场调查所得的数据分析	
5	资料时间	市场调查报告是否明确说明了资料是什么时候收集的	
6	结果运用	市场调查报告是否明确说明了除了那些直接的资料，市场调查结果是否可供应用	
7	对象代表程度	市场调查报告所提供的资料中，是否说明了有些对象未被充分代表	
8	调查限制	如果市场调查结果的使用有所限制，那么在报告中是否明确说明了什么事情，在什么时候，在什么条件下可供使用	
	……		

5．评价解释和结论

评价这部分内容主要看调查报告中所涉及的所有假设、判断、结论、建议等是否做到了明确说明。评价这一部分时，应该注意的主要问题有：市场调查报告中所包含的内容，是否采用简单明确、直接的语言给予了说明？报告中使用的测量方法是否合理？是否把市场调查所得的各种真实资料同那些基于这些资料所做的解释给予了公开与公正说明？在分析某些事物产生的原因和预测发展趋势时，是否是严格按照事实根据，客观公正地进行的？

6．评价报告的公正性

评价市场调查报告的公正性主要看报告是否对市场调查过程和结果进行了诚实、公开、完整的叙述。应该注意的主要问题有：调查报告是否对市场调查的过程进行了充分、直率的描述？所有相关的资料或结果是否都得到了反映？

10.3.2　市场调查报告完善

通过对市场调查过程与结论的评价，我们要注意反馈回来的信息。这种反馈应该是多方面的和多向的，即不仅要反馈成绩，还要反馈存在的问题；不仅要反馈市场调查实施过程中的情况，还要反馈结果出来后的情况；不仅要反馈总体方面的情况，还要反馈各局部的情况。

1．接受企业的反馈

作为专业调查公司，当我们向客户解释了调查结果后，应该由市场开发部与项目负责人一起倾听并收集客户的反馈意见。由项目负责人汇总整理后，把用户的意见反馈给项目具体实施者。通过对项目结果的评价和反馈，使调查本身得到完善，也使整个市场调查工作动态优化。

2．将自评结果反馈给调查结果使用者

作为客户企业，对调查结果的反馈会传达给调查公司内调查项目的具体实施者，而作为市场调查公司，也应该由项目执行者把有关情况反馈给使用者。通过反馈，一方面使有关各方对情况加深了解,互相之间加深理解和友谊。另一方面也使调查者增加知识和经验,同时也十分有益于委托企业更好地应用调查结论,为做好经营决策、指导经营活动提供条件。

10.3.3　市场调查报告解释

市场调查人员在向委托方管理人员解释市场调查报告时,应做好以下工作。

1. 报告解释准备

(1) 了解报告听众。在进行报告解释之前,市场调查公司负责报告解释的小组必须认真分析和了解报告听众的特点。既要掌握听众们的身份、文化水平、兴趣爱好,又要了解和掌握听众们的需要及其关注点,以及他们对市场调查问题的熟悉程度及以后对决策的参与程度等,从而为确定解释的内容、重点、形式等提供依据。

(2) 精心准备解释报告的内容。解释市场调查报告要以市场调查的结果为基础,以准确解释有关情况为基本出发点。但是具体说来,针对不同的听众及其不同的要求,解释的内容和侧重点应该有所不同。

(3) 编列解释内容大纲。在进行报告解释之前,我们应将解释的内容写成一个书面稿子,并要有一个汇报大纲。这样,就能事先周密地准备出汇报的内容,哪些是该解释的,哪些是不该解释的,能有充分的时间思考。有了书面稿子,也能防止口头解释时忙中出错,使解释的人心中有底,准备书面稿子时,还可以对有些内容进行补充和进一步加工,使汇报更加完善。有时,口头解释所用的书面材料也可以散发给听众,散发的时间可以在解释之前、之中,也可以在之后。应视具体情况灵活确定。

(4) 进行解释前演练。在正式解释之前最好进行演练。演练是一种很好的准备过程,不但使解释人员熟悉汇报的内容,而且可以完善汇报的内容、形式。一定要将演练看成和正式汇报一样,可以邀请部分专业人士对演练情况进行评估,也可以借用现代化的设备,比如录像机、录音机等,把演练情况实录下来,仔细进行分析,并给予改进完善。

2. 选择调查报告解释教具

经验表明,人们在听取市场调查报告解释之时,借助某些直观教具的效果明显比不用直观教具好。

(1) 选择字板。在解释地点树立一块用粉笔书写的黑板,解释人员在解释过程中随时书写一些重要的、疑难的或数字型的材料,使听众能够直观地了解市场调查报告。这是一种简单易用、采用较多的辅助手段。此外,磁性板或粘贴板应用较多。它们的共同特点和优点是能快速地吸附事先准备好的材料或将材料粘贴在板上演示出来,但使用的灵活程度不如黑板。

(2) 选择翻板。设计由一定数量组成的,能自如灵活地一页一页翻转的,用特制的支架支撑的硬纸板,事先把在解释过程中欲向听众展示的材料写或画在纸上,并按解释时的先后顺序排列好。在解释时,翻转到合适的页,即可向听众展示相应的辅助材料,使用方便,效果较好。为了加深听众的印象,可以在某些地方做一些彩色的记号,也可以在解释的某些时候,让翻板出现空白的纸页,便于听众的注意力集中于解释者,也给解释人员以发挥的机会。

(3) 选择投影仪。在解释报告时,利用投影仪把预先准备好的 **PPT** 适时地在屏幕或墙上展示出来。所准备的内容可以是文字、图表,也可以是复杂的画面。随着科学技术的发展,多媒体技术的使用会越来越广泛,采用多媒体辅助解释被广泛地应用,其使用效果将更好。

(4) 选择幻灯机。把需要在解释时向听众展示的有关内容用照相机拍摄下来,制成幻灯片,在向听众做报告时用幻灯机投影出来,具有较好的效果。其不足之处是制作相对复杂一些,且不能在解释的同时像投影仪那样当场写下并投影出来。

(5) 选择录放设备。录放设备已成为重要的直观教具。可以把需要在口头解释时向听众展示的有关内容摄制成视频,解释时进行放映。由于这种手段比幻灯片又大大进了一步,因此效果更好。不过,其制作更复杂一些,代价亦更大些。

3. 解释报告的注意事项

(1) 选择解释现场 要注意对解释现场的选择和布置。现场的大小应与出席人数相适应,过大或过小的场所均不利于取得好的效果。现场的空气、温度、光线都应精心布置。解释人的位置、听众的位置也应布置得当。

(2) 注意与听众的交流互动 要注意解释人在进行解释时,切不可照本宣读、埋头读稿。解释人的眼睛要始终保持与听众的接触和交流。要学会抓住听众的注意力,语言要生动,注意声调、快慢、停顿等技巧的应用。还应该允许听众提问。

(3) 合理运用肢体语言 要注意表情和形体语言的使用。表情要丰富,要富有变化。要恰当地应用各种形体语言,既配合口头的解释,使听众更好地理解有关信息,又能使解释生动有趣。

(4) 注意结尾的完美 为了取得好的效果,要注意给出一个强有力的结尾。此外,客户单位的高层领导亲自到场,以显示解释的重要性,也对解释效果有较大益处。

(5) 调查报告负面结果的解释 在市场调查活动中,调查结果可能与委托方预期正好相反,这时,就出现了负面结果的解释。市场调查人员应该采取不回避负面结果、客观公正的立场,如实汇报调查的负面结论。同时,如果有可能,在解释汇报时,也应列举一些正面的事实,避免使市场调查报告成为完全负面的结果。此外,应特别指出应采取哪些措施和对策,预防或减弱哪些可能出现的问题。

> **课堂讨论** 调查报告解释人员回避了负面结果会有什么样的后果?

拓展阅读 10-3 解释市场调查报告的意义

绝大多数市场调查项目都要求市场调查者对其结果进行解释。

解释可以起到辅助书面报告的作用,帮助客户加深理解书面报告的内容,解释某些无法用书面语言阐述清楚的内容,回答客户心中的疑虑以及阅读书面报告后仍存在的问题。对某些仅以口头报告形式作为市场调查结果的情况,口头报告是否有效就决定了整个调查项目的成败。

不论在何种形式下,解释都起着十分重要的作用,决不能低估。特别是许多客户的经营管理人员,他们主要是根据听取解释所获得的信息做出决断的。

所以,专业调查公司必须对解释报告给予充分的重视。在西方发达国家,人们在开展市场调查时,项目的委托方和承担方都十分重视对项目结果的解释这一环节,这是值得我们借鉴的。

课堂自我测评

测评要素	表现要求	已达要求	未达要求
知识目标	能掌握市场调查报告解释		
技能目标	能初步认识市场调查报告解释工作的准备程序和技术		
课程内容整体把握	能概述并认识市场调查报告解释工作		
与职业实践的联系	能描述市场调查报告解释的实践意义		
其他	能联系其他课程、职业活动等		

小结

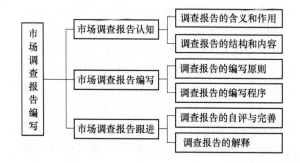

教学做一体化训练

一、解释下列重要概念

市场调查报告　　市场调查的局限性

二、课后自测

（一）选择题

1. 市场调查报告的特点有（　　）。
   A. 科学性　　　　B. 针对性　　　　C. 及时性　　　　D. 纪实性
2. 关于编写市场调查报告的语言要求有（　　）。
   A. 篇幅应该足够长
   B. 语言应该精确、凝练
   C. 可以面面俱到，使报告内容尽量完整无缺
   D. 杜绝晦涩难懂的语句、俚语和陈词滥调
3. 市场调查报告在营销管理活动中的作用有（　　）。
   A. 可作为委托方营销管理活动的参考文件
   B. 证明调查人确实履行了合同
   C. 可以用来衡量调查工作开展的质量
   D. 可以作为企业历史资料供以后参考

4. 市场调查报告的外观有如下要求（　　）。
   A. 所用字体、字号、颜色、字间距等应该细心地选择和设计
   B. 文章的编排要大方、美观、有助于阅读
   C. 封面应选择专门的封面用纸
   D. 报告的外观应当是专业化的

（二）判断题（正确的打"√"，错误的打"×"）

1. 市场调查报告中限制性或局限性的存在，会影响其信任度，所以报告中尽量不要披露。（　　）
2. 市场调查报告必须能像一个参考文件一样发挥作用。（　　）
3. 市场调查报告中一些无关紧要的信息被称作"噪声超载"。（　　）
4. 市场调查报告的结论是能够把研究结果有效传达给读者的某一种或某一系列的陈述，而不一定是经过统计分析得出的数字。（　　）
5. 市场调查报告中可以用大量的图表来代替文字性的说明工作。（　　）
6. 市场调查报告的提交过程就是沟通的过程。（　　）

（三）简答题

1. 简述市场调查报告的含义。
2. 为什么说市场调查报告是衡量一项市场调查项目质量水平的重要标志？
3. 怎样理解市场调查报告的时效性和可以作为历史资料的说法？
4. 为什么说市场调查报告的编写要求较高？
5. 作为委托单位，如果要决定使用一份调查报告作为决策依据，应该考虑哪些问题？

三、案例分析

××市居民家庭饮食消费状况调查报告

ABC集团是一家上市餐饮集团，中国餐饮百强企业，近期拟在我国西部某省××市投资设立一家中高档酒楼，在编写可行性研究报告之前，为了深入了解该市居民家庭在酒类市场及餐饮类市场的消费情况，组织了此次调查。

一、调查背景

本次调查由××市某大学承担，调查时间是2015年7月至8月，调查方式为问卷式访问调查，各项调查工作结束以后，该大学将对调查内容予以总结。

二、调查对象

××市居民家庭。本次调查以随机抽样的方式抽取样本家庭2 000户。

三、调查目的

了解××市居民家庭外出就餐消费的总体感受、可接受的产品与服务的价格范围等。

四、问卷回收情况

本次问卷调查是针对××市家庭外出就餐满意度情况，包括口感、价格、服务特色等，通过详细的数据反映××市已有酒楼在居民心目中的位置。涉及内容包括：家庭对酒楼餐饮质量、价格、种类的满意度，家庭对酒楼服务态度、促销活动的评价，家庭将消费过的酒楼与心目中理想的酒楼进行对比的情况，消费者心目中的酒楼。

本次调查采用"随机抽样"的方法选取消费者。本次调查回收的问卷共1 950份，其

中有效问卷 1 845 份，无效问卷 105 份，有效率为 95%；采用随机抽样的调查方法，同时收集二手资料并进行分析。

问卷发放时间为 2015 年 7 月 5 日(当天完成)，发放方法为在住宅区、超市门口、马路边等地点随机发放和填写。在收回的有效问卷中，职业类型包括：

在有效样本户中：工人 320 户，占总数比例 18.2%；农民 130 户，占总数比例 7.4%；教师 200 户，占总数比例 11.4%；机关干部 190 户，占总数比例 10.8%；个体户 220 户，占总数比例 12.5%；经理 150 户，占总数比例 8.52%；科研人员 50 户，占总数比例 2.84%；待业人员 90 户，占总数比例 5.1%；医生 20 户，占总数比例 1.14%；其他 260 户，占总数比例 14.77%。

五、调查发现

（一）家庭收入情况

样本分析显示，从××市总的消费水平来看，相当一部分居民家庭收入水平还不是太高，大部分人的人均收入在 3 000 元左右，样本中只有约 2.3%的消费者收入在 6 000 元以上。因此可以初步得出结论，××市总的消费水平较低，商家在定价的时候要特别慎重。

（二）专门调查部分

1. 酒类产品的消费情况

（1）白酒比红酒消费量大。分析其原因，一是白酒除了顾客自己消费以外，用于送礼的情况较多，而红酒主要用于自己消费；二是商家做广告也多数是白酒广告，红酒的广告很少，这直接导致白酒的市场大于红酒的市场。

（2）白酒消费多元化

1）从买酒的用途来看，约 52.84%的消费者用来自己消费，约 27.84%的消费者用来送礼，其余的是随机性很大的消费者。

对于买酒用于自己消费的消费者，其选购的白酒价格大部分在 20 元以下，其中 10 元以下的约占 26.7%，10～20 元的占 22.73%。从品牌上来说，A、B、C 酒相对看好，尤其是 C 品牌酒，约占总销量的 18.75%，这也许跟消费者的地方情结有关。从红酒的消费情况来看，这类消费者选购的酒水价格也都集中在 10～20 元之间，其中，10 元以下的占 10.23%，价格越高，购买力相对越低。从品牌上来说，以 E、F、G 品牌为主。

送礼者所购买的白酒其价格大部分在 80～150 元之间（约占 28.4%），约有 15.34%的消费者选择 150 元以上的白酒。这样，生产厂商的定价和包装策略就有了依据，定价合理，包装精美，才能增大销售量。从品牌的选择来看，约有 21.59%的消费者选择 A，10.795%的消费者选择 B。另外，对红酒的调查显示，约有 10.2%的消费者选择 40～80 元的产品，选择 80 元以上产品的约 5.11%。总之，从以上的消费情况来看，消费者的消费水平基本上决定了酒类市场的规模。

2）购买因素比较鲜明，调查资料显示，消费者关注的因素依次为价格、品牌、质量、包装、广告、酒精度，这样就可以得出结论：生产厂商的合理定价是十分重要的，创名牌、求质量、巧包装、做好广告也很重要。

3）顾客忠诚度调查表明，经常换品牌的消费者占样本总数的 32.95%，偶尔换品牌的占 43.75%，对新品牌的酒持喜欢态度的占样本总数的 32.39%，持无所谓态度的占 52.27%，明确表示不喜欢的占 3.4%。可以看出，一旦某个品牌在消费者心目中确立，是很难改变的，因此，厂商应在树立企业形象、争创名牌上狠下功夫，这对企业的发展十分重要。

4）动因分析。酒类产品的销售主要在于消费者自己的选择，其次是广告宣传，然后是亲友介绍，最后才是营业员推荐。不难发现，怎样吸引消费者的注意力，对于企业来说是关键。做好广告宣传，建立消费者的口碑，将直接影响酒类市场的规模。而对于商家来说，营业员的素质也应重视，因为其对酒类产品的销售有着一定的影响作用。

2. 饮食类产品的消费情况

本次调查主要针对一些饮食消费场所和消费者比较喜欢的饮食进行，调查表明，消费有以下几个重要的特点：

（1）消费者认为最好的酒店不是最佳选择，而最常去的酒店往往又不是最好的酒店，消费者最常去的酒店大部分是中档的，这与本市居民的消费水平是相适应的，现将几个主要酒店比较如下：

M 大酒店是大家最看好的，约有 31.82% 的消费者选择它；其次是 N 酒店和 P 酒店，选择这两家酒店的消费者比例都是 10.23%；然后是 Q 宾馆。调查中我们发现，R 宾馆虽然说是比较好的，但由于这个宾馆的特殊性，多数在举办大型会议时使用，所以调查中作为普通消费者的调查对象很少会选择 R 宾馆。

（2）消费者大多选择在自己工作或者居所的周围，在酒店的选择上有很大的随机性，但也并非绝对如此，有一定的区域性。例如 S 酒楼、T 酒楼，也有一定的远距离消费者惠顾。

（3）消费者追求时尚消费，如对手抓龙虾、糖醋排骨、糖醋里脊、宫保鸡丁的消费比较多，特别是手抓龙虾，在调查样本总数中约占 26.14%，以绝对优势占领餐饮类市场。

（4）近年来，海鲜与火锅成为××市饮食市场的两个亮点，市场潜力很大，目前的消费量也很大。调查显示，表示喜欢海鲜的消费者约占样本总数的 60.8%，喜欢火锅的约占 51.14%。在对季节的调查中，喜欢在夏季吃火锅的约有 81.83%，喜欢冬天吃火锅的约为 36.93%，火锅不但在冬季有很大的市场，在夏季也有较大的市场潜力。目前，该市的火锅店和海鲜馆遍布街头，形成居民消费的一大景观和特色。

六、结论和建议

1. 结论

（1）××市的居民消费水平还不算太高，属于中等消费水平，平均收入在 3 000 元左右，相当一部分居民收入水平不高。

（2）居民在酒类产品上主要是用于自己消费，并且以白酒居多，红酒的消费比较少。用于个人消费的酒品，无论白酒还是红酒，其品牌均以家乡酒为主。

（3）消费者在买酒时多注重酒的价格、质量、包装和宣传，也有相当一部分消费者持无所谓的态度，对新牌子的酒认知度较高。

（4）对酒店的消费，主要集中在中档消费水平上，火锅和海鲜的消费潜力较大，并且已经有相当大的消费市场。

2. 建议

（1）商家在组织货品时要根据市场的变化制定相应的营销策略。

（2）针对消费者较多选择本地酒的情况，政府和商家应采取积极措施引导消费者消费，实现城市消费的良性循环。

（3）由于海鲜和火锅消费的增长，导致城市化管理的混乱，政府应加强管理力度，对市场进行科学引导，促进城市文明建设。

七、附件

1. 调查问卷
2. 调查提纲
3. 统计图
4. 抽样方案

阅读材料，回答以下问题：

1. 讨论报告的几个组成部分。
2. 试着对每个部分做出评价。
3. 如果你觉得结构与内容存在不当，你会修改哪些地方？

同步实训

➤ 实训1：市场调查报告认知

实训目的：初步认识市场调查报告的结构与内容。

实训内容：学生分组上网寻找一些成文的市场调查报告，讨论并分析其中的一些结构与内容方面的细节，讨论分析报告是否体现了市场调查的特点及其实践意义。

实训组织：学生分小组，根据不同的市场调查报告进行讨论并对这些报告的结构与内容进行分析；讨论这些报告的优缺点，并尝试提出改进建议。

实训总结：学生小组间交流对调查报告的分析讨论结果，教师根据讨论报告、PPT演示，以及学生在讨论分享中的表现，分别对每组进行评价和打分。

➤ 实训2：市场调查报告编写认知

实训目的：初步认识市场调查报告的编写技巧。

实训内容：学生分组，根据前期安排的小型调查，尝试编写一份市场调查报告，讨论并分析其中的一些结构安排技术与核心内容确定的细节，评价报告编写的满意度。

实训组织：学生分小组，根据不同市场调查目标，讨论并整理资料情况，形成一份规范的市场调查报告；讨论这些报告的优、缺点，并在各组之间分享。

实训总结：学生小组间交流调查报告编写结果，教师根据讨论报告、PPT演示，以及学生在讨论分享中的表现，分别对每组进行评价和打分。

➤ 实训3：市场调查报告解释认知

实训目的：初步认识市场调查报告的解释技巧。

实训内容：学生分组，根据前期安排的小型调查，尝试编写一份市场调查报告；讨论并分析这一报告解释的重点与技术要求，并尝试为全体同学讲解这一报告。

实训组织：学生分小组，根据自己小组市场调查报告编写的情况，对报告解释的环境要求进行设计；讨论这些报告解释的要点，并在各组之间分享。

实训总结：学生小组间交流调查报告，教师根据讨论报告、PPT 演示，以及学生在讨论分享中的表现，分别对每组进行评价和打分。

学生自我学习总结

通过完成任务 10 的学习，我能够做如下总结：

一、主要知识点
任务 10 中，主要的知识点有：
1. _____。
2. _____。

二、主要技能
任务 10 中，主要的技能有：
1. _____。
2. _____。

三、主要原理
市场调查报告编写在市场调查活动中的地位与作用是：
1. _____。
2. _____。

四、相关知识点
任务 10 涉及的主要相关知识点有：
1. 市场调查报告与市场调查活动的关系是：_____。
2. 报告编写技巧主要解决的特定问题有：_____。

五、学习成果检验
完成任务 10 学习的成果：
1. 完成任务 10 的意义是：_____。
2. 学到的知识有：_____。
3. 学到的技能有：_____。

参 考 文 献

[1] 迈克丹尼尔．当代市场调研：第 8 版[M]．范秀成，等译．北京：机械工业出版社，2000．
[2] 普罗克特．营销调研精要[M]．吴冠之，等译．北京：机械工业出版社，2004．
[3] 伯恩斯，罗纳德．营销调研[M]．梅清豪，等译．北京：中国人民大学出版社，2005．
[4] 库马尔．国际营销调研[M]．陈宝明，译．北京：中国人民大学出版社，2005．
[5] 赵轶，韩建东．市场调查与预测[M]．北京：清华大学出版社，2007．
[6] 赵轶．市场调查与预测[M]．2 版．北京：清华大学出版社，2011．
[7] 赵轶．现代市场调查与预测[M]．北京：高等教育出版社，2012．
[8] 赵轶．市场调查与分析[M]．北京：清华大学出版社，2011．
[9] 赵轶．高职财经管理类专业工作过程导向课程开发[M]．北京：高等教育出版社，2009．
[10] 魏炳麟，等．市场调查与预测[M]．大连：东北财经大学出版社，2002．
[11] 李国强，苗杰．市场调查与市场分析[M]．北京：中国人民大学出版社，2005．
[12] 赵伯庄，张梦霞．市场调研[M]．北京：北京邮电大学出版社，2004．
[13] 雷培莉．市场调查与预测[M]．北京：经济管理出版社，2004．
[14] 龚曙明．市场调查与预测[M]．北京：清华大学出版社、北京交通大学出版社，2005．
[15] 陈启杰．市场调研与预测[M]．上海：上海财经大学出版社，2007．
[16] 酒井隆．图解市场调查指南[M]．郑文艺，等译．广州：中山大学出版社，2008．
[17] 石井荣造．市场调研[M]．陈晶晶，译．北京：科学出版社，2006．
[18] 迈克丹尼尔．当代市场调研：10 版[M]．李桂花，等译．北京：机械工业出版社，2018．